重庆市商品交易市场发展研究

Chongqingshi Shangpin Jiaoyi Shichang Fazhan Yanjiu

曾庆均　丁谦　等著

西南财经大学出版社
Southwestern University of Finance & Economics Press

图书在版编目(CIP)数据

重庆市商品交易市场发展研究/曾庆均,丁谦等著.—成都:西南财经大学出版社,2012.5
ISBN 978-7-5504-0613-1

Ⅰ.①重… Ⅱ.①曾…②丁… Ⅲ.①贸易市场—经济发展—研究—重庆市 Ⅳ.F727.719

中国版本图书馆 CIP 数据核字(2012)第072487号

重庆市商品交易市场发展研究

曾庆均 丁 谦 等著

责任编辑:李特军
助理编辑:冯 梅
封面设计:杨红鹰
责任印制:封俊川

出版发行	西南财经大学出版社(四川省成都市光华村街55号)
网 址	http://www.bookcj.com
电子邮件	bookcj@foxmail.com
邮政编码	610074
电 话	028-87353785 87352368
照 排	四川胜翔数码印务设计有限公司
印 刷	郫县犀浦印刷厂
成品尺寸	148mm×210mm
印 张	9.5
字 数	240千字
版 次	2012年5月第1版
印 次	2012年5月第1次印刷
书 号	ISBN 978-7-5504-0613-1
定 价	28.00元

序 言

商品交易市场在商贸流通产业发展中具有重要的基础地位。我国商品交易市场的发展大致经过了20世纪80年代起步、90年代发展和21世纪初至今的升级换代（整合、改造、升级、重组和功能创新）三个时期。20世纪80年代初期，作为我国商品交易市场的起源，大致由三个方面形成：一是在原有农贸市场和集贸市场基础上发展起来的；二是在原有商业、粮食、物资、供销等流通部门购销中心的基础上形成的；三是为适应经济发展的要求而兴建的。重庆商品交易市场发展也大致如此。

重庆直辖以来尤其是“十一五”期间，商品交易市场以超常规的发展速度，取得了令人瞩目的成就，为繁荣重庆商贸流通、促进社会经济发展做出了积极贡献，为重庆市“大商贸，大流通，大市场”总体格局的形成做出了重大贡献。但商品交易市场方面的基础性研究，未能与时俱进。

《重庆市商品交易市场发展研究》是关于重庆市商品交易市场领域的专项研究成果。本书以《中国商品交易市场统计年鉴2010》、重庆市商业委员会统计的各区县上报的数据以及课题组调研数据为依据，以客观反映发展现状为基础，突出研究特征。对重庆市商品交易市场发展的研究，在重庆是首次，而在全国对商品交易市场发展进行专项研究也是少见的。本书不仅对重庆市商品交易市场发展的全貌进行了概括和总结，还对重要市场和特色市场进行了微观展示；不仅依据现状揭示了重庆市商品交易市场发展的现实环境和问题，还着眼未来，对重庆市商品交易市场发展的相关主题开展了前瞻性研究。

本书不仅仅是2010年重庆市商品交易市场发展的基本信息，而且是重庆市商品交易市场一个历史的累积效果。以此为起点，深入审视重庆市商品交易市场的发展历程，深刻研究把握商品市场发展的内在规律，着眼于重庆国家中心城市建设和“二环时代”发展趋势，推动重庆市商品交易市场真正实现从量变到质变的飞跃，从而开启重庆商品交易市场发展的一个新阶段。

本书在讨论重庆市商品交易市场发展现状基础上，探讨了商品交易市场对国民经济发展的贡献、商品交易市场综合发展指数与发展前景等，并辅之以专题研究。这将有助于政府主管部门加强商品交易市场发展的宏观管理，激励商品交易市场开发商优化经营决策，引导商品交易市场建设领域的社会投资，从而有力推动重庆市商品交易市场健康有序地发展。

《重庆市商品交易市场发展研究》，其价值和意义还有赖于广大读者的睿智研读和深入挖掘，其研究仅仅是一个开始，激发更多人对重庆市商品交易市场建设的关注和参与才是最终目的。重庆市商品交易市场在新的时期必将取得更大更辉煌的成就。

曾庆均

2011年11月6日

目 录

第一部分 综合篇

第二部分　专题篇

第三部分 市场风采篇

第一部分　综合篇

第一章 2010年重庆市商品交易市场整体发展概况

一、重庆市商品交易市场的发展历程

（一）古代和近现代：重庆市场的兴盛

“蜀道之难，难于上青天”。而重庆地处长江与嘉陵江的交汇处，拥有舟楫和陆路交通之便，为“四川之咽喉，扬子江上游之锁钥”。由此，重庆自古就成为西南地区和长江上游的物资集散地和繁荣的商业城市。重庆是一个因商而兴的城市，商盛因于水运优。正如马克思言：“商业依赖于城市的发展，而城市的发展也要以商业为条件。”①

乾隆初年，重庆已是“商贸云集，百物萃聚”，“或贩至剑南、川西、藏卫之地，或运自滇、黔、秦、楚、越、闽、豫、两粤间，水牵运转，万里贸迁”②。重庆凭借其优越的地理条件，集四方之物于一地，贩进贩出，这种转口贸易的发展，使得重庆城“九门舟集如蚁”，促进了重庆城市商业的兴旺发达，吸引了大量的商业性移民，“每年逗留川中者不下十余万人”。重庆城内商业行帮已有25个，各业牙行有150多家。在古代商业体

① 马克思．资本论：第3卷［M］．北京：人民出版社，1972：371．

② 巴县志，卷三。

系中，商业贸易以米粮、食盐、棉、布、山广杂货为大宗。开埠前的重庆，就是一个商业都会。

1869 年，英国驻汉口领事在考察和研究了长江上游的市场后指出："重庆贸易相当著名……它地处长江上游的分叉口，位置十分有利"，它既能大量吸引英国纺织品和消费品向四川各地扩散，又能输出英国急需的土产品。因此他提出应该直接"开放四川重庆"。从外国人口中，至少说明了一点，即重庆商业贸易是十分发达的。1890 年 3 月 31 日，中英正式签订了《烟台条约续增专条》，正式规定"重庆即准作为通商口岸无异"。1891 年 3 月 1 日，英国控制的重庆海关成立开关，标志着重庆正式开埠。古老的商业市场发生了重大变化，重庆市场与资本主义市场直接联系起来。一个以重庆为中心的洋货分销网和土货购销网开始形成。一方面，继续发挥传统农副土特产品集散市场的作用；另一方面，成为洋货的分销中心，棉织品、毛织品、煤油、颜料、化妆品等洋货，从重庆口岸大量涌进，再由重庆分销到西南各地。开埠后之重庆商业非西南其他城市可比拟。重庆成为与上海、汉口、天津、烟台、广州、厦门齐名的七大商业中心城市之一，因此 1904 年清政府成立商部后第一次颁布在全国各地建立商会的章程中就明确规定，重庆与上述六大城市因"属商务繁富之区"一律设立商务总会。同年 10 月 17 日重庆总商会即宣告成立。到 1936 年，重庆已由开埠前的 6 个商业行业发展到 27 个，店铺字号 3 058 家。重庆成为长江上游和西南地区的商业中心。

抗日战争爆发，重庆作为战时首都，是全国的政治、经济中心。这一特定的历史时期为重庆商业贸易的发展提供了极好的机会。生产资料和生活资料需求的猛增，刺激了重庆商业的繁荣，从而巩固和扩展了重庆商业中心的地位和范围，重庆也由地域性的商业中心成为全国性的商业中心。战时重庆商业贸易空前繁荣，商业规模和商业资本扩大。抗战末期，重庆商业行业达120个，其中最具典型意义的是棉货业，包括棉花、棉纱、棉布三种商品；商业企业数量由1937年的1 007家增到1945年4月的27 481家，涌现了诸如宝元通、庆汇纱号、恒义升、华华绸缎公司、中国棉业公司、重庆中国国货公司、四川畜产公司、川丝公司、冠生园等具有一定垄断性的大型商业企业。

（二）1949—1978年：重庆没有真正意义的商品交易市场

1949年到1978年期间，由于高度集中的计划经济体制，重庆作为传统的商业中心城市受到影响，其商品市场经历了曲折的发展过程。1956年上半年、1958—1960年、1966—1978年大约有15年时间，国家曾三次关闭集贸市场，在此前后，集贸市场也有一个"时关时开——常年开放"的曲折发展过程。粮食、棉花等大宗品种市场更是"时开时关"。在计划经济时期，生产资料不是商品，实行统一调拨的只有商品的"外壳"；大多数农产品由国营部门统购统销；日用工业品实行"三级批发"（即一级批发供应商、二级批发供应商、三级批发供应商，最后到零售商，不可越雷池半步）和"三固定"（即固定的供应区域、固定的供应对象、固定的倒扣作价方式）。1949年到1978年期间，重庆没有真正意义的商品交易市场。

（三）1978—1997年：重庆商品交易市场的起步发展

改革开放以来，重庆市工商行政管理部门从实际出发，因地制宜地培育和建设市场，重庆市各级各类市场建设有了较大的发展。作为重庆批发市场的起源，大致由三个方面形成。一是原有农贸市场和集贸市场基础上发展起来的，如九龙坡区白市驿太慈市场（1997年）；二是在原有商业、粮食、物资、供销等流通部门购销中心的基础上形成的，如朝天门市场（1984年）、中兴塑料日用品批发市场（1991年）；三是为适应经济发展的要求而兴建的，如重庆观农贸农产品批发市场（1985年）、龙水五金专业市场（1985年）、马家岩建筑装饰材料市场（1984年）、得意家具城（1993年）。

20世纪80年代，重庆商品交易市场里程碑式的改革，是首创工业品贸易中心（全国十大工业品批发市场之一——朝天门市场的前身），这是批发业的改革。1984年1月，重庆市第一商业局所属的百货、纺织、针织、五金、交电、化工、储运等七个专业公司（站）联合发起，组建了一种崭新的商品流通组织形式——工业品贸易中心。重庆工业品贸易中心的建立，揭开了我国商业体制改革的新篇章，是我国批发商业体制改革的重大突破。1984年以后，大城市的贸易中心一般均仿效重庆贸易中心的做法。

由七家公司联合组建的重庆工业品贸易中心是一个松散型的商品流通组织形式。其指导思想：立足于“开放、搞活”，把贸易中心作为国营批发商业主动参与市场调节的阵地，使其成为市内市外城乡流通网络的集结点，由近及远，向外辐射，推动经济区域的形成和发展。

工业品贸易中心的经营方针：“地不分南北，人不分公私”，无论省内外，全民、集体、个体以及农村专业户均可入场交易。这些方针充分体现了开放经营的实质。

工业品贸易中心的经营方式：开展代购、代销、代储、代运和加工订货业务；承办多种商品展销会、订货会、调剂会经及其他交易会；开展租赁服务；收集和提供经济信息，为客户当好参谋。此外，还实行批仓结合，开展“四就”（即就地看样、就地开票、就地交款、就地托运）服务。这些方式充分体现了“多功能”和以服务为主的特色。

工业品贸易中心的作价办法：改变固定调拨作价和按照顾客行政作价的常规办法，实行按批量作价，即按照购买量的多少作价，批量越大，价格越低；同时，充分运用质量差价、地区差价、季节差价等多种价格形式，为搞活经济服务。

重庆工业品贸易中心的产生，标志着旧的“三固定”批发体制被突破，为国营批发商业的改革提供了一条发展思路。

（四）直辖以来：重庆商品交易市场的升级换代

直辖以来，重庆商品交易市场进入了大发展时期，整合、改造、升级、重组和功能创新，成为商品交易市场升级换代的主流。商品交易市场的数量、规模、结构与效益，协调发展。2010 年，重庆各类商品交易市场共计 1 560 个，其中亿元以上市场有 182 个；实现交易额共计 3 738.3 亿元，缴纳税款共计 11.4 亿元。重庆商品交易市场在升级换代中呈现出了以下特点：

1. 集中化

直辖以来，重庆交易市场发展出现了两个明显的趋势：

一是商品交易向大而专的专业市场或专业市场群集中。随着经济的发展和消费方式的变化，客观上要求交易市场的进一步细分，要求市场参与群体和目标客户群体的指向性更加明确；在专业市场上，价格发现和信息聚集的功能能够得到更充分的发挥。重庆亿元市场大部分都是大而专的专业市场或专业市场群，如朝天门市场（1984 年）、马家岩建筑装饰材料市场（1984 年）、重庆汽博中心（2004 年）、重庆铠恩国际家居名都（2001 年）、龙水五金市场群（1985 年）、绿云石都建材交易城（2001 年）、观音桥市场（1985 年）等。

二是在交易市场内部，交易向经营大户集中。在大型交易市场内部，交易向一些经营大户集中的趋势更为明显。经营大户身上体现出明显的“马太效应”。一些市场的大经销户已经成为一些产品的一级代理商和经销商；部分经营大户向贸易公司转型已露端倪。

2. 外迁化

随着城市化进程加速、城市规划重新调整和修编的影响，无论是都市区，还是渝东北、渝东南、渝西地区，其交易市场开始进行重新规划、按照不同类别和功能重新规行划市，市场硬件设施也升级和改造。在城市化过程中，尤其是主城“二环时代”的到来，交易市场一方面实现升级改造，另一方面大型商品交易市场的“外迁化”成为一个主流趋势。

3. 公司化

近些年来，一些批发交易市场开办主体向公司化、企业化发展的趋势越发明显。原有的非企业化的开办主体通过改制也向公司化发展，观音桥市场的发展历程就是典型代表。

4. 品牌化

重庆商品交易市场，在市场品牌建设中，呈现出二个特点：一是注重自有品牌的培育，如朝天门市场（1984 年）、观音桥市场（1985 年）、铠恩国际（2001 年）、龙水五金（1985 年）、绿云石都（2001 年）、万州小天鹅（2000 年）等；二是引进国内知名品牌，如居然之家（2006 年）、合川义乌小商品市场（2010 年）等。

5. 网络化

一些成功的市场利用其资本、品牌和管理优势，向其他市场输出资本和管理；在本埠和异地同时经营若干专业市场，有的还形成了母子市场体制和市场集团体制。例如，朝天门市场，作为全国十大工业品批发市场之一、西部第一的大市场，利用其品牌市场优势，采用资本运营为主要手段，在重庆市各区县建立加盟连锁性质的市场，初步形成了一个日用工业品批发市场体系。渝惠食品集团，更是利用其国有投资公司平台，在各区县建立农产品批发市场，逐步形成以双福国际贸易城为核心的农产品批发市场体系。

6. 信息化

直辖以来，重庆商品交易市场尤其是大型市场，注重改造和提升市场信息化功能，一些大型专业市场的信息收集、处理、传递功能增强，其交易更多地依赖于信息网络系统的支持。如龙文钢材（1997年）、重庆菜园坝外滩摩配市场（1998年）建立了电子交易所，完善了外滩摩配市场大宗商品中远期电子交易模式的软硬件系统、服务体系、数字化仓储、物流配送体系、银行系统、质保体系等。

总之，直辖以来，重庆商品交易市场实现了持续发展。在经济快速发展、工业化、城市化以及流通方式变革的背景下，交易市场发展出现了一些新动向、新趋势、新特征，显示出商品交易市场未来的发展方向，并朝着合乎规律的方向发展。

二、总体规模情况

（一）商品交易市场的定义

商品交易市场，是指由市场开办者提供固定的场地、设施，进行经营管理，若干经营者集中在场内以自己的名义独立从事商品（包括生产资料、生活资料和营利性服务）交易活动的场所。

（二）商品交易市场的分类

从销售方式看，包括批发市场和零售市场（终端消费市场）。随着商品交易需求变化，同时存在批零兼营市场。

从经营主要商品看，包括农产品交易市场、工业消费品交易市场和生产资料交易市场。

从市场形态看，包括专业市场和综合交易市场。

根据《中国商品交易市场统计年鉴》市场划分：

1. 按市场类别分组，分为：①综合市场：包括生产资料综合市场，工业消费品综合市场，农产品综合市场，其他综合市场等4类；②专业市场：包括生产资料市场，农产品市场，食品、饮料及烟酒市场，纺织、服装、鞋帽市场，日用品及文化用品市场，黄金、珠宝、玉器等首饰市场，电器、通信器材及电子设备市场，医药、医疗用品及器材市场，家具、五金及装饰材料市场，汽车、摩托车及零配件市场，花、鸟、鱼、虫市场，旧货市场，其他专业市场等13类。

2. 按营业状态分组，分为：①常年营业；②季节性营业；③其他。

3. 按经营方式分组，分为：①以批发为主；②以零售为主。

4. 按经营环境分组，分为：①露天式；②封闭式；③其他。

根据重庆商品市场的实际状况，为便于统计分析，我们把全市商品交易市场粗略划分为三类，分别为：

生产资料市场：包括钢材、化工、皮革、农资、再生资源、五金机电、机器设备、汽车摩托车整车及配件用品的专业和综合交易市场。

工业消费品市场：包括纺织、服装、鞋帽、日用小商品及文化用品、电器电子通信设备、医药医疗用品、家居装饰及建材陶瓷的专业和综合交易市场。

农副产品市场：包括粮、油、肉、菜、果、茶、水产品、小食品及副食品以批发为主或批零兼营的专业、综合交易市场；乡镇农贸（集贸）市场和区县中心城区菜市场。

（三）商品交易市场总体规模

1. 市场总量

据不完全统计，2010年全市共有各类商品交易市场约1 560个，交易总额3 738.3亿元，总营业面积1 312.2万平方米，固定经营户数25万户，固定从业人员65.1万人，纳税总额11.4亿元。

作为参考，据《中国商品交易市场统计年鉴2010》，按市场类别分，2009年重庆亿元商品交易市场数量107个，总摊位数76 661个，年末出租摊位数68 626个，营业面积4 951 364平方米。按经营方式分，以批发为主的亿元商品交易市场数量60个，总摊位数55 927个，年末出租摊位数49 610个，营业面积3 625 843平方米；以零售为主的亿元商品交易市场数量47个，总摊位数20 734个，年末出租摊位数19 016个，营业面积1 325 521平方米。

重庆市商委重点联系的亿元市场有132家。

2. 在全国及西部市场排序

据《中国商品交易市场统计年鉴2010》，重庆商品交易市场在全国及西部大型商品交易市场中，按成交额排序情况如下：

①在全国前100家商品交易市场中，重庆占5家：重庆朝天门市场（39位）、重庆市观音桥农贸市场（42位）、重庆绿云石都建材交易有限公司（88位）、重庆恒冠物流有限公司（重庆隆鑫物流有限公司）（89位）、重庆巨龙钢材市场（96位）。

②在全国前100家综合贸易市场中，重庆占3家：重庆市观音桥农贸市场（9位）、重庆马家岩板材批发市场（40位）、重庆市万州区小天鹅批发市场（86位）。

③在全国前100家专业市场中，重庆占5家：重庆朝天门市场（31位）、重庆绿云石都建材交易有限公司（68位）、重庆恒冠物流有限公司（重庆隆鑫物流有限公司）（69位）、重庆巨龙钢材市场（75位）、重庆铠恩国际家居名都有限公司（95位）。

④在全国前20家生产资料综合市场中，重庆占1家：重庆马家岩板材批发市场（4位）。

⑤全国前20家工业消费品综合市场：重庆（无）。

⑥在全国前20家农产品综合市场中，重庆占1家：重庆市观音桥农贸市场（2位）。

⑦在西部地区前100家商品交易市场中，重庆占25家：重庆朝天门市场（1位）、重庆市观音桥农贸市场（2位）、重庆绿云石都建材交易市场（6位）、重庆恒冠物流有限公司（重庆

隆鑫物流有限公司）（7 位）、重庆巨龙钢材市场（9 位）、重庆铠恩国际家居名都市场（12 位）、重庆万吨冷储物流市场（16 位）、重庆外滩摩配交易市场（25 位）、重庆马家岩板材批发市场（27 位）、重庆金属材料现货交易市场（37 位）、重庆恒胜钢材市场（54 位）、重庆龙文金属材料加工物流中心（55 位）、重庆市万州区小天鹅批发市场（57 位）、重庆马家岩大川建材市场（59 位）、重庆老顶坡汽摩综合市场（62 位）、重庆大足县西部金属交易城（63 位）、重庆大足县龙水五金城（66 位）、重庆泰兴通信电脑市场（69 位）、重庆市万州商贸城（76 位）、重庆大足县龙水废金属市场（83 位）、重庆市永川区商贸城（86 位）、重庆万州区宏远批发市场（87 位）、重庆泰华牧业（集团）有限公司西部饲料兽药市场（89 位）、重庆旧车交易市场（95 位）、重庆市西三街水产品市场（98 位）。

3. 重庆商贸流通百强

重庆市人民政府公布的 2009 年度商贸流通 100 强企业，18 家市场名列其中：重庆朝天门市场、重庆汽博中心、重庆观音桥农产品市场、重庆南坪医药市场、大足龙水五金市场、重庆铠恩国际家居名都、重庆绿云石都建材交易市场、重庆龙文钢材市场、重庆恒冠钢材市场、重庆马家建筑装饰材料市场、重庆市永川商贸城、重庆市小天鹅综合批发市场、重庆西部机动车交易市场、重庆市渝南汽车超市、重庆外滩摩托车配件市场、陈家坪机电市场、重庆万州商贸城、重庆市万州区宏远批发市场。见附表 1－1－1。

三、大型商品交易市场发展情况

（一）亿元商品交易市场

据重庆市商委统计，2010 年重庆市亿元商品交易市场共 182 个，其中，交易额上 100 亿元市场 11 个，上 10 亿元市场 47 个，亿元市场交易总额达到 3 283.4 亿元。见附表 1－1－2。

2010 年重庆市亿元商品交易市场营业面积 1 万平方米以上市场共 150 个，总营业面积达到 803.02 万平方米，其中，10 万平方米以上市场 21 个；固定经营户数 9.7 万户，固定从业人员 39.0 万人，市场和经营户纳税总额分别为 4.3 亿元和 4.0 亿元。

（二）营业面积上万平方米市场

据重庆市商委统计，2010 年重庆市营业面积 1 万平方米以上市场（不含农贸、菜市场）共 152 个，总营业面积达到 788.6 万平方米；其中，10 万平方米以上市场 21 个，见附表 1－1－3。

2010 年重庆市营业面积上万平方米市场共有摊位数 8.8 万个，固定经营户数 8.6 万户，固定从业人员数 36.2 万人，交易总额 3 083.0 亿元，市场和经营户纳税总额分别为 4.3 亿元和 3.7 亿元。

（三）工业消费品交易市场整体发展概况

据重庆市商委统计，2010 年重庆市亿元工业消费品交易市场共 64 个，交易总额为 1 031.3 亿元，其中交易额上 100 亿元市场 2 个；固定经营户数 4.0 万户，固定从业人员 16.7 万人，营业面积 331.6 万平方米，市场及经营户纳税总额分别为 0.8 亿元和 2.2 亿元。见附表 1－1－4。

（四）生产资料交易市场整体发展概况

据重庆市商委统计，2010 年重庆市亿元生产资料交易市场共 47 个，交易总额 1 645.0 亿元，其中交易额上 100 亿元市场 7 个；固定经营户数 1.7 万户，固定从业人员 9.3 万人，营业面积 323.6 万平方米，市场及经营户纳税总额分别为 2.7 亿元和 0.3 亿元。见附表 1－1－5。

（五）重庆市农产品市场整体发展概况

1. 亿元以上农产品市场

据重庆市商委统计，2010 年重庆市亿元以上农产品交易市场共 52 个，交易总额 560.0 亿元，其中交易额上 100 亿元农产品市场 2 个；固定经营户数 3.2 万户，固定从业人员 11.2 万人，营业面积 133. 8 万平方米，市场及经营户纳税总额分别为 0. 5 亿元和 1. 0 亿元。见附表 1 －1 －6。

2. 乡镇农贸市场

据重庆市商委统计，2010 年重庆市乡镇农贸市场共 873 个，其中室内市场 178 个；营业面积 206. 4 万平方米，摊位数 10. 1 万个，固定经营户数 9. 0 万户，固定从业人员 13. 6 万人，年交易量 513. 2 万吨，市场交易额 175. 7 亿元，税收总额 0. 6 亿元。见附表 1 －1 －7。

3. 城区菜市场

据重庆市商委统计，2010 年重庆市城区菜市场共 462 个，其中室内市场 289 个；营业面积 162. 0 万方米，摊位数 8. 9 万个，固定经营户数 6. 4 万个，固定从业人员 13. 1 万人，年交易量 218. 4 万吨，市场交易额 232. 9 亿元，税收总额 2. 0 亿元。见附表 1 －1 －8。

四、行业和区域分布情况

（一） 行业分布情况

根据《中国商品交易市场统计年鉴 2010》统计，2009 年重庆亿元以上专业交易市场共 77 个，总摊位数 49 690 个，营业面积 3 550 054 平方米，成交额 12 304 221 万元。从市场数量看，生产资料行业分布最多，占全部行业的 32. 47%；其次是家具、五金及装饰材料行业，占 22. 08%；再次是农产品行业，占 18. 18%。三类行业共占全行业的 72. 73%。见附表 1 －1 －9。

（二） 区域分布情况

2010 年重庆市亿元商品交易市场共 182 个，从区域分布看，“一小时经济圈” 市场数量 134 个，占全市 73. 6%；营业面积 713. 9 万平方米，占全市 86. 2%；经营户数 7. 9 万户，占全市 81. 6%；固定从业人员 34. 2 万人，占全市 87. 7%；交易总额 3 076. 7 亿元，占全市 93. 7%；纳税总额 7. 2 亿元，占全市

86.1%。渝东北翼市场数量39个，占全市21.4%；营业面积90.6万平方米，占全市10.9%；经营户数1.5万户，占全市16.0%；从业人员4.0万人，占全市10.3%；交易总额183.0亿元，占全市5.6%；纳税总额0.9亿元，占全市11.2%。渝东南翼市场数量9个，占全市5.0%；营业面积23.7万平方米，占全市2.9%；经营户数0.2万户，占全市2.5%；从业人员0.8万人，占全市2.2%；交易总额23.8亿元，占全市0.7%；纳税总额0.2亿元，占全市2.7%。见附表1-1-10。

据《中国商品交易市场统计年鉴2010》统计，按市场类别分，重庆亿元商品交易市场共107个，其中综合市场30个，专业市场77个，可作为参考。见附表1-1-11。

据《中国商品交易市场统计年鉴2010》统计，按经营方式分，重庆亿元商品交易市场共107个，其中以批发为主的市场60个，以零售为主47个，可作为参考。见附表1-1-12。

五、拟建和在建市场项目情况

（一）拟建市场项目情况

“十二五”期间，重庆市商品交易市场拟建综合或专业市场（不含乡镇农贸市场和城区菜市场）项目共计174个，其中“一小时经济圈”97个，渝东北翼47个，渝东南翼30个；拟建市场占地面积72 650亩，经营面积2 452.1万平方米，投资规模1 091.0亿元。见附表1-1-13。

（二）在建市场项目情况

2010年，重庆市商品交易市场在建综合或专业市场（不含乡镇农贸市场和城区菜市场）项目共68个，总占地面积20 656亩，建筑面积1 199.7万平方米，投资规模467.3亿元，规划目标2 987.2亿元；其中“一小时经济圈”分布有42个，渝东北翼分布12个，渝东南翼分布14个。见附表1-1-14。

第二章　2010年重庆市商品交易市场对国民经济发展的贡献

随着国家扩大内需政策的贯彻落实，近几年来全市商品交易市场发展状态良好，消费成为拉动经济增长的主要力量。作为支持消费的商品交易市场发展态势喜人，对国民经济发展做出巨大贡献。五年间，重庆市商品交易市场在服务经济发展、改善民生、促进就业、加快商品流通的功能作用进一步增强。

一、商品交易市场对贸易额的贡献度分析

（一）商品交易市场交易额依然保持较快增长

商品交易额是反映商品交易市场经济情况最重要的指标，同时也是衡量商品交易市场对全市经济社会发展的最核心指标。随着改革开放，中国加入世界贸易组织，重庆直辖，重庆商品交易市场逐渐对外开放，重庆市对商品交易市场的高度重视，出台了不少优惠政策，对整个商品交易市场成交额的提升起到了关键的作用。

从表1－2－1中可以看出2010年全市商品交易市场实现交易额3 738亿元，从图1－2－1中可以看出2010年交易额比上

年同比增长46%[1]。虽然由于受2008年金融危机的影响，重庆市商品交易市场2009年的增长速度相对2008年金融危机前的商品交易市场同比增速有所下降，但2010年重庆市商品交易额增长迅速。随着金融危机对重庆市商品交易市场的影响逐渐远去，重庆市商品交易市场将继续回复并保持强劲有力的发展态势。

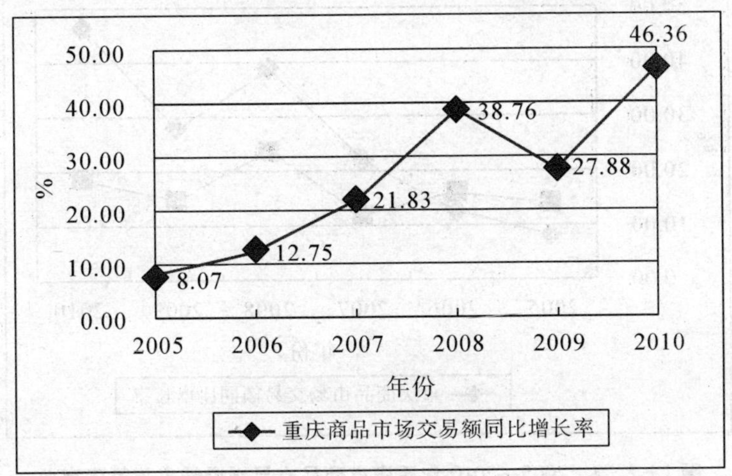

图1-2-1　2005—2010年重庆市商品交易市场交易额增长速度

（二）商品交易额增速与第三产业增加值增速的比较

商品交易市场是实现第三产业增加值的主要场所，同时商品交易市场中的企业对整个第三产业的贡献也举足轻重。而从图1-2-2和表1-2-1中可以看出2005年到2010年中重庆市商品交易市场交易额同比增长速度的变化幅度和第三产业增加值同比增长速度的变化呈现明显的正相关关系，且可以看出2005年到2006年重庆市商品交易市场交易额的同比增速低于第三产业增加值的同比增速，而从2007年到2010年商品交易市场

① 数据来源于课题组调研数据。

交易额的同比增速明显大于第三产业增加值的同比增速，这说明商品交易市场交易额增长与第三产业的发展关系密切，且影响程度越来越大。政府应该加大对商品交易市场的政策扶持，为重庆产业结构实现升级做出贡献。

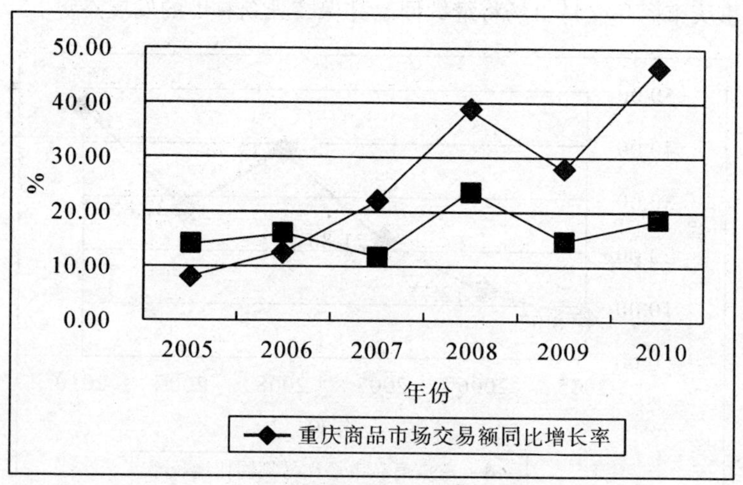

图 1-2-2　2005—2010 年重庆市商品交易额增长率与第三产业增加值增长率变化

表 1-2-1　2005—2010 年重庆市商品交易市场成交额基本情况

年份	2005	2006	2007	2008	2009	2010
重庆商品市场成交额增长率（%）	8.07	12.75	21.83	38.76	27.88	46.36
第三产业增加值增长率(%)	14.11	16.08	11.71	23.60	14.53	18.51

数据来源：《2005—2010 年中国商品交易市场统计年鉴》、《2005—2010 年重庆统计年鉴》、《2010 年重庆国民经济与社会发展统计公报》及课题组调研统计资料。

（三）亿元商品交易市场交易额贡献度分析

据课题调研的数据分析得出，2010 年全市亿元商品交易市场达到 182 家，其交易额达到 3 283 亿元，同比增长 38.91%。重庆市亿元商品交易市场的发展占据全部商品交易市场交易额的 88%[①]，这表明当前重庆商品交易市场发展的现状是大型商品交易占据主导，中小商品交易市场发展较为薄弱。据调研数据显示，在入选重庆市人民政府 2009 年商贸流通 100 强的商品交易市场中，主要包括重庆朝天门市场、重庆汽博中心、重庆观音桥农产品市场、重庆南坪医药市场、大足龙水五金市场等 18 家百强商品交易市场 2010 年的成交额高达 1 800 亿元，由此可见大型商品交易市场对整个商品交易市场所起到的主导贡献作用。正是基于大型商品交易市场在经济方面的重要作用，政府应该大力发挥大型商品交易市场的带头作用，推广它的成功商业模式和经营管理理念。

从不同的市场类别来看，综合市场和专业市场对商品交易额的贡献率各不相同，2010 年数据显示重庆市商品交易专业市场对整个商品交易市场的贡献率远远高于综合市场。而从综合市场内部结构来看，可以分为生产资料综合市场、工业消费品综合市场、农产品综合市场和其他综合市场，这四类商品交易市场对综合市场的贡献度各不相同，所占贡献额度分别如图 1-2-3 所示。

（四）区县商品交易市场对贸易额的贡献度分析

1. 各区县商品交易市场贸易额稳步增长

重庆市目前正在实行“一圈两翼”的区域经济发展战略，重庆市 40 个区县经济发展各异，其商品交易市场发展的成熟度

① 数据来源于课题组调研统计资料。

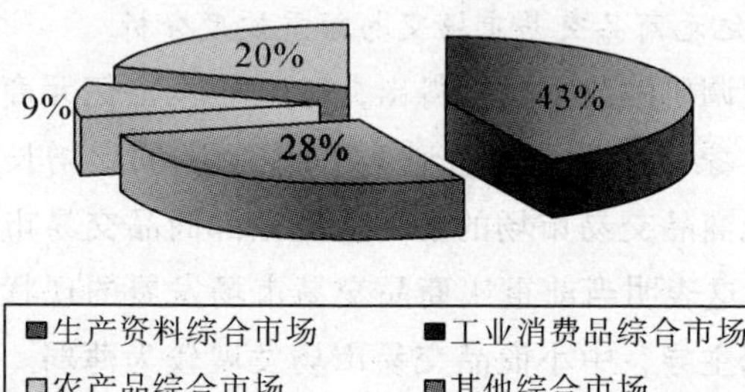

图 1-2-3 各类专业市场对综合市场贡献度

也大不一样。一般来说“一圈”（即“一小时经济圈”）比“两翼”的商品交易市场发展要更为成熟，这既有历史积累的原因，也有善于把握现实机会促进发展的原因，总体来看重庆市各个区县的商品交易市场贸易额基本都得到了稳步增长。（注：由于北部新区的特殊性此处将其作为单独的一个区域作为考察对象之一。）

2. “两翼”区县对贸易额的贡献率分析

表 1-2-2 重庆市各区县商品交易市场贸易额基本情况

区 域		交易额（万元）		占全市商品交易额的比重（%）		全市商品交易份额排名（2010 年）
		2010 年	2009 年	2010 年	2009 年	
一小时经济圈	渝中区	3 811 471	3 207 749	10.2	12.56	3
	大渡口	1 814 926	1 449 416	4.85	5.67	7
	江北区	2 427 214	2 083 312	6.49	8.16	6
	沙坪坝	4 164 051	2 366 815	11.14	9.27	2
	九龙坡	6 770 021	4 853 419	18.11	19	1
	南岸区	3 092 015	296 724	8.27	1.16	4

表1-2-2(续)

区域		交易额（万元）		占全市商品交易额的比重（%）		全市商品交易份额排名（2010年）
		2010年	2009年	2010年	2009年	
一小时经济圈	北碚区	170 734	102 909	0.46	0.4	25
	渝北区	699 198	548 602	1.87	2.15	13
	巴南区	3 032 657	1 989 263	8.11	7.79	5
	万盛区	65 334	63 454	0.17	0.25	36
	双桥区	46 000	40 675	0.12	0.16	38
	涪陵区	273 400	244 745	0.73	0.96	19
	长寿区	635 593	343 990	1.7	1.35	14
	江津区	522 542	357 971	1.4	1.4	15
	合川区	412 186	266 762	1.1	1.04	17
	永川区	837 625	630 263	2.24	2.47	12
	南川区	100 500	100 129	0.27	0.39	30
	綦江县	131 168	104 160	0.35	0.41	27
	潼南县	105 340	90 690	0.28	0.36	29
	铜梁县	188 322	144 897	0.5	0.57	23
	大足县	1 112 360	835 223	2.98	3.27	11
	荣昌县	512 800	389 700	1.37	1.53	16
	璧山县	1 225 341	847 953	3.28	3.32	10
	北部新区	1 680 545	1 272 800	4.5	4.98	8
	小计	33 831 343	22 631 621	90.5	88.61	—
渝东北翼	万州区	1 615 172	1 324 110	4.32	5.18	9
	梁平县	208 000	156 352	0.56	0.61	21
	城口县	8 850	8 850	0.02	0.03	41
	丰都县	189 000	179 719	0.51	0.7	22
	垫江县	213 025	179 857	0.57	0.7	20
	忠　县	85 770	70 459	0.23	0.28	32
	开　县	328 400	348 969	0.88	1.37	18
	云阳县	65 000	53 000	0.17	0.21	37
	奉节县	162 700	154 830	0.44	0.61	26
	巫山县	32 000	29 000	0.09	0.11	39
	巫溪县	85 520	82 220	0.23	0.32	33

表1－2－2(续)

<table>
<tr><th colspan="2" rowspan="2">区　域</th><th colspan="2">交易额
（万元）</th><th colspan="2">占全市商品交易额
的比重（%）</th><th rowspan="2">全市商品交
易份额排名
（2010 年）</th></tr>
<tr><th>2010 年</th><th>2009 年</th><th>2010 年</th><th>2009 年</th></tr>
<tr><td colspan="2">小计</td><td>2 993 437</td><td>2 587 366</td><td>8.01</td><td>10.13</td><td>—</td></tr>
<tr><td rowspan="6">渝东南翼</td><td>黔江区</td><td>176 975</td><td>61 027</td><td>0.47</td><td>0.24</td><td>24</td></tr>
<tr><td>武隆县</td><td>96 000</td><td>94 205</td><td>0.26</td><td>0.37</td><td>31</td></tr>
<tr><td>石柱县</td><td>121 920</td><td>49 400</td><td>0.33</td><td>0.19</td><td>28</td></tr>
<tr><td>秀山县</td><td>67 912</td><td>59 794</td><td>0.18</td><td>0.23</td><td>35</td></tr>
<tr><td>酉阳县</td><td>69 400</td><td>32 700</td><td>0.19</td><td>0.13</td><td>34</td></tr>
<tr><td>彭水县</td><td>25 770</td><td>25 770</td><td>0.07</td><td>0.1</td><td>40</td></tr>
<tr><td colspan="2">小计</td><td>557 977</td><td>322 896</td><td>1.49</td><td>1.26</td><td>—</td></tr>
</table>

注：数据来源于课题组调研统计资料。

从表1－2－2中贸易总额和其占全市商品交易市场交易额的比重这两个指标中可以详细看出，重庆市“一小时经济圈”中的区县商品交易总额显著高于渝东北翼和渝东南翼的区县。但是从2010年各区县商品交易市场交易额占据全市商品交易额的比重排名来看，虽然“一小时经济圈”中有像九龙坡区、沙坪坝区、渝中区和南岸区等这样交易额比重居前的区县存在，但渝东北翼的万州其商品交易市场交易额占全市商品交易额的比重排名挤入全市前十，是很多处于“一小时经济圈”中的区县所不能相比的。而渝东南翼的六个区县基本排名都比较靠后，这与其经济发展的现实状况密不可分。

从“两翼”区县对全市商品交易市场交易额的贡献率中可以看出，在2009年渝东北翼和渝东南翼区县对全市商品交易市场交易额的贡献率分别是10.13%、1.26%，而“一小时经济圈”对重庆市商品交易市场交易额的贡献率占到88.61%的绝对优势。2010年，“一小时经济圈”对重庆市商品交易市场交易额的贡献率占到90.5%，相对2009年的贡献率继续提升，上升了将近2个百分点，渝东北翼对全市商品交易市场交易额的贡献率略有下降，2009年为10.13%，2010年下降到8.01%，反而渝东南翼的商品交易额所占比重有所上升。在“一小时经济圈”和渝东南翼对全市商品交易市场交易额的贡献率都有所提升的同时，东北翼的商品交易市场贸易额贡献率则明显下降，下降到8.01%，由此可见“一小时经济圈”仍然占据主导发展地位，渝东南翼的商品交易市场开始显现出强有力的发展冲劲，而渝东北翼的商品交易市场发展相对缓慢。

二、商品交易市场对就业的贡献度研究

就业是人民群众是最关心的经济社会问题，它关系着人民切身的利益，直接了影响人民的生活水平。商品交易市场是第三产业中能大规模吸纳就业人员的部门，而近年来更是随着商品交易市场规模的迅速扩大，商品交易市场对就业人数的吸纳作用表现的越来越明显。

（一）商品交易市场就业人员规模持续扩大

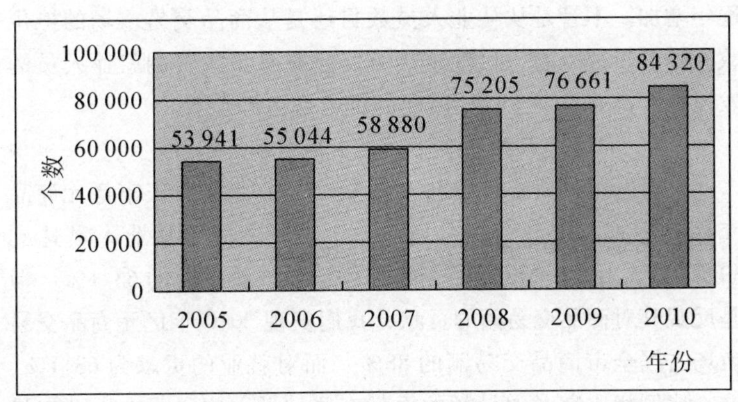

图1-2-4　2005—2010年重庆市商品交易市场摊位数

据如图1-2-4所示的课题组调研统计资料数据显示，

2010 年全市商品交易市场固定经营户数达到 25 万户，固定从业人员达到 62 万人，比去年增长 27%①。另外，2010 年重庆市商品交易市场摊位数达到 84 320 个，年末出租摊位数达到 78 626 个，吸纳的就业人数相比前几年有大幅提升。近几年来，重庆市商品交易市场的摊位数增长速度较快，市场规模不断扩大。这从侧面说明了商品交易市场潜在的就业能力也保持相对增长。当然，现在的低就业水平与商品交易市场广泛引入现代科技从而造成技术与人争职位的局面有一定的关系，但从摊位容纳就业人员的角度去分析，如果这些摊位发挥好它的吸纳就业的能力，重庆商品交易市场就能够在提供就业方面做出更大贡献。

2010 年，全市商品交易市场从业人员达到 62 万人，占据批发零售业从业人员总数的三分之一，这一高比例说明了重庆市商品交易市场对就业的贡献较大。与此同时，2010 年重庆市商品交易市场摊位数达到超过 8 万个，虽然全市商品交易市场曾受到金融危机的影响出现过增速放缓的局面，但是仍然有越来越多的人投入到商品交易市场中来，经营户数和经营摊位都在逐年增加。不管是从从业人员数目还是从商品交易市场的摊位数和经营户数来看，目前重庆市商品交易市场容纳就业人员的发展状况良好，对全社会就业的贡献率逐年递增。

（二）亿元商品交易市场对就业的贡献

据课题组调研统计资料数据显示，2010 年重庆市亿元商品交易市场的固定经营户数达到 9.7 万户，固定从业人员达到 39.0 万人，占了全市商品交易市场从业人员总数的 63.1%。但是反观其对商品交易额的贡献，我们发现 2010 年亿元商品交易市场占据全市商品交易额的 88%，而对就业的贡献为 63.1%，这一比例相比它对贸易额的贡献有些偏低，这说明中小型交易

① 数据来源于课题组调研统计资料。

市场对就业做出的重要贡献。亿元交易市场应继续发挥出其在广泛吸纳就业人员方面具备的辐射效应，未来重庆商品交易市场的发展应该更加重视对就业人员的吸纳，增加其在提供就业和改善民生上作出与总规模相应的贡献，同时加大对中小型交易市场的扶持，增强其吸纳就业的能力。

（三）区县商品交易市场对就业贡献度分析

1. “一圈”就业贡献突出

重庆市目前正在实行“一圈两翼”的区域经济发展战略，虽然各个区县经济发展基础各不相同，商品交易市场发展的成熟度也大不一样，但近几年来其商品交易市场对就业的贡献都保持着较好的发展趋势。一般来说，“一圈”比“两翼”的商品交易市场能提供更多的就业发展机会，也能发挥更大的就业辐射能力，从表1－2－5中可以较为清楚地看出，“一圈”对全市商品交易市场的就业贡献举足轻重。

表1－2－5 重庆市各区县商品交易市场就业人数贡献基本情况

区域		经营户数	从业人员（人）	占全市商品交易从业人员的比重(%)	排名
一小时经济圈	渝中区	22 408	49 141	7.96	2
	大渡口	4 212	15 313	2.48	15
	江北区	10 072	36 073	5.84	5
	沙坪坝	5 927	24 700	4	8
	九龙坡	17 663	70 255	11.37	1
	南岸区	5 858	28 529	4.62	6
	北碚区	5 034	6 806	1.1	24
	渝北区	8 749	16 867	2.73	13
	巴南区	8 475	19 866	3.22	11
	万盛区	3 432	4 776	0.77	34
	双桥区	1 214	3 350	0.54	36
	涪陵区	1 414	2 868	0.46	37

表1－2－5(续)

区域		经营户数	从业人员(人)	占全市商品交易从业人员的比重(%)	排名
一小时经济圈	长寿区	9 259	23 421	3.79	9
	江津区	10 494	17 917	2.9	12
	合川区	11 613	28 092	4.55	7
	永川区	13 544	44 709	7.24	3
	南川区	3 870	5 850	0.95	29
	綦江县	1 090	7 565	1.22	23
	潼南县	8 171	16 747	2.71	14
	铜梁县	6 021	9 645	1.56	20
	大足县	6 513	23 017	3.73	10
	荣昌县	6 320	14 050	2.27	16
	璧山县	3 899	11 591	1.88	18
	北部新区	1 198	6 427	1.04	27
小计		176 450	487 575	78.94	
渝东北翼	万州区	25 213	36 959	5.98	4
	梁平县	4 138	6 734	1.09	25
	城口县	636	810	0.13	41
	丰都县	1 930	1 403	0.23	40
	垫江县	7 115	11 343	1.84	19
	忠　县	5 067	8 989	1.46	21
	云阳县	4 263	5 020	0.81	32
	开　县	6 853	12 586	2.04	17
	奉节县	3 435	8 612	1.39	22
	巫山县	1 370	2 660	0.43	38
	巫溪县	1 454	2 622	0.42	39
小计		61 474	97 738	15.82	

表1－2－5(续)

区域		经营户数	从业人员(人)	占全市商品交易从业人员的比重(%)	排名
渝东南翼	黔江区	272	5 110	0.83	30
	武隆县	3 240	6 091	0.99	28
	石柱县	3 645	6 724	1.09	26
	秀山县	2 469	4 583	0.74	35
	酉阳县	1 080	4 820	0.78	33
	彭水县	2 800	5 050	0.82	31
小计		13 506	32 378	5.24	

注：数据来源于课题组调研资料

表1－2－5中，从就业人数和其占全市商品交易市场就业总人数的比重这两个指标中就可以看出，重庆市“一圈”中的区县从业人员比重显著高于渝东北翼和渝东南翼区县。就业人数和经营户数的前十名中除了万州均来自“一圈”当中，万州作为两翼的代表位列前5。在所有区县排名中，后5名中几乎均来自渝东北翼，从业人员比重后5名分别是城口县、丰都县、巫溪县、巫山县和涪陵区。值得注意的是这后5名中出现了“一圈”中的涪陵区，这与其经济发展的现实情况不太符合，该区商品交易市场在发挥就业贡献方面还需要作出更大的努力。

三、商品交易市场对税收贡献度分析

（一）商品交易市场纳税额总量迅速增加

近年来重庆市商品交易市场得到迅速发展，尤其在直辖以后，重庆商品交易市场的地位得到迅速提升，商品交易市场的繁荣程度与日俱增，纳税额的逐年迅速增长。从图1－2－5中课题组统计资料显示，2010年重庆市商品交易市场纳税额达到113 768.8万元，相比2009年同比增长了22%，且近几年来重庆市商品交易市场的纳税额增长速度也都保持在20%以上。虽然由于金融危机的影响导致2008年和2009年重庆市商品交易市场交易额增长速度有所下滑，但2010年重庆商品交易市场发展迅速复苏，总量不断扩大的同时同比增速也迅速扩大，纳税额的同比增长速度也保持在高水平的20%以上。

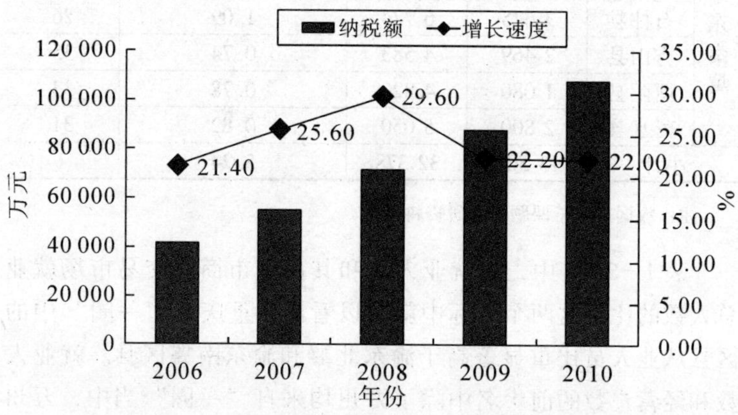

图1-2-5　2006—2010年重庆市商品交易市场税收贡献

（二）商品交易市场对税收的贡献度分析

分析全市商品交易市场对税收的贡献度主要从三个方面来看，一是看商品交易市场对社会零售商品销售总额税收贡献率，二是看商品交易市场对第三产业税收的贡献率，三是看商品交易市场对重庆市国民经济税收的贡献率。根据图1-2-6中《2010年中国税务年鉴》和重庆市历年统计年鉴的数据整理，我们可以得知，商品交易市场对社会零售商品销售总额税收的贡献率经历了从2006年的9.21%，上升到2008年的9.88%，然后又缓慢回落到2009年的9.35%，直到2010年又回复到9.92%，这一现象与2008年年底爆发的金融危机密切相关。反观商品交易市场对整个重庆市国民经济上缴税收的贡献度呈现出逐年递增的趋势，这说明在全市经济稳定发展的大环境下，重庆市商品交易市场发展步伐稳健，对税收的贡献是稳步提升的。

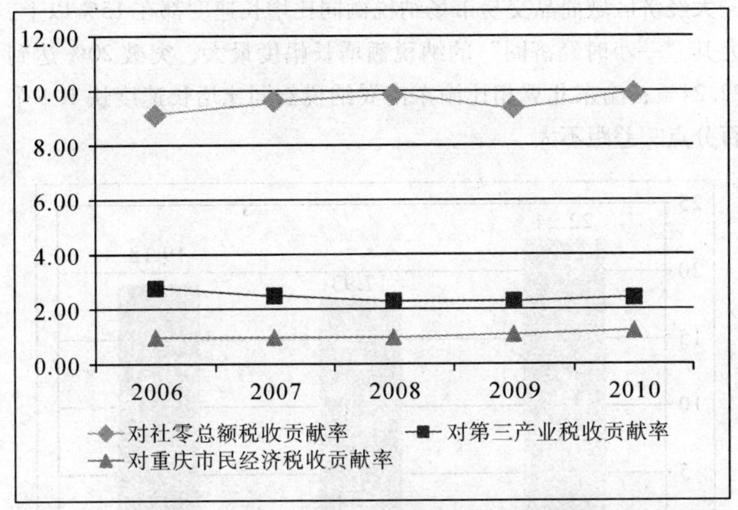

图 1-2-6　2006—2010 年重庆市商品交易市场对税收的贡献度

(三) 亿元商品交易市场对税收贡献分析

随着重庆市商品经济的迅速规模化，亿元商品交易市场个数逐年迅速增加，从课题组统计数据中显示，2010 年重庆市亿元以上商品交易市场个数为 182 个，同比增长速度达到 11%。2010 年重庆市亿元以上商品交易市场总纳税额为 96 495. 2 万元，对重庆市商品交易市场的税收贡献率达到 85%。

(四) 区县商品交易市场对税收的贡献度分析

1. 各地区商品交易市场纳税额稳步增长

重庆市实施的“一圈两翼”区域经济发展战略，使我们更方便看出不同区域的经济发展状况，对于进一步的研究商品交易市场发展也十分有用。因税收涉及关系的复杂性和调研相关数据无法获得，因此此处主要是从三大区域来分析税收贡献，而不再详细从各个区县来阐述。总体来看，重庆市各个区县的商品交易市场纳税额都得到了较快增长，如图 1-2-7 中所示：三大经济区域商品交易市场纳税额同比增长速度都在 15% 以上，尤其“一小时经济圈”的纳税额增长幅度最大，突破 20% 达到 22.24%；渝东北翼相比渝东南翼纳税额同比增长速度快 1.2 个百分点，差距不大。

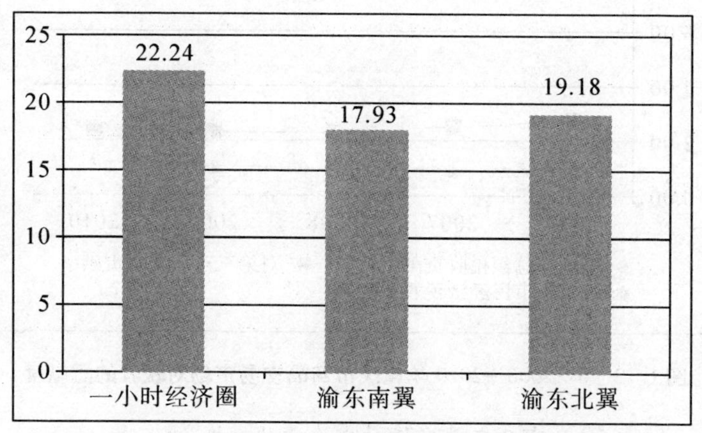

图 1-2-7　2010 年重庆市各大区域纳税额同比增长速度

2. “一圈”贡献率占主导，“两翼”辅之

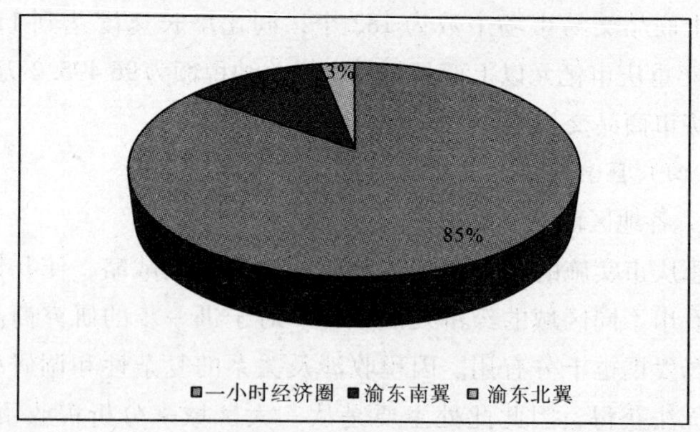

图 1-2-8　2010 年重庆市各大区域纳税额对总纳税额贡献率

从图 1-2-8 中各大区域纳税额对总纳税额贡献率中可以明显看出，重庆市“一小时经济圈”对商品交易市场税收总额的贡献率明显高于渝东北翼和渝东南翼区县，且占据主导贡献地位。但是经过课题组统计资料研究发现，虽然“一小时经济圈”中有像九龙坡区和大渡口区这样纳税额同比增速大于50%的区县存在，“两翼”中各个区县的同比增长速度也发展迅速，但是纳税额同比增长速度排名最后5位都不在“两翼”地区中，反而出现在“一小时经济圈”中。这说明，随着商品交易市场开放程度的扩大，“两翼”的商品交易市场得到了比较有效地发展，重庆市商品交易市场的区域协调发展取得一定的成效。

3. “两翼”区县纳税贡献率逐步上升

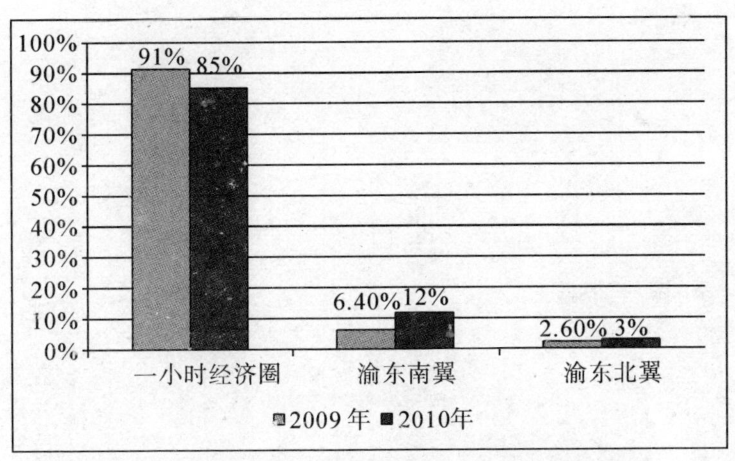

图 1-2-9　2009—2010 年重庆市各大区域纳税额贡献率对比

从图 1-2-9 中可以看出“两翼”区县对全市商品交易市场纳税额的贡献率是在逐渐加大的，虽然幅度并不明显但增大的趋势不容怀疑。2009 年渝东北翼和渝东南翼区县对全市商品交易市场纳税额的贡献率分别是 6.4%、2.6%，而“一小时经济圈”对重庆市商品交易市场纳税额的贡献率占到91%的绝对优势。但是，到2010年时“渝东北翼”和“渝东南翼”的商品交易市场纳税额贡献率明显提高，分别达到12%和3%，而“一小时经济圈”的纳税额贡献率则下降了6个百分点，虽然“两翼”区县纳税额贡献率上升的幅度还不太大，但是这已经足以说明“两翼”地区的商品交易市场取得了较好较快的发展。

第三章 2010年重庆市商品交易市场综合发展指数

目前国际上对于商品交易市场综合指数的研究大多集中在对商品交易市场的价格指数进行分析，主要有美国道琼斯公司编制的美国商品价格指数，在中国则主要是“中国大宗商品价格指数”（China Commodity Price Index），简称“CCPI”。但是CCPI指数主要是从行业的角度出发涵盖能源、钢铁、矿产品、有色金属、橡胶、农产品、牲畜、油料油脂、食糖等9大类别26种商品的价格变动，不能单纯地从商品交易市场发展的角度来综合衡量某个地区商品交易市场的发展情况。因此，从实际出发，根据课题组的调研数据，通过研究选取与商品交易市场密切相关的八大指标，应用SPSS数据统计软件，采用主成分分析方法选出主成分因子并自动赋权，得到最后的商品交易市场综合发展指数。

一、指标选取的原则

研究重庆市商品交易市场的综合发展指数是重庆市委市政府和社会各界都十分关注的一个话题，选择怎样科学合理的指数数据来全面、客观、准确地反映重庆市商品交易市场的综合发展能力是关注的重点所在。因此，在构建重庆市商品交易市场综合发展指数的指标体系时应遵循以下基本原则。

（1）目标一致性原则。评价指标实际上是评价内容在某一方面的具体表现，因此选取的指标应与评价的目标保持一致，要能够从具体的各自不同的角度充分体现商品交易市场的发展状态，指标的选取要对评价目标有明确的指导性和积极的督促作用。

（2）整体性原则。如何衡量重庆市商品交易市场发展的综合实力，不仅要从其交易额和纳税总额来看，而且要系统地考虑其占地经营面积、从事该工作的就业人员等多个因素。因此，各个评价指标之间应该做到功能互补，能最大程度地作为一个有机整体在相互配合中较为全面、客观、准确地反映商品交易市场的性质和内涵。

（3）客观性原则。指标体系的确定、指标的取舍等都应尽可能以客观数据资料为依据，减少个人主观判断的过程，选取的各个指标及所构成的综合指标体系要能真实客观的反映商品交易市场的发展概况。

（4）可操作性原则。为了较为全面、客观、准确而又有效地衡量判断商品交易中心的发展情况，构建的商品交易市场综合发展指标体系应当逻辑连贯、简单明确、思路清晰，且各类数据能从各类统计资料、调研活动中直接或间接获得并进行量化处理，具备良好的现实数据可得性和数据分析的可操作性。

二、构建指标体系

商品交易市场综合发展指数是一个综合性指标，不仅要从经营利润方面入手，更要从就业人数、经营面积等其他方面来综合考虑，以能较为全面系统地反映商品交易市场的发展现状。因此，结合课题组调研的数据，在遵循指标选取的基本原则下，参考其他相关文献和已有研究成果，筛选出 7 项主要指标作为描述商品交易市场综合发展的变量指标，由此构成商品交易市场综合发展指数的指标体系。筛选出的指标主要包括利润收益、就业状态和经营规模三大类。分别如表 1－3－1 所示。

1. 反映经营效益的指标：交易总额（V_1）。

2. 反映就业状态的指标：经营户数（V_2）、从业人员（V_3）。

3. 反映经营规模指标：市场个数（V_4）、营业面积（V_5）、占地面积（V_6）、摊位数（V_7）。

表 1－3－1　商品交易市场综合发展指数指标体系

目标	准则层	指标层/权重	单位	代码
商品交易市场综合发展指数	利润收益	交易总额	万元	V_1
	就业状态	经营户数	户	V_2
		从业人员	人	V_3
	经营规模	市场个数	个	V_4
		营业面积	平方米	V_5
		占地面积	平方米	V_6
		摊位数	个	V_7

三、研究方法及计算结果

（一）原始数据获得

根据课题组调研统计数据，汇总数据具体如表 1－3－2 所示。

表 1－3－2　重庆市 2010 商品交易市场综合发展原始数据

区县	市场个数（个）	营业面积（M^2）	占地面积（M^2）	摊位数（个）	经营户数（户）	从业人员（人）	交易总额（万元）
渝中区	33	1 236 400	632 000	29 800	22 408	49 141	3 811 471
大渡口	16	215 337	28 199	3 707	4 212	15 313	1 814 926

表1-3-2(续)

区县	市场个数（个）	营业面积（M^2）	占地面积（M^2）	摊位数（个）	经营户数（户）	从业人员（人）	交易总额（万元）
江北区	34	747 873	650.52	11 754	10 072	36 073	2 427 214
沙坪坝	51	683 379	74 391	4 189	5 927	24 700	4 164 051
九龙坡	67	2 241 858	1 958 736	16 382	17 663	70 255	6 770 021
南岸区	37	480 858	5 152	11 229	5 858	28 529	3 092 015
北碚区	27	122 600	393	10 279	5 034	6 806	170 734
渝北区	55	529 272	907	12 761	8 749	16 867	699 198
巴南区	47	797 359	6 193	8 771	8 475	19 866	3 032 657
万盛区	14	60 542	62 688	4 607	3 432	4 776	65 334
双桥区	8	48 000	1 005	1 504	1 214	3 350	46 000
涪陵区	70	216 034	313	1 942	1 414	2 868	273 400
长寿区	47	312 874	1 233	12 661	9 259	23 421	635 593
江津区	63	202 442	390	11 025	10 494	17 917	522 542
合川区	74	147 127	201 991	13 943	11 613	28 092	412 186
永川区	101	613 925	1 279	12 023	13 544	44 709	837 625
南川区	35	77 100	167	6 865	3 870	5 850	100 500
綦江县	29	99 840	206	3 189	1 090	7 565	131 168
潼南县	42	341 103	1 061	8 458	8 171	16 747	105 340
铜梁县	49	340 341	517	8 814	6 021	9 645	188 322
大足县	36	324 662	923	10 761	6 513	23 017	1 112 360
荣昌县	28	221 052	432	6 330	6 320	14 050	512 800
璧山县	34	169 213	521	6 926	3 899	11 591	1 225 341
北部新区	11	268 914	800	822	1 198	6 427	1 680 545
万州区	141	982 232	1 738	27 999	25 213	36 959	1 615 172
梁平县	40	135 700	414	5 113	4 138	6 734	208 000
城口县	8	6 800	13	711	636	810	8 850
丰都县	28	91 000	206	3 320	1 930	1 403	189 000
垫江县	37	243 387	463	10 682	7 115	11 343	213 025
忠　县	34	96 597	13	306	5 067	8 989	85 770
云阳县	30	48 300	144	3 913	4 263	5 020	328 400

表1-3-2(续)

区县	市场个数（个）	营业面积（M^2）	占地面积（M^2）	摊位数（个）	经营户数（户）	从业人员（人）	交易总额（万元）
开　县	57	274 450	476	6 653	6 853	12 586	65 000
奉节县	29	122 134	388	6 120	3 435	8 612	162 700
巫山县	31	44 300	55	1 560	1 370	2 660	32 000
巫溪县	10	15 976	28	1 731	1 454	2 622	85 520
黔江区	22	149 000	207	2 120	272	5 110	176 975
武隆县	14	44 730	111	4 063	3 240	6 091	96 000
石柱县	22	114 024	167	3 689	3 645	6 724	121 920
秀山县	17	152 568	272	4 389	2 469	4 583	67 912
酉阳县	9	65 100	141	2 848	1 080	4 820	69 400
彭水县	23	37 510	100	2 100	2 800	5 050	25 770

注：数据来源于课题组调研资料

（二）指标标准化

为了使选取的各项指标数据之间具有可比性且能直接用SPSS统计软件进行最后分析，因此需要将原始数据进行无量纲化，本文主要采用最大值法对原始数据进行标准化处理。

模型：$I_{ij}=\dfrac{a_{ij}}{Max\ (a_j)}$　　(1)

式中，I_{ij}为第 i 单元第 j 指标标准化值，i 为评价单元（各目标城市）数目，j 为评价指标个数，a_{ij}为第 i 单元第 j 指标的实际值。

（三）商品交易市场综合发展指数

将各原始数据标准化后的指标值代入统计软件后通过KMO检验值为0.782，证明该分析效果较为明显。通过主成分分析后从七大指标中析出两大主成分因子，分别是经营效益因子和经营规模因子，这两大因子的累积贡献率达到88.9%，证明这两大主成分因子能综合反映出原始指标88.9%的信息，能完全解释重庆市商品交易市场的综合发展情况。同时经过正交旋转得到因子载荷矩阵后统计软件能自动得到两大主成分的权重值和得分，最后将两大主成分的得分相加就得到了如表 1 - 3 - 3 中的重庆市各个区县的商品交易市场综合发展指数。

表 1 - 3 - 3　2010 年重庆市各区县商品交易市场综合发展指数

区域		经营效益因子得分	经营规模因子得分	综合得分	全市排名
一小时经济圈	渝中区	2.004 3	1.574 4	1.918 7	2
	大渡口	0.396 3	-0.761 5	0.165 9	8
	江北区	0.742 0	0.419 6	0.677 8	4
	沙坪坝	1.113 6	-0.257 0	0.840 8	3
	九龙坡	5.314 8	0.022 4	4.261 6	1
	南岸区	0.689 1	0.068 5	0.565 6	6
	北碚区	-0.250 9	-0.677 6	-0.341 3	24
	渝北区	-0.259 4	0.815 5	-0.045 5	12
	巴南区	0.697 8	0.202 6	0.599 3	5
	万盛区	-0.213 5	-0.701 2	-0.337 5	23
	双桥区	-0.196 3	-1.067 0	-0.378 0	32
	涪陵区	-0.636 4	0.018 6	-0.268 5	19
	长寿区	-0.273 8	0.762 0	-0.067 7	13
	江津区	-0.581 1	1.004 7	-0.265 5	18
	合川区	-0.431 1	1.362 2	-0.074 2	14
	永川区	-0.349 4	2.053 1	0.128 7	9
	南川区	-0.502 0	-0.139 9	-0.292 0	20
	綦江县	-0.352 8	-0.298 4	-0.349 0	27
	潼南县	-0.345 9	0.395 2	-0.198 4	17
	铜梁县	-0.450 8	0.347 0	-0.335 8	22
	大足县	0.016 3	0.249 4	0.062 7	11
	荣昌县	-0.163 9	-0.133 5	-0.157 8	16
	璧山县	-0.078 4	-0.236 5	-0.109 8	15
	北部新区	0.387 0	-1.214 5	0.068 3	10

表3－3(续)

区域		经营效益因子得分	经营规模因子得分	综合得分	全市排名
渝东北翼	万州区	－0.731 8	4.144 6	0.238 6	7
	梁平县	－0.451 9	－0.136 6	－0.421 4	36
	城口县	－0.244 2	－1.156 3	－0.478 4	40
	丰都县	－0.378 9	－0.609 0	－0.429 9	39
	垫江县	－0.413 4	0.314 5	－0.310 5	21
	忠　县	－0.370 1	－0.409 4	－0.389 1	34
	云阳县	－0.385 6	－0.390 5	－0.395 1	35
	开　县	－0.549 7	0.459 0	－0.356 4	29
	奉节县	－0.319 2	－0.597 6	－0.386 5	33
	巫山县	－0.434 4	－0.655 6	－0.506 1	41
	巫溪县	－0.241 4	－1.013 7	－0.424 7	37
渝东南翼	黔江区	－0.210 2	－0.850 0	－0.342 0	25
	武隆县	－0.273 6	－0.689 9	－0.374 6	31
	石柱县	－0.290 4	－0.546 0	－0.347 8	26
	秀山县	－0.427 9	－0.031 2	－0.369 6	30
	酉阳县	－0.191 2	－0.978 0	－0.349 0	28
	彭水县	－0.361 5	－0.662 8	－0.425 7	38

注：数据来源于SPSS统计分析软件处理后所得。

四、综合评价

2010年重庆市统计在内的商品交易市场交易额总量达到3 738亿元，比2009年增加了1 184亿元，同比增长46.36%，而纳税总额达到11.38亿元，同比增长22%。因此从商品交易市场交易总额来看，重庆市的商品交易市场发展态势良好，增长速度较快，达到20%以上。根据各区县综合得分与权重系数，建议将重庆市目前的商品交易市场综合发展指数定为0.2。

（一）商品交易市场发展潜力巨大

目前，重庆市各区县的商品交易指数中为正值的区县并不多，可以说全市的商品交易市场综合发展指数都不够高，尤其在重庆两翼地区这种情况更是显著。但随着重庆市战略地位的日益提升，重庆被国家确定为西部地区经济增长极、统筹城乡试验区、中国五大区域经济中心城市，这一系列的发展机遇都将给重庆市商品交易市场带来巨大的发展潜力。

（二）商品交易市场发展存在一定差距

从表1-3-3中可以清楚地看出在目前的发展境况下，重庆市各个区县之间的商品交易市场发展存在一定的差距，而这种差距与当前重庆市经济发展的现实情况基本吻合。结合重庆市“一圈两翼”的经济发展格局来看，重庆市商品交易市场综合发展指数排名前十的区县绝大部分在“一小时经济圈”内，尤其是主城九区的商品交易市场综合发展指数排名明显较高。而“两翼”的发展情况相对于“一小时经济圈”来说有一定的差距，独有万州跻身在前十行列，而在商品交易市场指数中排名靠后的区县大多集中在这两大区域中。渝东南地区各区县的商品交易市场综合发展情况和渝东北地区区县的发展情况相差不多，虽然排名略有前后之分，但是总的来说这两大区域的商品交易市场发展还较为落后，发展的空间还很大。同时可以看出，万州和黔江作为重庆市六大区域经济中心城市，其经济发展水平在其所在区域均处于较为先进的水平，其商品交易市场发展在一定程度上确实起到了引领其所在区域内其他区县商品交易市场发展的带头作用。

第四章　重庆市商品交易市场发展制约

一、重庆商品交易市场总体上存在的问题

重庆市商品交易市场近年来虽然取得了很大发展，但也存在诸多问题，面临诸多挑战。尤其在新一轮的市场建设大潮中，暴露和显现出的一些问题和趋向，足应引起有关部门的重视，并得到有效调控。

（一）缺乏专业规划，市场布局存在一定问题

迄今为止，重庆市还没有一个全市商品交易市场建设布局的专项规划。尽管政府购物之都规划和市商委拟定的商贸流通业“十二五”规划对商品市场建设也作了相应布局，但商品市场作为全市经济尤其是商贸流通发展的一个重要支撑和载体，其占地、投资和建设规模之大，涉及范围之广，仅靠一个综合性、指导性规划，难以起到政府科学指导、合理布局和宏观调控作用。

一是建设规模偏大，投资速度过快。据重庆市商品交易市场协会调查掌握的资料显示，目前全市仅专业市场或批发市场，在建项目和未来5年内陆续建设的项目超过了200个，占地面积9万余亩，其形成的市场总量，将是重庆现有市场的4倍之多。如此庞大的建设规模，与日益稀缺紧张、成本不断攀升的土地

供应，与市场经营主体的形成和培育、消费需求的增长是否相适应？特别值得关注。

二是争办市场，抢抓项目，缺乏协调发展。一些区县为了局部利益，不顾地区经济、地域环境和资源条件的约束，都在市场建设上大做文章，相继规划了一批市场项目，特别是一些热门市场成为抢手货。如规划的市场项目中，汽摩类市场项目就有 23 个，家居建材类市场项目多达 26 个，钢材类市场项目 9 个。且基本个个都是大体量、大投入的项目。其中，有的地区尚不具备类似市场建设的基本条件，有的则同一门类市场过于集中，重复布局，相邻地区缺乏协调发展，强调辐射周边，追求大而全，存在较大的主观性和盲目性。

三是市场超大化、同质化倾向明显。从在建的 68 个专业和综合市场看，建筑面积在 10 万平方米以上的项目 26 个，其中，50 万平方米的有 5 个；平均单个市场面积达到 15 万平方米。动辄占地上千亩，投资几十亿甚至上百亿，一些项目，并未进行科学论证和严格筛选，市场定位雷同，缺乏各自特色。

上述现象和问题的产生，其根本原因是缺乏科学规划。如不加以有效调控，将不可避免地造成重复建设，引发过度竞争，形成空壳市场和资源浪费。

（二）市场运作方式落后，市场结构不尽合理

总体看，重庆市商品市场传统运作方式仍占据主导地位，市场配套的基础、服务设施建设都比较滞后，市场经营管理发育水平发展不平衡，导致市场的整体结构不尽合理。一些市场热衷于招商和出租摊位，满足于做“房东”，把办市场简单地等同于物业经营；仍有相当部分市场规模狭小、手段落后，服务功能单一，管理水平粗放。相当部分中小市场缺乏发展现代商品流通意识，交易方式仍停留在传统的“三现”交易阶段，现代化交易方式更是少见。市场功能和作用难以得到充分发挥，

市场转型升级之路依然十分漫长。

(三) 市场专业化程度不高，品牌知名度不大

目前，重庆市专业市场个数和交易额分别占到57.9%和82.7%的比重，但其专业细分化程度不高，尤其是具有鲜明特色的市场不多，经营商品雷同化现象比较普遍。此外，重庆市大多市场创品牌意识不高，据调查，经工商注册商标的市场不足10家，除老牌的观农贸、朝天门、铠恩国际等市场外，重庆商品交易市场在全国的名声并不大，在全国的排名也较靠后。同时，市场内经营的知名品牌与自主品牌，无论在数量上还是种类上，还有待进一步培育和发展，假冒伪劣的防范和知识产权的保护任重道远。

(四) 信息化建设滞后，信息网络不健全

重庆市商品市场的信息化建设尚在起步阶段，信息网络还很不完善。一些国家投资项目虽然建成，但由于受多方因素尤其是人才因素的制约，而形同虚设或移作他用，未能发挥其功能和效应。一些市场业主舍不得投入，信息设备配备不齐全，人才培养跟不上，以至市场对商户、商品、经营和物业的管理，仍然以手工为主，不能提供信息查询、发布和跟踪服务。而一些市场积极投身信息化建设，也因社会氛围等的影响，尚在艰难摸索中，需要得到政府部门及社会更多的关注和扶持。

(五) 市场理论研究滞后，科学指导性不强

目前，重庆市商品市场是一个总体规模持续扩大和市场研究长期滞后的不协调的局面。其存在的问题：一是市场基础数据不齐，家底不清。至今尚无一个准确反映市场全貌的权威发布；所收集的商品市场统计资料也存在不准确、不全面和随意性大的现象。二是对市场理论的研究重视不够，尤其是研究型、管理型人才稀缺，没有一个专门的市场研究机构，缺乏商品市场深层次的理论研究和导向，未能充分发挥行业专家学者的智

囊作用，不能及时提供行业发展的决策参考和意见。重庆市商品市场发展状况与东部沿海发达省市差距明显，与重庆经济地位极不相符。

商品市场的持续发展，势必推进市场理论研究的同步发展，而市场理论研究的深化，对商品市场进一步发展具有极强的指导作用。当前，重庆市商品市场面临许多新变化和新问题，需要业界专家学者和有识之士共同关注和深化研究，也需要政府有关部门的主导和扶持。

二、重庆各类商品交易市场的具体问题

（一）农产品市场问题分析

1. 市场建设滞后，销售规模小，分布不太合理，有市无场和有场无市并存

批发网点少且分布不平衡。批发交易方式传统、单一，以现货交易为主，远期合同交易很少，采用拍卖、网络交易等现代化交易方式的更是甚少。服务功能单一，服务意识不强。很多市场只是提供集中交易的场所而已，稍好一点的配有一定仓储设施，供客商存放货物周转之用。再好一点的引进少量必需的服务机构进场，如银行、运输公司等，提供资金、运输服务等，但大多都由客商自行办理。而从目前批发市场的竞争来看，批发市场能否提供全面、周到的服务，已成为影响市场能否做大、做强的关键因素之一。农贸市场一般都存在“脏、乱、差”，以次充好、以假乱真、掺“水分”现象，存在无效物流和潜在高成本的问题。对农产品卫生、防疫和安全等的有效监控较缺乏。

2. 农产品生产标准化程度低，产品结构不合理，农产品市场竞争能力弱

农产品大路货多，优质品少；种类多，名牌少。质量、品

种难以跟上市场需求的步伐。如大米，本地产米积压难卖，城镇居民大多在吃外地大米（重庆市优质大米七成以上靠调进），这对于长期在全国有粮食产量优势的重庆来说的确是一种尴尬。

3. 加工开发落后，产品附加值低

重庆市农业科技成果转化率不高，科技对农业发展的贡献率不到40%，农产品加工、保鲜、储存、包装技术研究不足，产品附加值低。国外农产品加工产值与农业产值的比例是3∶1，甚至4∶1，我国为0.8∶1，而重庆仅为0.3∶1。可见重庆农产品加工开发业的发展空间相当大。

4. 农产品流通中的信息化建设还很不完善

不能即时从网上得到所需信息和发布信息，网上交易额较少。信息设备的配备不够齐全，在仓储、运输、配送各个环节仍然以手工为主，没有自动化信息网络，不能优化调度，有效配置，对客户不能提供查询、跟踪服务。由于缺乏准确的信息，往往造成农产品流通的盲目性。

5. 管理不规范，宏观调控能力不够

管理部门职能交叉，涉农部门齐抓共管，农业产前、产中和产后由产、供、销不同部门分散管理，即农业产前生产资料供应由供销部门负责；农业产后农产品收购销售由商业部门负责；农产品出口由外贸部门负责；农业部门仅仅负责产中生产。这种分散管理造成部门之间内耗，农产品计划、生产、加工、运销、出口等环节分散独立，宏观上很难形成农产品营销的统一性。同时，由于国家涉农部门重复交叉，财政、金融计划、税收调控权分散于各部门，农业部门没有统一协调权力，因而缺乏调控能力。

（二）生产资料交易市场问题分析

1. 市场布局不合理

生产资料市场布局上仍然缺乏管理科学规划和有效协调，

存在着一定的盲目性。有的地区同一门类的市场很集中，进而造成市场间的过度竞争，资源浪费和管理失控，甚至出现空壳市场。此外，在市场建设过程中，有的市场还不顾地区经济、地域条件约束，盲目追求市场建设的大而全，出现强建市场，建了市场又有场无市的情况。有的条块之间缺乏协调，争办市场，造成重复建设，严重浪费资源。

2. 市场发育不平衡

从商品市场来看，生产资料市场不如消费资料市场成熟。而在生产资料市场中，细化的市场结构，其发育程度也很不一致。结果既造成相互脱节，又影响着市场经济的运行效率。

3. 市场运作方式落后

目前一些市场仍忙于出租摊位，做“房东”，满足于集市贸易式的摊位式交易，缺乏发展现代商品流通意识，技术手段落后，专业化程度低，服务功能单一，管理水平粗放，无法满足客户在加工、配送、仓储、运输、信息传递、指导等方面全过程服务的要求。没有充分利用电子商务等新型管销方式，广泛开展高效快捷的网上交易。

（三）工业消费品交易市场问题分析

1. 布局和结构不尽合理

专业批发市场偏少，市场存在重复建设现象。市场档次不高，功能不完善。不少批发市场从开业起就没有对相关配套设施进行过投入，再加上先天条件不足，批发市场所应具备的加工、储藏、运输、停车等设施不配套，长期处于低水平运行状态。

2. 在批发市场建设上，重市场载体建设，轻市场主体培育

伴随着房地产开发热出现了“建市场热”。一些区不顾客观实际的需要，盲目发展批发市场，结果出现了不少“有场无市”的“空壳”市场，造成了社会资源的浪费。一些区仍存在热衷

于办有形市场的现象，仍重视市场载体建设，但忽视流通服务、市场主体的培育及市场规则的完善等软件建设。

3. 市场结构不合理，功能不健全

一些批发市场热衷于招商和出租摊位，把办市场简单地等同于物业经营，忽视市场功能的发挥和拓展；一些批发市场规模狭小、交易原始，市场功能和作用难以发挥。这些相互分割的初级化市场在发现价格、分散风险、为市场参与者提供稳定的市场预期等方面，存在很大的局限性。

4. 市场普遍缺乏规范化管理

市场普遍缺乏规范化管理，导致无序竞争、市场混乱，假冒伪劣商品盛行，市场信号失真等，从而制约了市场机制的正常作用。这表明很多批发市场的经营主体行为仍欠规范，亟待创新。目前，一些市场内的部分经营者的经营规模已相当大，但仍是以个体或家族式经营为主，没有在建立规范的企业组织形式和企业制度上努力创新。经营户的经营机制和经营观念与日趋扩大的交易规模不相适应，不能因势形成规范化的经营组织，使一些批发市场始终摆脱不了低水平、低档次经营的现状。

第五章 重庆市商品交易市场发展前景

一、发展前景概述

2010年重庆市商品交易市场交易额总量达到3 738亿元，相比2009年增加了1 184亿元，同比增长46.36%①。2009年重庆在全国百强交易市场中占5个，发展速度十分迅速。商品交易市场是重庆市建设长江上游商贸中心的重要载体，是重庆市经济发展的重要环节。随着重庆市战略地位的日益提升，重庆市商品交易市场的发展前景大好。

为积极配合重庆市建设长江上游的商贸中心和物流中心的步伐，未来重庆市商品交易市场的发展应紧抓外环时代和“三基地四港区”现代物流基地建设的契机，按照重庆市“一圈两翼”的区域经济发展格局，整合资源，凝练特色，推进市场向规模化、专业化、品牌化、信息化方向发展，在全市范围内形成以重庆主城为核心、六大区域经济中心城市为基点、其他区县为依托的“以点带面”辐射全市的商品交易流通体系，和以全国性市场为龙头、区域性市场为骨干，地方性市场为补充的商品交易市场体系。

---

① 数据来源于课题组调研数据。

按照统一开放、竞争有序的现代市场体系建设原则，把握机遇、因势利导、科学布局、积极创新，进一步优化商品交易市场结构，扩大商品交易市场规模，健全商品交易市场体制，完善商品交易市场功能，率先在西部地区建立起层次分明、布局合理、流通高效的商品交易市场。

二、重庆市商品交易市场指标值预测

（一）商品交易额预测

1. 预测方法

当前社会对经济总量指标预测的方法主要有：趋势模型分析法、指数平滑法、灰色模型法、多元回归分析法等。我们主要是要对未来重庆市商品交易市场的发展做出预测，包括对重庆市商品交易市场的交易额、纳税总额、营业面积、就业人数等指标的测量。此处对交易额的预测主要采用主要VAP（P）模型进行预测。VAP（P）模型根据前期的数据预测后面的值，具有一定的科学性，能准确反映发展预测事物发展的趋势。因此，此处交易额总量的预测采用VAP（2）模型。

2. 数据来源

重庆市商品交易市场交易额总量预测中的数据主要来源于课题组的前期调研所得、重庆市历年统计年鉴及统计公报（2000—2010年）以及《2005—2010年中国商品交易市场统计年鉴》（见表1-5-1）。

表1-5-1　2001年—2010年重庆市商品交易市场交易额

年份	2001	2002	2003	2004	2005	2006	2007	2008	2009	2010
商品交易额（亿元）	422	469	510	600	683	771	939	1 653	2 554	3 738

注：数据来源于《2005—2010中国商品交易市场统计年鉴》及《2001—2010重庆统计年鉴》，2010数据来源于市商委统计资料。

从有关资料获得2001—2010年重庆市商品交易市场交易额后，采用VAP（2）模型对未来五年甚至是十年重庆市规模商品交易市场的发展情况进行一个较为准确的预测。

3. 测量方法

VAP（P）模型的数学表达式是：

$$y_t = A_1 y_{t-1} + \cdots + A_p y_{t-p} + BX_t + \varepsilon t$$

其中y_t是k维内生变量向量，X_t是d维外生变量向量，p为滞后阶段，样本个数为T。$k \times k$维矩阵$A_1 \cdots A_p$和$k \times d$维矩阵B是要被估计的系数矩阵。εt是k维扰动向量。

4. 建立模型

建立重庆市商品交易市场交易额A的VAP（2）模型。其计算公式为：

$$A_t = \alpha A_{t-1} + \beta A_{t-2} + \varepsilon t$$

其中A_t为当期值，A_{t-1}为滞后一期值，A_{t-2}为滞后二期值，εt为随机扰动项。

5. 结果分析

$$A = 0.611\ 233 * A(-1) + 1.167\ 921 * A(-2) - 223.463\ 8$$

$R2 = 0.957\ 835$，$F = 609.446\ 3$，说明模型拟合主度很好，并且通过显著性检验。

运用模型对重庆市规模以上的商品交易市场交易额进行预测得到的结果较大，因此还要结合重庆市商品交易市场发展的实际情况，同时运用序列类推的方法对重庆市商品交易市场做一个未来预测。重庆市商品交易市场未来五年将是一个较快发展的过程，但速度不会出现特别大的陡增，“十二五”期间的五年中重庆市规模以上商品交易市场交易额增长速度将会维持一个快速而较为稳定的发展，而在五年之后的发展速度相比则会有所减缓。因此在综合考虑这两大因素的情况下，需要对重庆市商品交易市场交易额进行一定的修正。修正之后最后得到重庆市商品交易市场交易额预测结果如表 1 - 5 - 2 和图 1 - 5 - 1 所示。

表 1 - 5 - 2　2012—2020 年重庆市亿元以上商品交易市场交易额

年份	2012	2015	2018	2020
商品交易额（亿元）	6 500	9 500	15 000	19 500

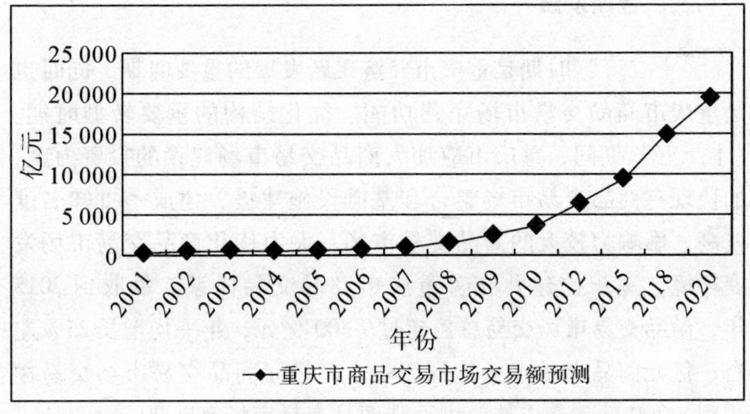

图 1 - 5 - 1　2012—2020 年重庆市亿元以上商品交易市场交易额走势预测

从表 1 - 5 - 2 和图 1 - 5 - 1 中可以看出，重庆市在 2010 年后商品交易市场将有一个较大幅度的上升，且到 2020 年一直保持较好较快的发展。重庆是商品交易市场交易额在“十二五”五年中和“十三五”五年的平均增长将分别达到 25%、15% 左右，2015 年增长速度将有所放缓。

（二）商品交易市场其他指标预测

由于市商委数据和相关统计年鉴中缺乏可相比较和使用的年度数据，因此我们对于描述商品交易市场其他指标（如营业面积、就业人数、交易市场个数等）的预测，主要采取时间序列值类推和等比值法等方法来预测，即通过统计年鉴中近几年的数据依据一定的内在比例关系来类推下一年份值，如营业面积、摊位个数等的预测；或者通过观察所要预测指标与已预测指标及商品交易额等的常数比例关系，如交易额与就业人数、就业户数的比例关系等，由此便能快速推断出其他各项指标的估计值。因此，关于重庆市商品交易市场其他指标值的预测方法和预测结果在此就不再详细陈述，见最终的指标预测表。

三、近期发展

“十二五”时期是重庆市经济飞跃发展的重要时期，同时也是重庆市商品交易市场完善功能、优化结构的重要转型时期。“十二五”期间，重庆市应加大商品交易市场建设的投资力度，加快现有商品交易市场整合和基础设施建设，建成一批知名度较高、影响力较大的商品交易市场，大力优化商品交易市场发展环境，逐步构建并完善重庆市商品交易体系。争取到2015年，商品交易市场交易总额超过9 500亿元，年平均增长25%左右；亿元商品交易市场达到290个，亿元商品交易市场交易额达到8 200亿元，入选全国百强商品交易市场突破20个。

四、中期展望

在经过“十二五”时期的快速发展和结构优化后，重庆在接下来的“十三五”发展中应加强商品交易市场管理者（业主）的管理体制和经营理念创新，完善商品交易市场的经营管理，以信息化、技术化、品牌化、开放化、市场化策略提升商品市场交易市场核心竞争力，进一步完善重庆市商品交易市场的建设，并从产业发展高度通过商品交易市场的辐射功能全方位整合产业链，促进重庆全域经济发展，力争到2020年在重庆市全域范围内建成功能完善的商品交易网络体系。争取到2020年，商品交易市场交易额实现达到19 500亿元，并努力争取达到20 000亿元，年平均增长15%左右；到2020年亿元商品交易市场突破400个，亿元商品交易市场交易额达到16 000亿元，入选全国百强商品交易市场个数达到25个。重庆市商品交易市场前景预测，见表1－5－4。

表1－5－4　重庆市商品交易市场前景预测

指标	单位	2012年	2015年	2018年	2020年
商品交易总额	亿元	6 500	9 500	15 000	19 500
商品交易总额增长速度	%	28	22	15	15
营业面积	万平方米	1 400	1 600	1 625	1 670
亿元商品交易市场个数	个	220	290	360	420
亿元商品交易市场交易额	亿元	5 500	8 000	12 500	16 000

注：原始数据来源于商委统计的各区县上报数据，预测数据来源于模型计算后所得。

附表

附表 1 - 1 - 1　　2009 年度商贸流通 100 强排序表(市场类)

序号	市场名称	年交易额(万元)	经营面积(平方米)	就业人数(人)	备注
1	重庆朝天门市场	1 768 600	546 000	53 000	渝中
2	重庆汽博中心	1 100 000	440 000	5 000	北部新区
3	重庆观音桥农产品市场	1 676 700	440 000	12 000	江北
4	重庆南坪医药市场	1 800 000	219 000	4 040	南岸
5	大足龙水五金市场	850 500	252 200	21 047	大足
6	重庆铠恩国际家居名都	800 006	400 000	3 500	巴南
7	重庆绿云石都建材交易市场	1 069 930	190 000	6 102	九龙坡
8	重庆龙文钢材市场	800 000	300 000	1 500	九龙坡
9	重庆恒冠钢材市场	1 065 200	70 000	3 500	北部新区
10	重庆马家建筑装饰材料市场	740 134	80 030	9 500	沙坪坝
11	重庆市永川商贸城	327 460	210 506	8 776	永川
12	重庆市小天鹅综合批发市场	381 013	90 000	8 123	万州
13	重庆西部机动车交易市场	509 148	100 000	2 500	巴南
14	重庆市渝南汽车超市	530 458	129 199	939	巴南
15	重庆外滩摩托车配件市场	506 000	45 240	3 630	渝中
16	陈家坪机电市场	265 000	72 000	5 000	北部新区
17	重庆万州商贸城	210 924	39 000	3 400	万州
18	重庆市万州区宏远批发市场	210 311	100 000	2 700	万州
	合计	14 611 384	3 723 175	154 257	

资料来源:原始数据来源于重庆市商业委员会统计的各区县上报数据。

附表 1－1－2　**重庆市亿元商品交易市场交易额排序表(2010)**

序号	区(县)	市场名称	市场类型	固定经营户数(户)	固定从业人员(人)	营业面积(平方米)	2010年交易总额(万元)	2009年交易总额(万元)
1	南岸区	南坪医药市场	工业消费品	305	20 000	90 000	2 128 000	1 801 568
2	江北区	重庆观音桥农贸市场	农产品综合	5 147	20 588	216 300	2 104 421	1 676 678
3	渝中区	朝天门市场	工业消费品	12 000	53 000	330 000	2 100 424	1 733 595
4	沙坪坝区	巨龙钢材市场	生产资料	315	951	42 000	1 794 945	933 348
5	北部新区	汽博中心	生产资料	400	5 000	200 000	1 500 000	1 113 800
6	九龙坡区	恒冠钢材市场	生产资料	492	3 210	70 000	1 268 500	1 065 200
7	璧山县	西部鞋都交易城	生产资料	466	7 150	80 000	1 125 000	759 632
8	九龙坡区	绿云石都建材交易城	生产资料	703	6 102	220 000	1 118 122	1 069 930
9	大足县	龙水五金市场群	生产资料	4 110	21 702	244 320	1 046 786	728 292
10	大渡口	龙文钢材市场	生产资料	520	1 000	140 000	1 030 062	661 273
11	大渡口	万吨冷储物流交易中心	农产品专业	300	2 000	11 000	1 000 000	650 000
12	巴南区	西部汽车城	生产资料	789	4 000	110 660	950 000	509 148
13	沙坪坝区	马家岩市场	工业消费品	2 400	9 500	426 000	942 200	630 024
14	沙坪坝区	金属材料现货交易市场	生产资料	175	988	6 600	936 705	377 465
15	巴南区	铠恩国际家居名都	工业消费品	764	2 800	400 000	916 000	800 006
16	巴南区	渝南汽车市场	生产资料	185	1 240	130 000	788 657	530 458
17	渝中区	外滩摩配交易市场	生产资料	689	3 630	45 200	636 900	536 111

附表1-1-2(续)

序号	区(县)	市场名称	市场类型	固定经营户数(户)	固定从业人员(人)	营业面积(平方米)	2010年交易总额(万元)	2009年交易总额(万元)
18	九龙坡区	恒胜钢材市场	生产资料	219	1 102	42 000	610 562	269 579
19	九龙坡区	重庆新世界建材市场	生产资料	350	3 368	70 000	511 285	125 276
20	南岸区	成车市场	生产资料	16	1 233	68 920	472 000	361 133
21	永川区	商贸城	工业消费品	1 600	10 000	210 000	390 482	150 000
22	万州区	小天鹅市场	工业消费品	2 379	4 547	65 000	369 971	326 678
23	九龙坡区	恒金老顶坡汽摩综合市场	工业消费品	980	8 000	140 000	320 000	300 000
24	九龙坡区	泰兴通信电脑城	工业消费品	500	2 500	31 800	317 573	283 574
25	渝中区	西三街水产品市场	农产品专业	325	2 000	13 000	300 000	142 864
26	九龙坡区	福道钢材市场	生产资料	168	2 000	80 000	300 000	—
27	九龙坡区	陈家坪机电市场	生产资料	700	3 500	65 000	290 280	264 700
28	渝北区	国际五金机电城	生产资料	700	3 000	180 000	275 000	250 000
29	九龙坡区	金冠捷莱五金机电市场	生产资料	167	340	25 000	261 252	245 000
30	万州区	商贸城	工业消费品	884	3 400	41 000	235 746	185 515
31	九龙坡区	佰腾数码广场	工业消费品	400	5 500	35 000	203 000	120 000
32	九龙坡区	渝州交易城综合市场	农产品综合	2 100	6 300	30 000	200 000	210 000
33	沙坪坝区	重庆市粮油批发市场	农产品专业	60	200	36 240	189 000	166 500
34	万州区	宏远市场	农产品综合	561	2 300	52 000	184 102	153 264

附表1－1－2（续）

序号	区（县）	市场名称	市场类型	固定经营户数（户）	固定从业人员（人）	营业面积（平方米）	2010年交易总额（万元）	2009年交易总额（万元）
35	九龙坡区	金科九龙机电城	生产资料	450	2 500	150 000	180 000	178 640
36	九龙坡区	八益建材市场	工业消费品	300	3 000	40 000	176 000	160 000
37	荣昌县	畜产品交易市场	农产品专业	390	2 500	32 000	166 000	134 000
38	九龙坡区	高新机电批发市场	生产资料	167	2 500	25 000	150 000	145 000
39	九龙坡区	渝州五金新城机电市场	生产资料	750	3 000	60 000	150 000	148 300
40	渝中区	菜园坝水果市场	农产品专业	2 300	8 000	110 000	146 432	160 000
41	渝北区	万隆小食品批发市场	农产品专业	737	1 500	17 000	138 000	111 685
42	沙坪坝区	全悦钢材市场	生产资料	90	138	8 000	120 000	108 600
43	渝中区	大坪新浪通信市场	工业消费品	646	3 500	35 000	115 000	80 000
44	涪陵区	合智商业广场	工业消费品	1 001	1 796	36 000	111 870	96 235
45	南岸区	红星美凯龙	工业消费品	286	200	64 437	105 000	6 469
46	渝中区	城外城灯饰批发城	工业消费品	170	350	37 000	100 000	—
47	九龙坡区	有色金属市场	生产资料	8	104	33 000	100 000	—
48	南岸区	灯饰广场	工业消费品	960	420	19 068	93 000	87 012
49	大渡口	四三六钢材市场	生产资料	17	—	12 400	91 000	78 200
50	万州区	银河市场	工业消费品	930	2 000	68 000	82 464	70 320
51	渝中区	得意装饰世界	工业消费品	150	326	50 000	82 203	72 298

附表1－1－2(续)

序号	区(县)	市场名称	市场类型	固定经营户数(户)	固定从业人员(人)	营业面积(平方米)	2010年交易总额(万元)	2009年交易总额(万元)
52	北部新区	红星美凯龙	工业消费品	398	300	12 000	80 280	100 000
53	开县	渝东大市场	工业消费品	278	623	15 000	80 000	124 053
54	万州区	三峡中药城	工业消费品	538	1 278	60 138	78 000	—
55	九龙坡区	白市驿太慈市场	农产品综合	520	850	15 000	76 322	68 400
56	九龙坡区	华岩陶瓷市场	工业消费品	60	300	56 000	75 974	10 188
57	南岸区	旧车市场	生产资料	72	3 000	21 000	75 000	135 681
58	渝北区	渝航商场	工业消费品	200	386	13 000	70 000	—
59	江北区	居然之家	工业消费品	—	—	100 000	66 000	66 000
60	渝中区	学田湾农贸市场	菜市场	476	650	10 000	65 412	50 000
61	南川	中心市场	农产品综合	790	1 800	8 000	64 000	63 629
62	开县	吕氏工业品市场	工业消费品	343	982	36 000	63 000	55 180
63	北碚区	天生市场	农产品综合	589	1 178	18 000	62 259	20 709
64	九龙坡区	走马国际建材市场	生产资料	380	1 140	200 000	60 000	—
65	万州区	凯盛汽车交易市场	生产资料	34	100	33 000	58 518	—
66	江北区	赛博	工业消费品	150	480	12 000	56 190	73 630
67	永川区	家电批发市场	生产资料	35	228	15 000	52 592	41 500
68	荣昌县	汇宇建材家私市场	工业消费品	230	1 500	92 000	52 000	43 700

附表1－1－2(续)

序号	区(县)	市场名称	市场类型	固定经营户数(户)	固定从业人员(人)	营业面积(平方米)	2010年交易总额(万元)	2009年交易总额(万元)
69	沙坪坝区	二手车市场	生产资料	89	48	26 640	50 422	20 099
70	北部新区	西部奥特莱斯	工业消费品	400	1 050	44 684	50 265	9 000
71	梁平县	双桂小商品市场	工业消费品	950	3 000	20 000	50 000	50 000
72	九龙坡区	滩子口玻璃市场	生产资料	60	180	100 000	50 000	—
73	九龙坡区	光华机电城	生产资料	200	460	50 000	50 000	—
74	垫江县	桂东小商品批发市场	工业消费品	120	700	6 000	50 000	26 087
75	巴南区	鱼洞市场	农产品综合	715	1 450	11 500	50 000	21 651
76	长寿区	协信家具城	工业消费品	66	237	12 800	49 856	45 300
77	合川区	南办西北仓储建材市场	工业消费品	190	600	33 000	47 980	41 040
78	长寿区	凤城市场	农产品综合	312	856	14 000	45 300	15 175
79	江津区	几江农贸市场	农贸市场	296	650	5 900	45 000	31 000
80	九龙坡区	百脑汇电脑市场	工业消费品	321	2 000	17 941	43 500	—
81	万州区	三峡蔬菜批发市场	农产品专业	60	200	15 000	43 000	38 000
82	黔江区	机动车交易市场	生产资料	17	120	2 000	40 000	15 500
83	永川区	玉屏市场	农产品综合	280	550	3 623	39 473	31 051
84	渝中区	中兴塑料市场	工业消费品	707	1 497	22 510	39 407	46 801
85	九龙坡区	含谷机床交易中心	生产资料	352	1 256	172 086	39 099	37 336

附表1－1－2(续)

序号	区(县)	市场名称	市场类型	固定经营户数(户)	固定从业人员(人)	营业面积(平方米)	2010年交易总额(万元)	2009年交易总额(万元)
86	九龙坡区	杨家坪农贸市场	农贸市场	518	1 204	13 581	39 023	23 825
87	垫江县	垫江南门综合市场	农产品综合	60	120	16 000	38 000	—
88	渝中区	永缘汽车用品市场	生产资料	98	920	20 000	37 000	37 000
89	开县	开州大市场	农产品综合	560	1 265	15 000	36 700	32 822
90	石柱县	藏经寺市场	农产品综合	176	1 093	14 574	36 600	26 600
91	九龙坡区	祥和蔬菜批发市场	农产品专业	140	200	15 000	36 410	37 830
92	江津区	红卫巷	农贸市场	238	520	6 000	36 000	25 000
93	渝北区	三亚湾水产品市场	农产品综合	59	900	71 562	35 430	78 820
94	石柱县	黄连市场	农产品专业	500	975	7 500	35 000	21 296
95	合川区	合阳办蟠龙路市场	农产品综合	1 850	4 325	20 000	34 916	23 541
96	江北区	建玛特	工业消费品	416	1 000	47 642	34 502	19 227
97	渝北区	聚信国际建材城	工业消费品	289	1 423	51 000	33 551	20 235
98	大足县	大足县福源装饰材料市场	工业消费品	356	890	36 800	31 675	—
99	渝北区	两路农贸市场	农贸市场	412	1 200	9 000	31 000	16 744
100	綦江县	河东市场	工业消费品	590	1 100	12 000	31 000	13 192
101	垫江县	北门综合市场	农产品综合	250	500	10 125	31 000	33 527
102	渝中区	新东方女人广场	工业消费品	180	510	15 000	30 050	31 205

附表1－1－2(续)

序号	区(县)	市场名称	市场类型	固定经营户数(户)	固定从业人员(人)	营业面积(平方米)	2010年交易总额(万元)	2009年交易总额(万元)
103	渝北区	奔力五金市场有限公司	工业消费品	67	200	10 000	30 000	20 045
104	铜梁县	飞龙菜市场	菜市场	300	300	5 400	30 000	—
105	梁平县	家具、建材一条街	工业消费品	680	1 000	20 000	30 000	20 000
106	丰都县	民达农贸市场	农贸市场	200	22	600	30 000	13 551
107	永川区	渝西旧机动车交易市场	生产资料	42	90	6 100	29 510	39 167
108	梁平县	汽摩一条街	生产资料	90	300	18 000	28 000	—
109	大渡口	杭渝置业有限公司	生产资料	324	1 020	49 412	27 653	24 943
110	酉阳县	钟灵山农贸市场	农产品综合	300	1 000	11 700	27 500	—
111	江北区	泰兴e世界	工业消费品	128	1 266	5 574	26 708	47 859
112	合川区	钱塘镇第一农贸市场	农贸市场	1 140	2 290	8 000	26 237	21 722
113	秀山县	渝东南边贸批发市场	农产品专业	451	1 346	100 000	26 023	20 324
114	武隆县	红豆综合农贸市场	农产品综合	465	1 100	11 000	26 000	24 205
115	长寿区	沙井农产品交易市场	农产品综合	440	1 050	6 500	25 050	14 391
116	忠县	金天门市场	农产品综合	370	2 350	31 000	25 000	11 689
117	綦江县	打通镇综合市场	农产品综合	400	800	12 500	25 000	18 800
118	江津区	珞璜综合交易市场	农产品综合	645	1 230	11 500	25 000	25 000
119	大足县	龙水商贸市场	农产品综合	461	1 236	12 030	23 500	7 800

附表1－1－2(续)

序号	区(县)	市场名称	市场类型	固定经营户数(户)	固定从业人员(人)	营业面积(平方米)	2010年交易总额(万元)	2009年交易总额(万元)
120	渝中区	雅兰电子城	工业消费品	490	1 200	24 500	22 600	15 343
121	长寿区	葛兰综合农贸市场	农产品综合	300	475	10 000	22 300	14 803
122	万州区	粮油批发市场	农产品专业	150	400	20 000	22 000	19 700
123	南岸区	江南装饰	工业消费品	210	500	19 700	22 000	7 000
124	黔江区	武陵山家居市场	工业消费品	120	1 600	35 000	21 075	14 218
125	永川区	腾龙装饰城	工业消费品	46	168	10 000	20 320	16 000
126	涪陵区	展宏旧车交易市场	生产资料	15	86	10 000	20 267	19 754
127	万州区	光彩大市场	生产资料	785	940	71 385	20 000	—
128	万州区	三峡福斯德广场	工业消费品	220	1 000	35 609	20 000	—
129	万州区	泰兴万州通信电脑城	工业消费品	110	350	6 000	20 000	18 000
130	大足县	城区东关菜市场	菜市场	198	594	4 260	19 360	—
131	永川区	双川禽苗交易中心	农产品专业	500	1 000	3 000	19 270	14 000
132	渝中区	较场口联讯五金市场	生产资料	95	400	15 900	19 127	18 516
133	合川区	二郎镇综合农贸市场	农贸市场	310	720	10 000	18 312	15 260
134	璧山县	向阳农贸市场	农贸市场	360	620	10 500	17 820	13 820
135	奉节县	汽车机电市场	生产资料	147	452	12 983	17 691	16 039
136	巫溪县	宁河菜市场	菜市场	221	350	1 057	17 300	—

附表1-1-2(续)

序号	区(县)	市场名称	市场类型	固定经营户数(户)	固定从业人员(人)	营业面积(平方米)	2010年交易总额(万元)	2009年交易总额(万元)
137	万州区	钟鼓楼市场	工业消费品	560	800	46 000	17 000	11 760
138	涪陵区	金凯装饰城	工业消费品	62	228	8 534	16 863	14 856
139	奉节县	白帝市场	农产品综合	591	1 182	17 213	16 732	14 966
140	开县	中原大市场	农产品专业	212	501	2 900	16 700	14 914
141	奉节县	夔州综合交易市场	农产品综合	532	1 596	37 825	16 557	14 783
142	长寿区	长寿区关口市场	农产品综合	534	2 913	40 168	16 380	12 360
143	梁平县	双桂农贸市场	农贸市场	400	2 900	10 760	16 000	14 352
144	涪陵区	关庙一期市场	农产品综合	250	500	10 000	15 900	13 900
145	长寿区	长寿区晏家市场	农产品综合	494	2 674	50 274	15 564	13 310
146	北碚区	农产品批发配送中心	农产品专业	45	90	5 800	15 275	11 151
147	奉节县	夔府第一市	农产品综合	423	846	11 568	15 139	13 578
148	双桥区	农贸市场	农产品综合	402	1 130	14 500	15 000	15 675
149	江津区	滨西农贸市场	农贸市场	114	260	3 800	15 000	15 000
150	江北区	重庆茶叶批发市场	农产品专业	206	1 670	28 000	15 000	20 000
151	万盛区	万新农贸市场	农贸市场	1 450	2 000	11 902	14 982	13 102
152	永川区	朱沱镇滨湖综合农贸市场	农贸市场	580	1 450	5 000	14 902	11 602
153	巫山县	神女市场	农产品综合	250	1 000	10 500	14 000	12 000

附表1－1－2(续)

序号	区(县)	市场名称	市场类型	固定经营户数(户)	固定从业人员(人)	营业面积(平方米)	2010年交易总额(万元)	2009年交易总额(万元)
154	渝北区	龙溪建材大厦	工业消费品	249	500	29 963	13 500	12 450
155	合川区	肖家镇农贸市场	农贸市场	262	711	7 040	13 440	11 200
156	合川区	旧货交易市场	工业消费品	193	925	7 040	13 067	11 028
157	潼南县	八角庙农贸市场	农产品综合	556	1 500	12 000	13 000	21 380
158	黔江区	宏鼎钢材市场	生产资料	30	260	44 700	12 900	8 309
159	秀山县	爱源凤翔商城	工业消费品	306	361	18 900	12 629	10 210
160	九龙坡区	重庆沛鑫汽摩城	生产资料	300	500	42 900	12 600	10 300
161	铜梁县	飞龙消费品市场	工业消费品	1 180	2 006	17 500	12 330	10 445
162	渝中区	菜园坝皮革市场	生产资料	436	1 476	29 000	12 193	12 767
163	云阳县	莲花市场	农产品综合	413	620	4 300	12 000	—
164	永川区	天骄银座装饰城	工业消费品	56	125	12 000	12 000	4 000
165	潼南县	朝天门金海洋潼南分市场	工业消费品	400	842	36 000	12 000	—
166	綦江县	居玛特建材	工业消费品	100	500	20 000	12 000	9 000
167	梁平县	名豪服装城	工业消费品	100	450	12 000	12 000	—
168	丰都县	平都农贸市场	农贸市场	380	38	700	12 000	15 168
169	永川区	奥韵·家博城	工业消费品	60	300	15 000	11 670	3 000
170	永川区	东科家具城	工业消费品	115	345	18 000	11 586	6 600

附表1－1－2(续)

序号	区(县)	市场名称	市场类型	固定经营户数(户)	固定从业人员(人)	营业面积(平方米)	2010年交易总额(万元)	2009年交易总额(万元)
171	永川区	农副产品综合批发市场	农产品综合	3 000	20 000	57 500	11 020	100 145
172	九龙坡区	西彭镇开发区农贸市场	农贸市场	400	546	10 000	11 000	—
173	江北区	东方灯饰广场	工业消费品	95	685	36 000	10 975	9 500
174	合川区	沙鱼镇综合市场	农产品综合	669	1 632	6 210	10 614	8 012
175	巫山县	平湖市场	农产品综合	220	550	13 000	10 500	9 500
176	万州区	钟鼓楼水果批发市场	农产品专业	120	400	15 000	10 500	57 000
177	九龙坡区	杨家坪地下商场	工业消费品	307	656	7 700	10 200	10 200
178	九龙坡区	西站机电市场	生产资料	285	882	9 500	10 160	12 300
179	奉节县	王家坪家具市场	工业消费品	132	341	10 536	10 050	8 933
180	万州区	中天广场装饰城	生产资料	65	456	18 000	10 000	—
181	九龙坡区	环球钢材建材交易市场	生产资料	300	930	160 000	10 000	—
182	垫江县	渝东建材综合市场	工业消费品	180	360	27 162	10 000	37 596
		合计		96 935	389 871	8 030 156	32 834 201	23 637 245

资料来源:原始数据来源于重庆市商业委员会统计的各区县上报数据。

附表 1－1－3　　重庆市营业面积 10 000 平方米以上商品交易市场排序表(2010)

序号	区(县)	市场名称	市场类型	占地面积(亩)	营业面积(平方米)	摊位数(个)	固定经营户数(户)	固定从业人员(人)	2010年交易总额(万元)	2009年交易总额(万元)
1	沙坪坝区	马家岩市场	工业消费品	900	426 000	3 400	2 400	9 500	942 200	630 024
2	巴南区	铠恩国际家居名都	工业消费品	700	400 000	1 438	764	2 800	916 000	800 006
3	渝中区	朝天门市场	工业消费品	229. 3	330 000	16 000	12 000	53 000	2 100 424	1 733 595
4	九龙坡区	绿云石都建材交易城	生产资料	256. 5	220 000	1 022	703	6 102	1 118 122	1 069 930
5	江北区	重庆观音桥农贸市场	农产品综合	179	216 300	5 147	5 147	20 588	2 104 421	1 676 678
6	永川区	商贸城	工业消费品	403	210 000	2 000	1 600	10 000	390 482	150 000
7	大足县	龙水五金市场群	生产资料	435	205 820	3 832	2 775	15 328	944 969	728 292
8	九龙坡区	走马国际建材市场	生产资料	430. 2	200 000	460	380	1 140	60 000	—
9	北部新区	汽博中心	生产资料	600	200 000	—	400	5 000	1 500 000	1 113 800
10	渝北区	国际五金机电城	生产资料	—	180 000	—	700	3 000	300 000	250 000
11	九龙坡区	含谷机床交易中心	生产资料	315	172 086	260	352	1 256	39 099	37 336
12	九龙坡区	环球钢材建材交易市场	生产资料	315	160 000	400	300	930	10 000	—
13	九龙坡区	金科九龙机电城	生产资料	120	150 000	612	450	2 500	180 000	178 640
14	九龙坡区	恒金老顶坡汽摩综合市场	工业消费品	225	140 000	1 450	980	8 000	320 000	300 000
15	大渡口	龙文钢材市场	生产资料	390	140 000	1 000	520	1 000	661 273	661 273
16	巴南区	渝南汽车市场	生产资料	139	130 000	237	185	1 240	788 657	530 458
17	巴南区	西部汽车城	生产资料	279	110 660	—	789	4 000	950 000	509 148

附表1－1－3(续)

序号	区(县)	市场名称	市场类型	占地面积(亩)	营业面积(平方米)	摊位数(个)	固定经营户数(户)	固定从业人员(人)	2010年交易总额(万元)	2009年交易总额(万元)
18	渝中区	菜园坝水果市场	农产品专业	180	110 000	270	2 300	8 000	146 432	160 000
19	秀山县	渝东南边贸批发市场	农产品专业	151	100 000	615	451	1 346	26 023	20 324
20	九龙坡区	滩子口玻璃市场	生产资料	150	100 000	80	60	180	50 000	—
21	江北区	居然之家	工业消费品	—	100 000	—	—	—	66 000	66 000
22	荣昌县	汇宇建材家私市场	工业消费品	138	92 000	230	230	1 500	52 000	43 700
23	南岸区	南坪医药市场	工业消费品	108	90 000	525	305	20 000	2 128 000	1 801 568
24	九龙坡区	福道钢材市场	生产资料	180	80 000	300	168	2 000	300 000	—
25	璧山县	西部鞋都交易城	生产资料	110	80 000	520	466	7 150	1 125 000	759 632
26	渝北区	三亚湾水产品综合交易市场	农产品综合	198	71 562	264	59	900	35 430	78 820
27	万州区	光彩大市场	生产资料	150	71 385	785	785	940	20 000	—
28	九龙坡区	恒冠钢材市场	生产资料	182	70 000	670	492	3 210	1 268 500	1 065 200
29	九龙坡区	重庆新世界建材市场	生产资料	165	70 000	560	350	3 368	511 285	125 276
30	南岸区	成车市场	生产资料	12	68 920	16	16	1 233	472 000	361 133
31	万州区	银河市场	工业消费品	18	68 000	930	930	2 000	82 464	70 320
32	万州区	小天鹅市场	工业消费品	56.7	65 000	2 500	2 379	4 547	369 971	326 678
33	九龙坡区	陈家坪机电市场	生产资料	17.5	65 000	700	700	3 500	290 280	264 700
34	南岸区	红星美凯龙	工业消费品	25	64 437	286	286	200	105 000	6 469

附表1－1－3(续)

序号	区(县)	市场名称	市场类型	占地面积(亩)	营业面积(平方米)	摊位数(个)	固定经营户数(户)	固定从业人员(人)	2010年交易总额(万元)	2009年交易总额(万元)
35	万州区	三峡中药城	工业消费品	67	60 138	830	538	1 278	78 000	—
36	九龙坡区	渝州五金新城机电市场	生产资料	10.5	60 000	800	750	3 000	150 000	148 300
37	永川区	农副产品综合批发市场	农产品综合	178	57 500	700	3 000	20 000	11 020	100 145
38	九龙坡区	华岩陶瓷市场	工业消费品	130	56 000	78	60	300	75 974	10 188
39	万州区	宏远市场	农产品综合	107	52 000	600	561	2 300	184 102	153 264
40	渝北区	聚信国际建材城	工业消费品	50	51 000	287	289	1 423	33 551	20 235
41	长寿区	晏家市场	农产品综合	—	50 274	—	494	2 674	15 564	13 310
42	渝中区	得意装饰世界	工业消费品	30	50 000	229	150	326	82 203	72 298
43	九龙坡区	光华机电城	生产资料	30	50 000	281	200	460	50 000	—
44	大渡口	杭渝置业有限公司	生产资料	59	49 412	630	324	1 020	27 653	24 943
45	江北区	建玛特	工业消费品	12	47 642	416	416	1 000	34 502	19 227
46	万州区	钟鼓楼市场	工业消费品	180	46 000	700	560	800	17 000	11 760
47	渝中区	外滩摩配交易市场	生产资料	30	45 200	715	689	3 630	636 900	536 111
48	黔江区	宏鼎钢材市场	生产资料	68	44 700	—	30	260	12 900	8 309
49	北部新区	西部奥特莱斯	工业消费品	105	44 684	—	400	1 050	50 265	9 000
50	九龙坡区	重庆沛鑫汽摩城	生产资料	—	42 900	—	300	500	12 600	10 300
51	沙坪坝区	巨龙钢材市场	生产资料	110	42 000	—	315	951	1 794 945	933 348

附表1-1-3(续)

序号	区(县)	市场名称	市场类型	占地面积(亩)	营业面积(平方米)	摊位数(个)	固定经营户数(户)	固定从业人员(人)	2010年交易总额(万元)	2009年交易总额(万元)
52	九龙坡区	恒胜钢材市场	生产资料	75	42 000	280	219	1 102	610 562	269 579
53	万州区	商贸城	工业消费品	15	41 000	884	884	3 400	235 746	185 515
54	长寿区	关口市场	农产品综合	—	40 168	—	534	2 913	16 380	12 360
55	九龙坡区	八益建材市场	工业消费品	15	40 000	400	300	3 000	176 000	160 000
56	奉节县	夔州综合交易市场	农产品综合	65	37 825	582	532	1 596	16 557	14 783
57	渝中区	城外城灯饰批发城	工业消费品	87	37 000	200	170	350	100 000	—
58	大足县	大足县福源装饰材料市场	工业消费品	50	36 800	356	356	890	31 675	—
59	沙坪坝区	粮油批发市场	农产品专业	—	36 240	—	60	200	189 000	166 500
60	潼南县	朝天门金海洋潼南分市场	工业消费品	43	36 000	—	400	842	12 000	—
61	开县	吕氏春秋商贸城	工业消费品	40	36 000	—	343	982	63 000	55 180
62	涪陵区	合智商业广场	工业消费品	10	36 000	1 500	1 001	1 796	111 870	96 235
63	万州区	三峡福斯德广场	工业消费品	47	35 609	752	220	1 000	20 000	—
64	渝中区	大坪新浪通信市场	工业消费品	7.5	35 000	1 026	646	3 500	115 000	80 000
65	黔江区	武陵山家居市场	工业消费品	27	35 000	—	120	1 600	21 075	14 218
66	九龙坡区	佰腾数码广场	工业消费品	6.3	35 000	435	400	5 500	203 000	120 000
67	万州区	凯盛汽车交易市场	生产资料	53	33 000	—	34	100	58 518	—
68	九龙坡区	有色金属市场	生产资料	49.5	33 000	8	8	104	100 000	—

附表1－1－3(续)

序号	区(县)	市场名称	市场类型	占地面积(亩)	营业面积(平方米)	摊位数(个)	固定经营户数(户)	固定从业人员(人)	2010年交易总额(万元)	2009年交易总额(万元)
69	合川区	南办西北仓储建材市场	工业消费品	82.2	33 000	190	190	600	41 040	41 040
70	荣昌县	畜产品交易市场	农产品专业	120	32 000	390	390	2 500	166 000	134 000
71	九龙坡区	泰兴通信电脑城	工业消费品	1.8	31 800	500	500	2 500	317 573	283 574
72	忠县	金天门市场	农产品综合	8.2	31 000	256	370	2 350	25 000	11 689
73	丰都县	宏声商业广场	工业消费品	25	30 000	—	500	800	18 000	—
74	九龙坡区	渝州交易城综合市场	农产品综合	2 100	30 000	1 300	1 137	6 300	200 000	210 000
75	渝北区	龙溪建材大厦	工业消费品	12.5	29 963	249	249	500	13 500	12 450
76	渝中区	菜园坝皮革市场	生产资料	34.5	29 000	494	436	1 476	12 193	12 767
77	万州区	渝鄂钢材市场	生产资料	—	28 600	—	36	157	48 100	48 102
78	江北区	重庆茶叶批发市场	农产品专业	150	28 000	—	206	1 670	15 000	20 000
79	垫江县	渝东建材综合市场	工业消费品	81	27 162	286	180	360	10 000	37 596
80	渝中区	菜园坝农副产品批发市场	农产品综合	28.5	27 000	350	200	600	9 723	—
81	沙坪坝区	二手车市场	生产资料	40	26 640	600	89	48	50 422	20 099
82	九龙坡区	金冠捷莱五金机电市场	生产资料	10	25 000	173	167	340	261 252	245 000
83	九龙坡区	高新机电批发市场	生产资料	39.9	25 000	216	167	2 500	150 000	145 000
84	渝中区	雅兰电子城	工业消费品	6	24 500	500	490	1 200	22 600	15 343
85	渝中区	中兴塑料市场	工业消费品	33.8	22 510	879	707	1 497	39 407	46 801

附表1－1－3(续)

序号	区(县)	市场名称	市场类型	占地面积(亩)	营业面积(平方米)	摊位数(个)	固定经营户数(户)	固定从业人员(人)	2010年交易总额(万元)	2009年交易总额(万元)
86	南岸区	旧车市场	生产资料	31.5	21 000	53	72	3 000	75 000	135 681
87	渝中区	永缘汽车用品市场	生产资料	15	20 000	124	98	920	37 000	37 000
88	万州区	粮油批发市场	农产品专业	31.5	20 000	150	150	400	22 000	19 700
89	綦江县	居玛特建材	工业消费品	39	20 000	100	100	500	12 000	9 000
90	梁平县	双桂小商品市场	工业消费品	32	20 000	1 000	950	3 000	50 000	50 000
91	梁平县	家具、建材一条街	工业消费品	30	20 000	700	680	1 000	30 000	20 000
92	合川区	合阳办蟠龙路市场	农产品综合	31.5	20 000	2 000	1 850	4 325	23 541	23 541
93	南岸区	江南装饰	工业消费品	6	19 700	210	210	500	22 000	7 000
94	南岸区	灯饰广场	工业消费品	39	19 068	89	960	420	93 000	87 012
95	秀山县	爱源凤翔商城	工业消费品	30	18 900	423	306	361	12 629	10 210
96	永川区	东科家具城	工业消费品	12.3	18 000	115	115	345	11 586	6 600
97	万州区	中天广场装饰城	生产资料	9	18 000	65	65	456	10 000	—
98	沙坪坝区	重庆德意家具城	工业消费品	—	18 000	—	130	310	10 000	10 000
99	梁平县	汽摩一条街	生产资料	20	18 000	100	90	300	28 000	—
100	北碚区	天生市场	农产品综合	25	18 000	769	589	1 178	62 259	20 709
101	九龙坡区	百脑汇电脑市场	工业消费品	2.8	17 941	441	321	2 000	43 500	—
102	开县	腾龙建材城	工业消费品	30	17 850	—	109	545	10 000	—

附表1－1－3(续)

序号	区(县)	市场名称	市场类型	占地面积(亩)	营业面积(平方米)	摊位数(个)	固定经营户数(户)	固定从业人员(人)	2010年交易总额(万元)	2009年交易总额(万元)
103	铜梁县	飞龙消费品市场	工业消费品	—	17 500	—	1 180	2 006	12 330	10 445
104	奉节县	白帝市场	农产品综合	35	17 213	656	591	1 182	16 732	14 966
105	渝北区	万隆小食品批发市场	农产品专业	12	17 000	737	737	1 500	138 000	111 685
106	黔江区	白家湾蔬菜批发市场	农产品专业	49	16 300	132	132	364	20 000	—
107	渝中区	较场口联讯五金市场	生产资料	—	15 900	—	95	400	19 127	18 516
108	渝中区	新东方女人广场	工业消费品	15	15 000	200	180	510	30 050	31 205
109	永川区	家电批发市场	生产资料	23	15 000	35	35	228	52 592	41 500
110	永川区	奥韵·家博城	工业消费品	5.55	15 000	60	60	300	11 670	3 000
111	万州区	三峡蔬菜批发市场	农产品专业	30	15 000	60	60	200	43 000	38 000
112	万州区	钟鼓楼水果批发市场	农产品专业	34.5	15 000	120	120	400	10 500	57 000
113	开县	渝东大市场	工业消费品	13.5	15 000	—	278	623	80 000	124 053
114	开县	开州大市场	农产品综合	17.5	15 000	226	560	1 265	36 700	32 822
115	九龙坡区	白市驿太慈市场	农产品综合	33.8	15 000	580	520	850	76 322	—
116	九龙坡区	祥和蔬菜批发市场	农产品专业	22.5	15 000	180	140	200	36 410	37 830
117	合川区	义乌小商品批发市场	工业消费品	0.9	15 000	3 500	3 500	7 000	100 000	—
118	巴南区	花木世界	农产品专业	5 000	15 000	72	72	76	200 000	—
119	石柱县	藏经寺市场	农产品综合	19	14 574	220	176	1 093	36 600	26 600

附表1－1－3（续）

序号	区（县）	市场名称	市场类型	占地面积（亩）	营业面积（平方米）	摊位数（个）	固定经营户数（户）	固定从业人员（人）	2010年交易总额（万元）	2009年交易总额（万元）
120	双桥区	农贸市场	农产品综合	20	14 500	362	402	1 130	15 000	15 675
121	长寿区	凤城市场	农产品综合	2.54	14 000	458	312	856	45 300	15 175
122	渝中区	西三街水产品市场	农产品专业	24	13 000	520	325	2 000	300 000	142 864
123	渝北区	渝航商场	工业消费品	6.3	13 000	412	200	386	70 000	—
124	巫山县	平湖市场	农产品综合	25	13 000	220	220	550	10 500	9 500
125	铜梁县	巴川东门建材市场	工业消费品	—	13 000	—	—	—	42 000	39 300
126	奉节县	汽车机电市场	生产资料	25	12 983	212	147	452	17 691	16 039
127	长寿区	协信家具城	工业消费品	—	12 800	260	66	237	49 856	45 300
128	綦江县	打通镇综合市场	农产品综合	28	12 500	500	400	800	25 000	18 800
129	大渡口	四三六钢材市场	生产资料	—	12 400	17	17	—	91 000	78 200
130	大足县	龙水商贸市场	农产品综合	22	12 030	461	461	1 236	23 500	7 800
131	永川区	天骄银座装饰城	工业消费品	19.5	12 000	56	56	125	12 000	4 000
132	潼南县	八角庙农贸市场	农产品综合	11	12 000	556	556	1 500	13 000	21 380
133	綦江县	河东市场	工业消费品	4	12 000	640	590	1 100	31 000	13 192
134	梁平县	名豪服装城	工业消费品	20	12 000	110	100	450	12 000	—
135	江北区	赛博	工业消费品	5	12 000	190	150	480	56 190	73 630
136	北部新区	红星美凯龙	工业消费品	50	12 000	—	398	300	80 280	100 000

附表1－1－3(续)

序号	区(县)	市场名称	市场类型	占地面积(亩)	营业面积(平方米)	摊位数(个)	固定经营户数(户)	固定从业人员(人)	2010年交易总额(万元)	2009年交易总额(万元)
137	酉阳县	钟灵山农贸市场	农产品综合	10	11 700	300	300	1 000	27 500	—
138	奉节县	夔府第一市	农产品综合	10	11 568	488	423	846	15 139	13 578
139	江津区	珞璜综合交易市场	农产品综合	25	11 500	650	645	1 230	25 000	25 000
140	巴南区	鱼洞市场	农产品综合	8.8	11 500	715	715	1 450	50 000	21 651
141	大渡口	万吨冷储物流交易中心	农产品专业	300	11 000	320	300	2 000	1 000 000	650 000
142	武隆县	红豆综合农贸市场	农产品综合	—	11 000	—	465	1 100	26 000	24 205
143	奉节县	王家坪家具市场	工业消费品	20	10 536	197	132	341	10 050	8 933
144	巫山县	神女市场	农产品综合	5	10 500	320	250	1 000	14 000	12 000
145	垫江县	北门综合市场	农产品综合	9.2	10 125	370	250	500	31 000	33 527
146	长寿区	双发消费品市场有限公司	农产品综合	15	10 005	525	473	987	14 127	—
147	渝北区	奔力五金市场有限公司	工业消费品	—	10 000	—	67	200	30 000	20 045
148	永川区	腾龙装饰城	工业消费品	9	10 000	46	46	168	20 320	16 000
149	涪陵区	展宏旧车交易市场	生产资料	16	10 000	16	15	86	20 267	19 754
150	涪陵区	关庙一期市场	农产品综合	5	10 000	250	250	500	15 900	13 900
151	丰都县	朝华公园市场	农产品综合	15	10 000	—	200	500	20 000	—
152	长寿区	葛兰综合农贸市场	农产品综合	40	10 000	600	300	475	22 300	14 803
		合计		18 734	7 886 030	88 469	86 201	362 445	30 829 872	22 505 895

资料来源：原始数据来源于重庆市商业委员会统计的各区县上报数据。

附表 1－1－4　　重庆市亿元工业消费品交易市场交易额排序表（2010）

序号	区(县)	市场名称	市场类型	固定经营户数(户)	固定从业人员(人)	营业面积(平方米)	2010年交易总额(万元)	2009年交易总额(万元)
1	南岸区	南坪医药市场	工业消费品	305	20 000	90 000	2 128 000	1 801 568
2	渝中区	朝天门市场	工业消费品	12 000	53 000	330 000	2 100 424	1 733 595
3	沙坪坝区	马家岩市场	工业消费品	2 400	9 500	426 000	942 200	630 024
4	巴南区	铠恩国际家居名都	工业消费品	764	2 800	400 000	916 000	800 006
5	永川区	商贸城	工业消费品	1 600	10 000	210 000	390 482	150 000
6	万州区	小天鹅市场	工业消费品	2 379	4 547	65 000	369 971	326 678
7	九龙坡区	恒金老顶坡汽摩综合市场	工业消费品	980	8 000	140 000	320 000	300 000
8	九龙坡区	泰兴通信电脑城	工业消费品	500	2 500	31 800	317 573	283 574
9	万州区	商贸城	工业消费品	884	3 400	41 000	235 746	185 515
10	九龙坡区	佰腾数码广场	工业消费品	400	5 500	35 000	203 000	120 000
11	九龙坡区	八益建材市场	工业消费品	300	3 000	40 000	176 000	160 000
12	渝中区	大坪新浪通信市场	工业消费品	646	3 500	35 000	115 000	80 000
13	涪陵区	合智商业广场	工业消费品	1 001	1 796	36 000	111 870	96 235
14	南岸区	红星美凯龙	工业消费品	286	200	64 437	105 000	6 469
15	渝中区	城外城灯饰批发城	工业消费品	170	350	37 000	100 000	—
16	南岸区	灯饰广场	工业消费品	960	420	19 068	93 000	87 012

附表1－1－4(续)

序号	区(县)	市场名称	市场类型	固定经营户数(户)	固定从业人员(人)	营业面积(平方米)	2010年交易总额(万元)	2009年交易总额(万元)
17	万州区	银河市场	工业消费品	930	2 000	68 000	82 464	70 320
18	渝中区	得意装饰世界	工业消费品	150	326	50 000	82 203	72 298
19	北部新区	红星美凯龙	工业消费品	398	300	12 000	80 280	100 000
20	开县	渝东大市场	工业消费品	278	623	15 000	80 000	124 053
21	万州区	三峡中药城	工业消费品	538	1 278	60 138	78 000	—
22	九龙坡区	华岩陶瓷市场	工业消费品	60	300	56 000	75 974	10 188
23	渝北区	渝航商场	工业消费品	200	386	13 000	70 000	—
24	江北区	居然之家	工业消费品	—	—	100 000	66 000	66 000
25	开县	吕氏工业品市场	工业消费品	343	982	36 000	63 000	55 180
26	江北区	赛博	工业消费品	150	480	12 000	56 190	73 630
27	荣昌县	汇宇建材家私市场	工业消费品	230	1 500	92 000	52 000	43 700
28	北部新区	西部奥特莱斯	工业消费品	400	1 050	44 684	50 265	9 000
29	梁平县	双桂小商品市场	工业消费品	950	3 000	20 000	50 000	50 000
30	垫江县	桂东小商品批发市场	工业消费品	120	700	6 000	50 000	26 087
31	长寿区	协信家具城	工业消费品	66	237	12 800	49 856	45 300
32	合川区	南办西北仓储建材市场	工业消费品	190	600	33 000	47 980	41 040

附表1－1－4(续)

序号	区(县)	市场名称	市场类型	固定经营户数(户)	固定从业人员(人)	营业面积(平方米)	2010年交易总额(万元)	2009年交易总额(万元)
33	九龙坡区	百脑汇电脑市场	工业消费品	321	2 000	17 941	43 500	—
34	渝中区	中兴塑料市场	工业消费品	707	1 497	22 510	39 407	46 801
35	江北区	建玛特	工业消费品	416	1 000	47 642	34 502	19 227
36	渝北区	聚信国际建材城	工业消费品	289	1 423	51 000	33 551	20 235
37	大足县	大足县福源装饰材料市场	工业消费品	356	890	36 800	31 675	—
38	綦江县	河东市场	工业消费品	590	1 100	12 000	31 000	13 192
39	渝中区	新东方女人广场	工业消费品	180	510	15 000	30 050	31 205
40	渝北区	奔力五金市场有限公司	工业消费品	67	200	3 875	30 000	20 045
41	梁平县	家具、建材一条街	工业消费品	680	1 000	20 000	30 000	20 000
42	江北区	泰兴e世界	工业消费品	128	1 266	5 574	26 708	47 859
43	渝中区	雅兰电子城	工业消费品	490	1 200	24 500	22 600	15 343
44	南岸区	江南装饰	工业消费品	210	500	19 700	22 000	7 000
45	黔江区	武陵山家居市场	工业消费品	120	1 600	35 000	21 075	14 218
46	永川区	腾龙装饰城	工业消费品	46	168	10 000	20 320	16 000
47	万州区	三峡福斯德广场	工业消费品	220	1 000	35 609	20 000	—
48	万州区	泰兴万州通信电脑城	工业消费品	110	350	6 000	20 000	18 000
49	万州区	钟鼓楼市场	工业消费品	560	800	46 000	17 000	11 760

附表1－1－4(续)

序号	区(县)	市场名称	市场类型	固定经营户数(户)	固定从业人员(人)	营业面积(平方米)	2010年交易总额(万元)	2009年交易总额(万元)
50	涪陵区	金凯装饰城	工业消费品	62	228	8 534	16 863	14 856
51	渝北区	龙溪建材大厦	工业消费品	249	500	29 963	13 500	12 450
52	合川区	旧货交易市场	工业消费品	193	925	7 040	13 067	11 028
53	秀山县	爱源凤翔商城	工业消费品	306	361	18 900	12 629	10 210
54	铜梁县	飞龙消费品市场	工业消费品	1 180	2 006	17 500	12 330	10 445
55	永川区	天骄银座装饰城	工业消费品	56	125	12 000	12 000	4 000
56	潼南县	朝天门金海洋潼南分市场	工业消费品	400	842	36 000	12 000	—
57	綦江县	居玛特建材	工业消费品	100	500	20 000	12 000	9 000
58	梁平县	名豪服装城	工业消费品	100	450	12 000	12 000	—
59	永川区	奥韵·家博城	工业消费品	60	300	15 000	11 670	3 000
60	永川区	东科家具城	工业消费品	115	345	18 000	11 586	6 600
61	江北区	东方灯饰广场	工业消费品	95	685	36 000	10 975	9 500
62	九龙坡区	杨家坪地下商场	工业消费品	307	656	7 700	10 200	10 200
63	奉节县	王家坪家具市场	工业消费品	132	341	10 536	10 050	8 933
64	垫江县	渝东建材综合市场	工业消费品	180	360	27 162	10 000	37 596
		合计		39 603	167 403	3 316 413	10 312 736	7 996 175

资料来源：原始数据来源于重庆市商业委员会统计的各区县上报数。

附表 1－1－5　　重庆市亿元生产资料交易市场交易额排序表（2010）

序号	区(县)	市场名称	市场类型	固定经营户数(户)	固定从业人员(人)	营业面积(平方米)	2010年交易总额(万元)	2009年交易总额(万元)
1	沙坪坝区	巨龙钢材市场	生产资料	315	951	42 000	1 794 945	933 348
2	北部新区	汽博中心	生产资料	400	5 000	200 000	1 500 000	1 113 800
3	九龙坡区	恒冠钢材市场	生产资料	492	3 210	70 000	1 268 500	1 065 200
4	璧山县	西部鞋都交易城	生产资料	466	7 150	80 000	1 125 000	759 632
5	九龙坡区	绿云石都建材交易城	生产资料	703	6 102	220 000	1 118 122	1 069 930
6	大足县	龙水五金市场群	生产资料	4 110	21 702	244 320	1 046 786	728 292
7	大渡口	龙文钢材市场	生产资料	520	1 000	140 000	1 030 062	661 273
8	巴南区	西部汽车城	生产资料	789	4 000	110 660	950 000	509 148
9	沙坪坝区	金属材料现货交易市场	生产资料	175	988	6 600	936 705	377 465
10	巴南区	渝南汽车市场	生产资料	185	1 240	130 000	788 657	530 458
11	渝中区	外滩摩配交易市场	生产资料	689	3 630	45 200	636 900	536 111
12	九龙坡区	恒胜钢材市场	生产资料	219	1 102	42 000	610 562	269 579
13	九龙坡区	重庆新世界建材市场	生产资料	350	3 368	70 000	511 285	125 276
14	南岸区	成车市场	生产资料	16	1 233	68 920	472 000	361 133
15	九龙坡区	福道钢材市场	生产资料	168	2 000	80 000	300 000	—
16	九龙坡区	陈家坪机电市场	生产资料	700	3 500	65 000	290 280	264 700

附表1-1-5(续)

序号	区(县)	市场名称	市场类型	固定经营户数(户)	固定从业人员(人)	营业面积(平方米)	2010年交易总额(万元)	2009年交易总额(万元)
17	渝北区	国际五金机电城	生产资料	700	3 000	180 000	275 000	250 000
18	九龙坡区	金冠捷莱五金机电市场	生产资料	167	340	25 000	261 252	245 000
19	九龙坡区	金科九龙机电城	生产资料	450	2 500	150 000	180 000	178 640
20	九龙坡区	高新机电批发市场	生产资料	167	2 500	25 000	150 000	145 000
21	九龙坡区	渝州五金新城机电市场	生产资料	750	3 000	60 000	150 000	148 300
22	沙坪坝区	全悦钢材市场	生产资料	90	138	8 000	120 000	108 600
23	九龙坡区	有色金属市场	生产资料	8	104	33 000	100 000	—
24	大渡口	四三六钢材市场	生产资料	17	—	12 400	91 000	78 200
25	南岸区	旧车市场	生产资料	72	3 000	21 000	75 000	135 681
26	九龙坡区	走马国际建材市场	生产资料	380	1 140	200 000	60 000	—
27	万州区	凯盛汽车交易市场	生产资料	34	100	33 000	58 518	—
28	永川区	家电批发市场	生产资料	35	228	15 000	52 592	41 500
29	沙坪坝区	二手车市场	生产资料	89	48	26 640	50 422	20 099
30	九龙坡区	滩子口玻璃市场	生产资料	60	180	100 000	50 000	—
31	九龙坡区	光华机电城	生产资料	200	460	50 000	50 000	—
32	黔江区	机动车交易市场	生产资料	17	120	2 000	40 000	15 500

附表1－1－5(续)

序号	区(县)	市场名称	市场类型	固定经营户数(户)	固定从业人员(人)	营业面积(平方米)	2010年交易总额(万元)	2009年交易总额(万元)
33	九龙坡区	含谷机床交易中心	生产资料	352	1 256	172 086	39 099	37 336
34	渝中区	永缘汽车用品市场	生产资料	98	920	20 000	37 000	37 000
35	永川区	渝西旧机动车交易市场	生产资料	42	90	6 100	29 510	39 167
36	梁平县	汽摩一条街	生产资料	90	300	18 000	28 000	—
37	大渡口	杭渝置业有限公司	生产资料	324	1 020	49 412	27 653	24 943
38	涪陵区	展宏旧车交易市场	生产资料	15	86	10 000	20 267	19 754
39	万州区	光彩大市场	生产资料	785	940	71 385	20 000	—
40	渝中区	较场口联讯五金市场	生产资料	95	400	15 900	19 127	18 516
41	奉节县	汽车机电市场	生产资料	147	452	12 983	17 691	16 039
42	黔江区	宏鼎钢材市场	生产资料	30	260	44 700	12 900	8 309
43	九龙坡区	重庆沛鑫汽摩城	生产资料	300	500	42 900	12 600	10 300
44	渝中区	菜园坝皮革市场	生产资料	436	1 476	29 000	12 193	12 767
45	九龙坡区	西站机电市场	生产资料	285	882	9 500	10 160	12 300
46	万州区	中天广场装饰城	生产资料	65	456	18 000	10 000	—
47	九龙坡区	环球钢材建材交易市场	生产资料	300	930	160 000	10 000	—
		合计		16 897	93 002	3 235 706	16 449 788	10 908 296

资料来源：原始数据来源于重庆市商业委员会统计的各区县上报数。

附表 1-1-6　　重庆市亿元农产品交易市场交易额排序表（2010）

序号	区(县)	市场名称	市场类型	固定经营户数(户)	固定从业人员(人)	营业面积（平方米）	2010年交易总额(万元)	2009年交易总额(万元)
1	江北区	重庆观音桥农贸市场	农产品综合	5 147	20 588	216 300	2 104 421	1 676 678
2	大渡口	万吨冷储物流交易中心	农产品专业	300	2 000	11 000	1 000 000	650 000
3	渝中区	西三街水产品市场	农产品专业	325	2 000	13 000	300 000	142 864
4	九龙坡区	渝州交易城综合市场	农产品综合	2 100	6 300	30 000	200 000	210 000
5	沙坪坝区	重庆市粮油批发市场	农产品专业	60	200	36 240	189 000	166 500
6	万州区	宏远市场	农产品综合	561	2 300	52 000	184 102	153 264
7	荣昌县	畜产品交易市场	农产品专业	390	2 500	32 000	166 000	134 000
8	渝中区	菜园坝水果市场	农产品专业	2 300	8 000	110 000	146 432	160 000
9	渝北区	万隆小食品批发市场	农产品专业	737	1 500	17 000	138 000	111 685
10	九龙坡区	白市驿太慈市场	农产品综合	520	850	15 000	76 322	68 400
11	南川	中心市场	农产品综合	790	1 800	8 000	64 000	63 629
12	北碚区	天生市场	农产品综合	589	1 178	18 000	62 259	20 709
13	巴南区	鱼洞市场	农产品综合	715	1 450	11 500	50 000	21 651
14	长寿区	凤城市场	农产品综合	312	856	14 000	45 300	15 175

附表1－1－6(续)

序号	区(县)	市场名称	市场类型	固定经营户数(户)	固定从业人员(人)	营业面积(平方米)	2010年交易总额(万元)	2009年交易总额(万元)
15	万州区	三峡蔬菜批发市场	农产品专业	60	200	15 000	43 000	38 000
16	永川区	玉屏市场	农产品综合	280	550	3 623	39 473	31 051
17	垫江县	垫江南门综合市场	农产品综合	60	120	16 000	38 000	—
18	开县	开州大市场	农产品综合	560	1 265	15 000	36 700	32 822
19	石柱县	藏经寺市场	农产品综合	176	1 093	14 574	36 600	26 600
20	九龙坡区	祥和蔬菜批发市场	农产品专业	140	200	15 000	36 410	37 830
21	渝北区	三亚湾水产品市场	农产品综合	59	900	71 562	35 430	78 820
22	石柱县	黄连市场	农产品专业	500	975	7 500	35 000	21 296
23	合川区	合阳办蟠龙路市场	农产品综合	1 850	4 325	20 000	34 916	23 541
24	垫江县	北门综合市场	农产品综合	250	500	10 125	31 000	33 527
25	酉阳县	钟灵山农贸市场	农产品综合	300	1 000	11 700	27 500	—
26	秀山县	渝东南边贸批发市场	农产品专业	451	1 346	100 000	26 023	20 324
27	武隆县	红豆综合农贸市场	农产品综合	465	1 100	11 000	26 000	24 205
28	长寿区	沙井农产品交易市场	农产品综合	440	1 050	6 500	25 050	14 391
29	忠县	金天门市场	农产品综合	370	2 350	31 000	25 000	11 689

附表1－1－6(续)

序号	区(县)	市场名称	市场类型	固定经营户数(户)	固定从业人员(人)	营业面积(平方米)	2010年交易总额(万元)	2009年交易总额(万元)
30	綦江县	打通镇综合市场	农产品综合	400	800	12 500	25 000	18 800
31	江津区	珞璜综合交易市场	农产品综合	645	1 230	11 500	25 000	25 000
32	大足县	龙水商贸市场	农产品综合	461	1 236	12 030	23 500	7 800
33	长寿区	葛兰综合农贸市场	农产品综合	300	475	10 000	22 300	14 803
34	万州区	粮油批发市场	农产品专业	150	400	20 000	22 000	19 700
35	永川区	双川禽苗交易中心	农产品专业	500	1 000	3 000	19 270	14 000
36	奉节县	白帝市场	农产品综合	591	1 182	17 213	16 732	14 966
37	开县	中原大市场	农产品专业	212	501	2 900	16 700	14 914
38	奉节县	夔州综合交易市场	农产品综合	532	1 596	37 825	16 557	14 783
39	长寿区	长寿区关口市场	农产品综合	534	2 913	40 168	16 380	12 360
40	涪陵区	关庙一期市场	农产品综合	250	500	10 000	15 900	13 900
41	长寿区	长寿区晏家市场	农产品综合	494	2 674	50 274	15 564	13 310
42	北碚区	农产品批发配送中心	农产品专业	45	90	5 800	15 275	11 151
43	奉节县	夔府第一市	农产品综合	423	846	11 568	15 139	13 578
44	双桥区	农贸市场	农产品综合	402	1 130	14 500	15 000	15 675

附表1-1-6(续)

序号	区(县)	市场名称	市场类型	固定经营户数(户)	固定从业人员(人)	营业面积(平方米)	2010年交易总额(万元)	2009年交易总额(万元)
45	江北区	重庆茶叶批发市场	农产品专业	206	1 670	28 000	15 000	20 000
46	巫山县	神女市场	农产品综合	250	1 000	10 500	14 000	12 000
47	潼南县	八角庙农贸市场	农产品综合	556	1 500	12 000	13 000	21 380
48	云阳县	莲花市场	农产品综合	413	620	4 300	12 000	—
49	永川区	农副产品综合批发市场	农产品综合	3 000	20 000	57 500	11 020	100 145
50	合川区	沙鱼镇综合市场	农产品综合	669	1 632	6 210	10 614	8 012
51	巫山县	平湖市场	农产品综合	220	550	13 000	10 500	9 500
52	万州区	钟鼓楼水果批发市场	农产品专业	120	400	15 000	10 500	57 000
		合计		32 180	112 441	1 338 412	5 598 889	4 441 428

资料来源：原始数据来源于重庆市商业委员会统计的各区县上报数。

附表 1－1－7　　重庆市乡镇农贸市场基本情况区县汇总表（2010 年）

序号	区(县)	市场个数	其中:室内市场(个)	营业面积(平方米)	摊位数(个)	固定经营户数(个)	固定从业人员(人)	年交易量(吨)	2010年交易额(万元)	2009年交易额(万元)
一小时经济圈										
1	渝中区	—	—	—	—	—	—	—	—	—
2	大渡口	5	—	871	440	600	—	—	10 000	6 000
3	江北区	3	3	8 280	452	357	348	—	3 112	2 812
4	沙坪坝区	17	—	34 494	—	2 453	4 233	—	23 653	20 568
5	九龙坡区	12	5	71 868	3 605	2 891	4 728	—	46 460	103 300
6	南岸区	10	3	18 632	1 052	802	69	10 740	20 290	15 000
7	北碚区	14	8	45 800	2 000	1 800	1 900	—	15 000	12 000
8	渝北区	24	—	93 918	3 425	1 656	2 691	—	7 135	9 586
9	巴南区	14	3	63 000	2 750	2 600	3 650	46 000	30 000	59 880
10	万盛区	7	—	32 760	1 840	1 020	1 359	63 000	21 000	15 000
11	双桥区	2	—	5 000	—	—	—	—	4 000	4 000
12	涪陵区	32	6	68 500	—	—	—	—	50 000	22 497
13	长寿区	29	2	113 565	7 633	4 701	9 704	—	140 246	19 011
14	江津区	53	14	144 348	9 444	8 925	14 672	3 551 776	142 071	50 000

附表1－1－7(续)

序号	区(县)	市场个数	其中:室内市场(个)	营业面积(平方米)	摊位数(个)	固定经营户数(个)	固定从业人员(人)	年交易量(吨)	2010年交易额(万元)	2009年交易额(万元)
15	合川区	45	—	34 862	2 699	2 699	7 385	—	100 000	157 138
16	永川区	66	4	189 060	3 205	3 016	4 807	—	128 500	164 600
17	南川区	31	3	61 000	4 100	2 500	3 000	—	18 500	40 830
20	綦江县	20	—	37 460	1 525	—	3 169	—	27 898	34 607
19	潼南县	29	—	66 712	6 153	5 849	10 755	—	56 069	48 756
20	铜梁县	34	2	114 525	6 563	3 972	6 566	100 563	47 257	34 886
21	大足县	25	—	33 432	2 302	1 865	3 146	—	40 750	40 300
22	荣昌县	22	—	50 552	2 850	3 200	6 950	85 000	113 000	176 892
23	璧山县	22	2	40 216	2 389	1 098	1 499	—	36 013	25 000
渝东北翼										
24	万州区	90	11	260 000	11 500	13 800	9 500	430 000	200 000	117 226
25	梁平县	32	8	45 000	2 280	2 000	1 600	300 000	60 000	125 431
26	城口县	3	—	1 800	199	186	210	120	600	3 000
27	丰都县	22	5	26 000	860	30	15	—	95 000	24 877
28	垫江县	24	17	71 000	6 270	4 337	7 210	50 000	58 647	30 000

附表1-1-7(续)

序号	区(县)	市场个数	其中:室内市场(个)	营业面积(平方米)	摊位数(个)	固定经营户数(个)	固定从业人员(人)	年交易量(吨)	2010年交易额(万元)	2009年交易额(万元)
29	忠县	21	—	33 680	—	3 030	4 730	—	26 070	22 670
30	开县	39	39	116 600	4 440	2 951	5 243	77 000	58 000	30 000
31	云阳县	20	12	20 000	1 300	1 500	1 800	20 000	18 000	20 000
32	奉节县	17	10	18 491	1 125	927	2 319	25 721	48 716	9 294
33	巫山县	24	4	16 800	720	600	650	—	5 000	12 800
34	巫溪县	6	3	8 900	850	816	1 542	2 079	31 220	13 313
渝东南翼										
35	黔江区	7	2	8 000	—	—	—	—	3 000	1 390
36	武隆县	10	3	26 000	2 300	2 270	2 550	65 000	32 000	29 566
37	石柱县	13	8	32 000	2 050	1 800	2 600	300 000	15 000	23 170
38	秀山县	11	1	20 700	2 303	586	986	2 836	11 608	37 040
39	酉阳县	3	—	9 200	674	400	970	2 000	3 200	12 000
40	彭水县	15	—	21 470	—	2 800	3 220	—	10 120	8 800
	合计	873	178	2 064 496	101 298	90 037	135 776	5 131 835	1 757 135	1583 240

资料来源：原始数据来源于重庆市商业委员会统计的各区县上报数。

附表 1-1-8

重庆市城区菜市场基本情况区县汇总表（2010 年）

序号	区（县）	市场个数	其中:室内市场（个）	营业面积（平方米）	摊位数（个）	固定经营户数（个）	固定从业人员（人）	年交易量（吨）	2010年交易额（万元）	2009年交易额（万元）
一小时经济圈										
1	渝中区	15	15	40 200	4 800	3 500	6 800	144 000	160 000	—
2	大渡口	7	7	1 654	1 300	2 451	11 293	17 865	25 000	19 850
3	江北区	22	22	61 477	4 089	3 137	7 886	23 376. 8	97 306	37 597
4	沙坪坝区	25	—	54 905	4 730	—	7 382	—	107 232	93 245
5	九龙坡区	20	19	40 213	3 432	3 299	4 316	—	67 626	113 149
6	南岸区	16	16	77 915	8 338	3 339	347	431 652	47 890	36 581
7	北碚区	10	10	45 000	2 279	2 100	2 638	—	67 200	17 206
8	渝北区	22	22	48 754	4 732	4 386	5 607	191 877	60 682	38 965
9	巴南区	28	15	68 000	3 559	3 350	6 650	98 000	98 000	94 514
10	万盛区	7	4	27 782	2 517	2 412	3 417	85 000	29 352	25 482
11	双桥区	4	—	25 500	802	762	1 940	—	21 000	22 360
12	涪陵区	33	26	68 000	—	—	—	—	52 527	45 676
13	长寿区	10	6	43 512	2 275	1 559	3 377	—	88 405	117 686
14	江津区	8	8	43 794	1 281	924	2 012	292 500	117 000	136 550

附表1-1-8(续)

序号	区(县)	市场个数	其中:室内市场(个)	营业面积(平方米)	摊位数(个)	固定经营户数(个)	固定从业人员(人)	年交易量(吨)	2010年交易额(万元)	2009年交易额(万元)
15	合川区	21	—	20 000	2 000	1 850	4 325	—	165 658	144 050
16	永川区	25	11	74 642	4 794	4 794	7 096	—	96 300	93 000
17	南川区	3	2	8 100	615	580	1 050	—	18 000	77 750
18	綦江县	6	—	17 880	1 664	—	1 996	144 805	35 270	37 557
19	潼南县	8	—	189 656	2 305	1 055	2 514	—	20 528	250 528
20	铜梁县	9	6	79 000	1 347	720	747	52 850	42 795	104 695
21	大足县	4	1	32 620	935	900	1 995	—	58 381	22 000
22	荣昌县	4	3	46 500	2 860	2 500	3 100	100 000	99 000	82 500
23	璧山县	10	9	85 995	3 273	2 296	8 512	—	34 308	30 166
24	北部新区	8	5	12 230	822	—	77	11 840	50 000	—
渝东北翼										
25	万州区	36	17	99 500	5 499	3 981	9 131	90 893	195 771	82 953
26	梁平县	3	1	5 700	303	280	280	60 000	12 000	18 110
27	城口县	5	—	5 000	512	450	600	15 000	8 250	2 000
28	丰都县	4	3	25 000	2 460	1 200	88	—	56 000	47 533

附表1-1-8(续)

序号	区(县)	市场个数	其中:室内市场(个)	营业面积(平方米)	摊位数(个)	固定经营户数(个)	固定从业人员(人)	年交易量(吨)	2010年交易额(万元)	2009年交易额(万元)
29	垫江县	7	5	28 100	2 166	1 800	1 927	49 500	24 000	36 500
30	忠县	11	—	19 037	—	1 621	1 759	—	35 765	31 100
31	开县	12	12	56 100	2 213	2 400	3 427	93 600	64 000	94 800
32	云阳县	9	7	24 000	2 200	2 350	2 600	40 000	35 000	41 100
33	奉节县	7	7	13 518	812	683	1 876	18 917	37 815	18 144
34	巫山县	5	4	4 000	300	300	460	—	2 500	7 000
35	巫溪县	4	3	7 076	660	638	1 080	2 310	37 000	26 000
渝东南翼										
36	黔江区	11	3	43 000	2 000	—	3 000	—	22 248	19 346
37	武隆县	4	4	18 730	1 180	970	3 541	95 000	38 000	37 500
38	石柱县	5	4	11 650	1 269	543	1 231	118 500	34 400	36 000
39	秀山县	4	4	12 968	1 250	1 126	1 890	3 300	17 652	11 800
40	酉阳县	2	2	17 700	600	—	1 500	3 000	29 500	48 000
41	彭水县	8	6	16 040	1 320	—	1 830	—	19 516	16 970
合计		462	289	1 620 448	89 493	64 256	131 297	2 183 786	2 328 877	2 215 962

资料来源：原始数据来源于重庆市商业委员会统计的各区县上报数据。

附表 1－1－9　　**重庆市交易市场行业分布总体情况表（2009）**

序号	行业分布（市场类别）	市场数量（个）	总摊位数（个）	年末出租摊位数（个）	营业面积（平方米）	成交额（万元）
1	生产资料市场	25	9 395	7 968	1 421 081	5 224 945
2	农产品市场	14	6 258	5 341	316 153	1 233 817
3	食品、饮料及烟酒市场	3	1 257	1 167	27 089	177 652
4	纺织、服装、鞋帽市场	5	17 145	17 035	453 652	2 292 476
5	日用品及文化用品市场	3	1 137	1132	19 242	105 043
6	黄金、珠宝、玉器等首饰市场	—	—	—	—	—
7	电器、通信器材、电子设备市场	4	1 310	1 271	68 350	355 257
8	医药、医疗用品及器材市场	—	—	—	—	—
9	家具、五金及装饰材料市场	17	10 628	9 737	1 032 717	1 942 956
10	汽车、摩托车及零配件市场	5	2 518	2 419	202 770	932 908
11	花、鸟、鱼、虫市场	—	—	—	—	—
12	旧货市场	1	42	42	9 000	39 167
13	其他专业市场	—	—	—	—	—
	合　计	77	49 690	46 112	3 550 054	12 304 221

数据来源：《中国商品交易市场统计年鉴 2010》。

附表 1－1－10　**重庆市亿元商品交易市场区域分布表（2010）**

序号	区(县)	市场名称	市场类型	固定经营户数(户)	固定从业人员(人)	营业面积(平方米)	2010年交易总额(万元)	2009年交易总额(万元)
	一小时经济圈							
1	渝中区	朝天门市场	工业消费品	12 000	53 000	330 000	2 100 424	1 733 595
2	渝中区	外滩摩配交易市场	生产资料	689	3 630	45 200	636 900	536 111
3	渝中区	西三街水产品市场	农产品专业	325	2 000	13 000	300 000	142 864
4	渝中区	菜园坝水果市场	农产品专业	2 300	8 000	110 000	146 432	160 000
5	渝中区	大坪新浪通信市场	工业消费品	646	3 500	35 000	115 000	80 000
6	渝中区	城外城灯饰批发城	工业消费品	170	350	37 000	100 000	—
7	渝中区	得意装饰世界	工业消费品	150	326	50 000	82 203	72 298
8	渝中区	学田湾农贸市场	菜市场	476	650	10 000	65 412	50 000
9	渝中区	中兴塑料市场	工业消费品	707	1 497	22 510	39 407	46 801
10	渝中区	永缘汽车用品市场	生产资料	98	920	20 000	37 000	37 000
11	渝中区	新东方女人广场	工业消费品	180	510	15 000	30 050	31 205
12	渝中区	雅兰电子城	工业消费品	490	1 200	24 500	22 600	15 343
13	渝中区	较场口联讯五金市场	生产资料	95	400	15 900	19 127	18 516
14	渝中区	菜园坝皮革市场	生产资料	436	1 476	290 000	12 193	12 767
15	大渡口	龙文钢材市场	生产资料	520	1 000	140 000	1 030 062	661 273

附表1－1－10(续)

序号	区(县)	市场名称	市场类型	固定经营户数(户)	固定从业人员(人)	营业面积(平方米)	2010年交易总额(万元)	2009年交易总额(万元)
16	大渡口	万吨冷储物流交易中心	农产品专业	300	2 000	11 000	1 000 000	650 000
17	大渡口	四三六钢材市场	生产资料	17	—	12 400	91 000	78 200
18	大渡口	杭渝置业有限公司	生产资料	324	1 020	49 412	27 653	24 943
19	江北区	重庆观音桥农贸市场	农产品综合	5 147	20 588	216 300	2 104 421	1 676 678
20	江北区	居然之家	工业消费品	—	—	100 000	66 000	66 000
21	江北区	赛博	工业消费品	150	480	12 000	56 190	73 630
22	江北区	建玛特	工业消费品	416	1 000	47 642	34 502	19 227
23	江北区	泰兴e世界	工业消费品	128	1 266	5 574	26 708	47 859
24	江北区	重庆茶叶批发市场	农产品专业	206	1 670	28 000	15 000	20 000
25	江北区	东方灯饰广场	工业消费品	95	685	36 000	10 975	9 500
26	沙坪坝区	巨龙钢材市场	生产资料	315	951	42 000	1 794 945	933 348
27	沙坪坝区	马家岩市场	工业消费品	2 400	9 500	426 000	942 200	630 024
28	沙坪坝区	金属材料现货交易市场	生产资料	175	988	6 600	936 705	377 465
29	沙坪坝区	重庆市粮油批发市场	农产品专业	60	200	36 240	189 000	166 500
30	沙坪坝区	全悦钢材市场	生产资料	90	138	8 000	120 000	108 600
31	沙坪坝区	二手车市场	生产资料	89	48	26 640	50 422	20 099

附表1－1－10(续)

序号	区(县)	市场名称	市场类型	固定经营户数(户)	固定从业人员(人)	营业面积(平方米)	2010年交易总额(万元)	2009年交易总额(万元)
32	九龙坡区	恒冠钢材市场	生产资料	492	3 210	70 000	1 268 500	1 065 200
33	九龙坡区	绿云石都建材交易城	生产资料	703	6 102	220 000	1 118 122	1 069 930
34	九龙坡区	恒胜钢材市场	生产资料	219	1 102	42 000	610 562	269 579
35	九龙坡区	重庆新世界建材市场	生产资料	350	3 368	70 000	511 285	125 276
36	九龙坡区	恒金老顶坡汽摩综合市场	工业消费品	980	8 000	140 000	320 000	300 000
37	九龙坡区	泰兴通信电脑城	工业消费品	500	2 500	31 800	317 573	283 574
38	九龙坡区	福道钢材市场	生产资料	168	2 000	80 000	300 000	—
39	九龙坡区	陈家坪机电市场	生产资料	700	3 500	65 000	290 280	264 700
40	九龙坡区	金冠捷莱五金机电市场	生产资料	167	340	25 000	261 252	245 000
41	九龙坡区	佰腾数码广场	工业消费品	400	5 500	35 000	203 000	120 000
42	九龙坡区	渝州交易城综合市场	农产品综合	2 100	6 300	30 000	200 000	210 000
43	九龙坡区	金科九龙机电城	生产资料	450	2 500	150 000	180 000	178 640
44	九龙坡区	八益建材市场	工业消费品	300	3 000	40 000	176 000	160 000
45	九龙坡区	高新机电批发市场	生产资料	167	2 500	25 000	150 000	145 000
46	九龙坡区	渝州五金新城机电市场	生产资料	750	3 000	60 000	150 000	148 300
47	九龙坡区	有色金属市场	生产资料	8	104	33 000	100 000	—

附表1－1－10(续)

序号	区(县)	市场名称	市场类型	固定经营户数(户)	固定从业人员(人)	营业面积(平方米)	2010年交易总额(万元)	2009年交易总额(万元)
48	九龙坡区	白市驿太慈市场	农产品综合	520	850	15 000	76 322	68 400
49	九龙坡区	华岩陶瓷市场	工业消费品	60	300	56 000	75 974	10 188
50	九龙坡区	走马国际建材市场	生产资料	380	1 140	200 000	60 000	—
51	九龙坡区	滩子口玻璃市场	生产资料	60	180	100 000	50 000	—
52	九龙坡区	光华机电城	生产资料	200	460	50 000	50 000	—
53	九龙坡区	百脑汇电脑市场	工业消费品	321	2 000	17 941	43 500	—
54	九龙坡区	含谷机床交易中心	生产资料	352	1 256	172 086	39 099	37 336
55	九龙坡区	杨家坪农贸市场	农贸市场	518	1 204	13 581	39 023	23 825
56	九龙坡区	祥和蔬菜批发市场	农产品专业	140	200	15 000	36 410	37 830
57	九龙坡区	重庆沛鑫汽摩城	生产资料	300	500	42 900	12 600	10 300
58	九龙坡区	西彭镇开发区农贸市场	农贸市场	400	546	10 000	11 000	—
59	九龙坡区	杨家坪地下商场	工业消费品	307	656	7 700	10 200	10 200
60	九龙坡区	西站机电市场	生产资料	285	882	9 500	10 160	12 300
61	九龙坡区	环球钢材建材交易市场	生产资料	300	930	160 000	10 000	—
62	南岸区	南坪医药市场	工业消费品	305	20 000	90 000	2 128 000	1 801 568
63	南岸区	成车市场	生产资料	16	1 233	68 920	472 000	361 133

附表1-1-10(续)

序号	区(县)	市场名称	市场类型	固定经营户数(户)	固定从业人员(人)	营业面积(平方米)	2010年交易总额(万元)	2009年交易总额(万元)
64	南岸区	红星美凯龙	工业消费品	286	200	64 437	105 000	6 469
65	南岸区	灯饰广场	工业消费品	960	420	19 068	93 000	87 012
66	南岸区	旧车市场	生产资料	72	3 000	21 000	75 000	135 681
67	南岸区	江南装饰	工业消费品	210	500	19 700	22 000	7 000
68	北碚区	天生市场	农产品综合	589	1 178	18 000	62 259	20 709
69	北碚区	农产品批发配送中心	农产品专业	45	90	5 800	15 275	11 151
70	渝北区	国际五金机电城	生产资料	700	3 000	180 000	275 000	250 000
71	渝北区	万隆小食品批发市场	农产品专业	737	1 500	17 000	138 000	111 685
72	渝北区	渝航商场	工业消费品	200	386	13 000	70 000	—
73	渝北区	三亚湾水产品市场	农产品综合	59	900	71 562	35 430	78 820
74	渝北区	聚信国际建材城	工业消费品	289	1 423	51 000	33 551	20 235
75	渝北区	两路农贸市场	农贸市场	412	1 200	9 000	31 000	16 744
76	渝北区	奔力五金市场有限公司	工业消费品	67	200	10 000	30 000	20 045
77	渝北区	龙溪建材大厦	工业消费品	249	500	29 963	13 500	12 450
78	巴南区	西部汽车城	生产资料	789	4 000	110 660	950 000	509 148
79	巴南区	铠恩国际家居名都	工业消费品	764	2 800	400 000	916 000	800 006

附表1－1－10(续)

序号	区(县)	市场名称	市场类型	固定经营户数(户)	固定从业人员(人)	营业面积(平方米)	2010年交易总额(万元)	2009年交易总额(万元)
80	巴南区	渝南汽车市场	生产资料	185	1 240	130 000	788 657	530 458
81	巴南区	鱼洞市场	农产品综合	715	1 450	11 500	50 000	21 651
82	万盛区	万新农贸市场	农贸市场	1 450	2 000	11 902	14 982	13 102
83	双桥区	农贸市场	农产品综合	402	1 130	14 500	15 000	15 675
84	涪陵区	合智商业广场	工业消费品	1 001	1 796	36 000	111 870	96 235
85	涪陵区	展宏旧车交易市场	生产资料	15	86	10 000	20 267	19 754
86	涪陵区	金凯装饰城	工业消费品	62	228	8 534	16 863	14 856
87	涪陵区	关庙一期市场	农产品综合	250	500	10 000	15 900	13 900
88	长寿区	协信家具城	工业消费品	66	237	12 800	49 856	45 300
89	长寿区	凤城市场	农产品综合	312	856	14 000	45 300	15 175
90	长寿区	沙井农产品交易市场	农产品综合	440	1 050	6 500	25 050	14 391
91	长寿区	葛兰综合农贸市场	农产品综合	300	475	10 000	22 300	14 803
92	长寿区	长寿区关口市场	农产品综合	534	2 913	40 168	16 380	12 360
93	长寿区	长寿区晏家市场	农产品综合	494	2 674	50 274	15 564	13 310
94	江津区	几江农贸市场	农贸市场	296	650	5 900	45 000	31 000
95	江津区	红卫巷	农贸市场	238	520	6 000	36 000	25 000

附表1－1－10(续)

序号	区(县)	市场名称	市场类型	固定经营户数(户)	固定从业人员(人)	营业面积(平方米)	2010年交易总额(万元)	2009年交易总额(万元)
96	江津区	珞璜综合交易市场	农产品综合	645	1 230	11 500	25 000	25 000
97	江津区	滨西农贸市场	农贸市场	114	260	3 800	15 000	15 000
98	合川区	南办西北仓储建材市场	工业消费品	190	600	33 000	47 980	41 040
99	合川区	合阳办蟠龙路市场	农产品综合	1 850	4 325	20 000	34 916	23 541
100	合川区	钱塘镇第一农贸市场	农贸市场	1 140	2 290	8 000	26 237	21 722
101	合川区	二郎镇综合农贸市场	农贸市场	310	720	10 000	18 312	15 260
102	合川区	肖家镇农贸市场	农贸市场	262	711	7 040	13 440	11 200
103	合川区	旧货交易市场	工业消费品	193	925	7 040	13 067	11 028
104	合川区	沙鱼镇综合市场	农产品综合	669	1 632	6 210	10 614	8 012
105	永川区	商贸城	工业消费品	1 600	10 000	210 000	390 482	150 000
106	永川区	家电批发市场	生产资料	35	228	15 000	52 592	41 500
107	永川区	玉屏市场	农产品综合	280	550	3 623	39 473	31 051
108	永川区	渝西旧机动车交易市场	生产资料	42	90	6 100	29 510	39 167
109	永川区	腾龙装饰城	工业消费品	46	168	10 000	20 320	16 000
110	永川区	双川禽苗交易中心	农产品专业	500	1 000	3 000	19 270	14 000
111	永川区	朱沱镇滨湖综合农贸市场	农贸市场	580	1 450	5 000	14 902	11 602

附表1－1－10(续)

序号	区(县)	市场名称	市场类型	固定经营户数(户)	固定从业人员(人)	营业面积(平方米)	2010年交易总额(万元)	2009年交易总额(万元)
112	永川区	天骄银座装饰城	工业消费品	56	125	12 000	12 000	4 000
113	永川区	奥韵·家博城	工业消费品	60	300	15 000	11 670	3 000
114	永川区	东科家具城	工业消费品	115	345	18 000	11 586	6 600
115	永川区	农副产品综合批发市场	农产品综合	3 000	20 000	57 500	11 020	100 145
116	南川	中心市场	农产品综合	790	1 800	8 000	64 000	63 629
117	綦江县	河东市场	工业消费品	590	1 100	12 000	31 000	13 192
118	綦江县	打通镇综合市场	农产品综合	400	800	12 500	25 000	18 800
119	綦江县	居玛特建材	工业消费品	100	500	20 000	12 000	9 000
120	潼南县	八角庙农贸市场	农产品综合	556	1 500	12 000	13 000	21 380
121	潼南县	朝天门金海洋潼南分市场	工业消费品	400	842	36 000	12 000	—
122	铜梁县	飞龙菜市场	菜市场	300	300	5 400	30 000	—
123	铜梁县	飞龙消费品市场	工业消费品	1 180	2 006	17 500	12 330	10 445
124	大足县	龙水五金市场群	生产资料	4 110	21 702	244 320	1 046 786	728 292
125	大足县	大足县福源装饰材料市场	工业消费品	356	890	36 800	31 675	—
126	大足县	龙水商贸市场	农产品综合	461	1 236	12 030	23 500	7 800
127	大足县	城区东关菜市场	菜市场	198	594	4 260	19 360	—

附表1－1－10(续)

序号	区(县)	市场名称	市场类型	固定经营户数(户)	固定从业人员(人)	营业面积(平方米)	2010年交易总额(万元)	2009年交易总额(万元)
128	荣昌县	畜产品交易市场	农产品专业	390	2 500	32 000	166 000	134 000
129	荣昌县	汇宇建材家私市场	工业消费品	230	1 500	92 000	52 000	43 700
130	璧山县	西部鞋都交易城	生产资料	466	7 150	80 000	1 125 000	759 632
131	璧山县	向阳农贸市场	农贸市场	360	620	10 500	17 820	13 820
132	北部新区	汽博中心	生产资料	400	5 000	200 000	1 500 000	1 113 800
133	北部新区	红星美凯龙	工业消费品	398	300	12 000	80 280	100 000
134	北部新区	西部奥特莱斯	工业消费品	400	1 050	44 684	50 265	9 000
	小计			79 072	341 797	7 139 421	30 766 804	22 077 608
	渝东北翼							
135	万州区	小天鹅市场	工业消费品	2 379	4 547	65 000	369 971	326 678
136	万州区	商贸城	工业消费品	884	3 400	41 000	235 746	185 515
137	万州区	宏远市场	农产品综合	561	2 300	52 000	184 102	153 264
138	万州区	银河市场	工业消费品	930	2 000	68 000	82 464	70 320
139	万州区	三峡中药城	工业消费品	538	1 278	60 138	78 000	—
140	万州区	凯盛汽车交易市场	生产资料	34	100	33 000	58 518	—
141	万州区	三峡蔬菜批发市场	农产品专业	60	200	15 000	43 000	38 000

附表1－1－10(续)

序号	区(县)	市场名称	市场类型	固定经营户数(户)	固定从业人员(人)	营业面积(平方米)	2010年交易总额(万元)	2009年交易总额(万元)
142	万州区	粮油批发市场	农产品专业	150	400	20 000	22 000	19 700
143	万州区	光彩大市场	生产资料	785	940	71 385	20 000	—
144	万州区	三峡福斯德广场	工业消费品	220	1 000	35 609	20 000	—
145	万州区	泰兴万州通信电脑城	工业消费品	110	350	6 000	20 000	18 000
146	万州区	钟鼓楼市场	工业消费品	560	800	46 000	17 000	11 760
147	万州区	钟鼓楼水果批发市场	农产品专业	120	400	15 000	10 500	57 000
148	万州区	中天广场装饰城	生产资料	65	456	18 000	10 000	—
149	梁平县	双桂小商品市场	工业消费品	950	3 000	20 000	50 000	50 000
150	梁平县	家具、建材一条街	工业消费品	680	1 000	20 000	30 000	20 000
151	梁平县	汽摩一条街	生产资料	90	300	18 000	28 000	—
152	梁平县	双桂农贸市场	农贸市场	400	2 900	10 760	16 000	14 352
153	梁平县	名豪服装城	工业消费品	100	450	12 000	12 000	—
154	丰都县	民达农贸市场	农贸市场	200	22	600	30 000	13 551
155	丰都县	平都农贸市场	农贸市场	380	38	700	12 000	15 168
156	垫江县	桂东小商品批发市场	工业消费品	120	700	6 000	50 000	26 087
157	垫江县	垫江南门综合市场	农产品综合	60	120	16 000	38 000	—

附表1－1－10(续)

序号	区(县)	市场名称	市场类型	固定经营户数(户)	固定从业人员(人)	营业面积(平方米)	2010年交易总额(万元)	2009年交易总额(万元)
158	垫江县	北门综合市场	农产品综合	250	500	10 125	31 000	33 527
159	垫江县	渝东建材综合市场	工业消费品	180	360	27 162	10 000	37 596
160	忠县	金天门市场	农产品综合	370	2 350	31 000	25 000	11 689
161	开县	渝东大市场	工业消费品	278	623	15 000	80 000	124 053
162	开县	吕氏工业品市场	工业消费品	343	982	36 000	63 000	55 180
163	开县	开州大市场	农产品综合	560	1 265	15 000	36 700	32 822
164	开县	中原大市场	农产品专业	212	501	2 900	16 700	14 914
165	云阳县	莲花市场	农产品综合	413	620	4 300	12 000	—
166	奉节县	汽车机电市场	生产资料	147	452	12 983	17 691	16 039
167	奉节县	白帝市场	农产品综合	591	1 182	17 213	16 732	14 966
168	奉节县	夔州综合交易市场	农产品综合	532	1 596	37 825	16 557	14 783
169	奉节县	夔府第一市	农产品综合	423	846	11 568	15 139	13 578
170	奉节县	王家坪家具市场	工业消费品	132	341	10 536	10 050	8 933
171	巫山县	神女市场	农产品综合	250	1 000	10 500	14 000	12 000
172	巫山县	平湖市场	农产品综合	220	550	13 000	10 500	9 500
173	巫溪县	宁河菜市场	菜市场	221	350	1 057	17 300	—

附表1－1－10（续）

序号	区（县）	市场名称	市场类型	固定经营户数（户）	固定从业人员（人）	营业面积（平方米）	2010年交易总额（万元）	2009年交易总额（万元）
	小计			15 498	40 219	906 361	1 829 670	1 418 975
	渝东南翼							
174	黔江区	机动车交易市场	生产资料	17	120	2 000	40 000	15 500
175	黔江区	武陵山家居市场	工业消费品	120	1 600	35 000	21 075	14 218
176	黔江区	宏鼎钢材市场	生产资料	30	260	44 700	12 900	8 309
177	武隆县	红豆综合农贸市场	农贸市场	465	1 100	3 011	26 000	24 205
178	石柱县	藏经寺市场	农产品综合	176	1 093	14 574	36 600	26 600
179	石柱县	黄连市场	农产品专业	500	975	7 500	35 000	21 296
180	秀山县	渝东南边贸批发市场	农产品专业	451	1 346	100 000	26 023	20 324
181	秀山县	爱源凤翔商城	工业消费品	306	361	18 900	12 629	10 210
182	酉阳县	钟灵山农贸市场	农产品综合	300	1 000	11 700	27 500	—
	小计			2 365	7 855	237 385	237 727	140 662
	总合计			96 935	389 871	8 283 167	32 834 201	23 637 245

资料来源：原始数据来源于重庆市商业委员会统计的各区县上报数。

附表 1－1－11　　重庆亿元商品交易市场总体情况表（按市场类别分，2009）

市场分组	市场类别	市场数量（个）	总摊位数（个）	年末出租摊位数（个）	营业面积（平方米）	成交额（万元）
综合市场	生产资料综合市场	1	1 600	1 600	260 000	493 423
	工业消费品综合市场	8	7 755	6 740	534 948	605 767
	农产品综合市场	11	11 395	8 467	266 256	2 081 778
	其他综合市场	10	6 221	5 707	340 106	341 926
	小　计	30	26 971	22 514	1 401 310	3 522 894
专业市场	生产资料市场	25	9 395	7 968	1 421 081	5 224 945
	农产品市场	14	6 258	5 341	316 153	1 233 817
	食品、饮料及烟酒市场	3	1 257	1 167	27 089	177 652
	纺织、服装、鞋帽市场	5	17 145	17 035	453 652	2 292 476
	日用品及文化用品市场	3	1 137	1 132	19 242	105 043
	黄金、珠宝、玉器等首饰市场	—	—	—	—	—
	电器、通信器材、电子设备市场	4	1 310	1 271	68 350	355 257
	医药、医疗用品及器材市场	—	—	—	—	—
	家具、五金及装饰材料市场	17	10 628	9 737	1 032 717	1 942 956
	汽车、摩托车及零配件市场	5	2 518	2 419	202 770	932 908
	花、鸟、鱼、虫市场	—	—	—	—	—
	旧货市场	1	42	42	9 000	39 167
	其他专业市场	—	—	—	—	—
	小　计	77	49 690	46 112	3 550 054	12 304 221
	总　计	107	76 661	68 626	4 951 364	15 827 115

数据来源：《中国商品交易市场统计年鉴 2010》。

附表 1 - 1 - 12　　重庆与全国商品交易市场总体情况表（按经营方式分，2009）

市场分组	地区	市场数量（个）	总摊位数（个）	年末出租摊位数（个）	营业面积（平方米）	成交额（万元）
以批发为主	重庆	60	55 927	49 610	3 625 843	13 484 768
	全国	2 764	2 185 373	1 949 713	171 637 541	483 082 488
以零售为主	重庆	47	20 734	19 016	1 325 521	2 342 347
	全国	1 923	1 152 501	1 045 068	60 665 758	96 555 419

数据来源：《中国商品交易市场统计年鉴 2010》。

附表 1－1－13　　全市商品交易市场”十二五”规划项目基本情况汇总表

序号	区县	项目名称	实施区域	市场类型	经营范围和主要建设内容	占地面积（亩）	经营面积（平方米）	投资规模（万元）	规划目标（万元）	实施时间
一小时经济圈										
1	大渡口	百亿庞大汽贸广场		汽摩及配件	汽车	600	600 000	200 000	1 000 000	2011—2014
2	大渡口	第一酒市		农产品专业	酒类	30	60 000	100 000	500 000	2011—2005
3	大渡口	建玛特家居建材城	商圈国瑞城	家居建材	引入建玛特品牌，开设综合家居建材商场	80	100 000	30 000	—	“十二五”规划期间
4	大渡口	第一钢市		钢材	钢材	200	133 340	200 000	1 000 000	2011—2014
5	江北区	观农贸盘溪水产品批发市场		农产品专业	水产品	45	76 000	15 500	—	2010. 1—2011. 7
6	沙坪坝区	西部生产资料城	西部物流园	生产资料	建材家居市场、金属材料市场、汽车城形成西部最大生产资料交易市场	4 995	—	140 000	—	“十二五”规划期间
7	沙坪坝区	西部汽贸城项目	西部物流园	汽摩及配件	整车、零配件、用品交易、物流信息服务及进出口贸易代理多功能汽贸中心	683	—	200 000	—	“十二五”规划期间
8	沙坪坝区	西部装饰材料物流中心项目	马家岩片区	家居建材	引进国际知名品牌，提档升级马家岩建材市场群，打造百亿市场	—	140 000	75 000	—	“十二五”规划期间
9	沙坪坝区	重庆金材物流果园交易配送中心		钢材	钢材物流服务	600	66 000	100 000	100 000	2011. 6—2013. 6

附表1－1－13(续)

序号	区县	项目名称	实施区域	市场类型	经营范围和主要建设内容	占地面积（亩）	经营面积（平方米）	投资规模（万元）	规划目标（万元）	实施时间
10	九龙坡	跃华电子交易市场		电子数码	IT 数码	—	12 000	50 000	50 000	2011—2012
11	南岸区	东港商贸市场群项目	茶园新区	五金机电	机戒设备、五金交电、包装材料专业市场	6 000	—	300 000	—	“十二五”规划期间
12	南岸区	渝惠医药物流市场	迎龙镇	食品药品	医药物流	700	—	60 000	1 000 000	2011
13	南岸区	北京奥润汽车销售中心	茶园新区	汽摩	汽车销售	200	—	100 000	—	2011
14	南岸区	万友国际汽车摩托车贸易城	茶涪路以北	汽摩	汽车、摩托车销售	1 000	—	300 000	—	2011
15	南岸区	上海永翔钢铁交易市场	迎龙镇	钢材	集钢铁贸易、金融、电子商务、物流仓储、加工配送、进出口贸易于一体	400	—	150 000	—	2011
16	南岸区	朝天门市场	迎龙镇	百货服装	服装、电子、小商品	2 500	500 000	100 000	5 000 000	2011—2012
17	北碚区	义乌小商品交易市场	嘉陵风情步行街	小商品	建设商住分离七层楼房的小商品市场，摊位 600 余个	5	20 000	20 000	—	“十二五”规划期间
18	北碚区	二手汽车专业市场		汽摩及配件	汽车	120	8 000	3 000	12 000	2013—2015
19	北碚区	北部农产品批发市场	北碚歇马镇	农产品综合	建设区域性现代农产品批发市场	53	35 000	100 000	—	“十二五”规划期间

附表1－1－13(续)

序号	区县	项目名称	实施区域	市场类型	经营范围和主要建设内容	占地面积(亩)	经营面积(平方米)	投资规模(万元)	规划目标(万元)	实施时间
20	北碚区	城南建材市场		家居建材	建材	30	30 000	2 800	15 000	2011—2012
21	北碚区	静观花木交易市场		花木	花木	150	10 000	5 000	10 000	2013—2015
22	渝北区	重庆金冠医药物流	两路工业园	医药器械	批发化学原料药、抗生素原料药及其制剂、生化药品、中成药、医疗器械、物流	230	22 000	42 000	—	“十二五”规划期间
23	渝北区	医疗器械市场		医疗器械	医疗器械代理、物流	533	220 000	60 000	1 500 000	2011
24	渝北区	重庆国际五金机电城		五金机电	五金机电、仓储物流	300	500 000	200 000	20 000	2011—2013
25	渝北区	保税专业市场		生产资料	保税进口专业市场	200	150 000	150 000	200 000	2011—2013
26	渝北区	重庆渝惠食品批发市场		农产品专业	农副产品、食品展销	100	500 000	80 000	2 000 000	2011—2013
27	渝北区	中国西部工程机械	空港工业园	机械设备	工程机械设备租赁、交易、综合生产制造仓储区	800	533 000	36 000	—	“十二五”规划期间
28	渝北区	兆隆纺织城	两路工业园	纺织	主要建设轻纺城	300	—	35 000	—	“十二五”规划期间
29	巴南区	中国西部汽贸城	花溪建新村	汽摩及配件	汽摩整车二手车、配件、物流、维修保养、装饰美容、汽车文化、销售总部基地	2 000	1 000 000	500 000	—	“十二五”规划期间

附表1－1－13(续)

序号	区县	项目名称	实施区域	市场类型	经营范围和主要建设内容	占地面积（亩）	经营面积（平方米）	投资规模（万元）	规划目标（万元）	实施时间
30	巴南区	中国西部家居装饰城	八公里、界石镇	家居建材	在八公里片区建设100万平方米的家居装饰城，在界石片区建设家具产业园	10 000	2 000 000	500 000	—	“十二五”规划期间
31	万盛区	平山机电产品交易市场	平山组团	五金机电	新旧机电设备、配套零部件交易，仓储物流配送	200	10 000	25 000	—	“十二五”规划期间
32	万盛区	农产品批发市场	清溪桥以南	农产品综合	以蔬菜、水果、水产等生鲜农产品的批发经营为主，兼具物流配送等服务功能	80	5 000	20 000	—	“十二五”规划期间
33	万盛区	万盛煤炭交易市场	关坝镇的双坝村	煤炭	煤炭和煤化工产品批发交易，配套煤炭物流储运	600	30 000	100 000	—	“十二五”规划期间
34	万盛区	家居装饰建材街	大道（含子如路）	家居建材	建设专业化、品牌化的装饰、建材、灯饰专业街	500	50 000	50 000	—	“十二五”规划期间
35	双桥区	机电设备市场	通桥镇	五金机电	仓储、物流、酒店、会展	450	400 000	35 000	—	“十二五”规划期间
36	双桥区	汽车配件市场		汽摩及配件	汽车零件	250	—	35 000	1 500 000	2011—2013
37	双桥区	国际鲜花港		花木	鲜花	4 500	—	75 000	3 500 000	2011—2013
38	涪陵区	再生资源市场		再生资源	旧金属、钢铁、纸张、塑料	250	—	28 000	100 000	2012—2015

附表1－1－13(续)

序号	区县	项目名称	实施区域	市场类型	经营范围和主要建设内容	占地面积（亩）	经营面积（平方米）	投资规模（万元）	规划目标（万元）	实施时间
39	涪陵区	五金机电及钢材市场		五金机电	五金机电、钢材	100	—	32 000	500 000	2012—2015
40	涪陵区	新旧汽车交易市场	李渡工业园区	汽摩及配件	汽车交易中心、4S 店及汽配市场、检测等配套服务	200	110 000	20 000	—	“十二五”规划期间
41	涪陵区	农业生产资料市场		农资	化肥、农业生产资料	100	—	25 000	100 000	2012—2015
42	涪陵区	粮油批发交易市场		农产品专业	粮食、食用油	50	—	21 700	100 000	2009—2013
43	涪陵区	中国榨菜暨酱腌菜调味品市场		农产品专业	榨菜、酱腌菜、调味品	100	—	28 600	500 000	2011—2015
44	涪陵区	泽胜家居建材市场	鹅颈关	家居建材	家居装饰材料、钢材等交易区及配套服务设施	200	118 000	24 000	—	“十二五”规划期间
45	涪陵区	化工品市场		化工	化工产品	250	—	35 000	300 000	2012—2015
46	涪陵区	西部纺织品交易市场		工业消费品	纺织品及原料	100	—	30 000	200 000	2013—2015
47	长寿区	汽车生活广场	新城火车北站以北	汽摩及配件	整车销售配件采购、汽车装饰、车辆维修、洗车保养、车辆办证等服务功能	500	—	150 000	—	“十二五”规划期间
48	长寿区	农副产品交易市场	三环路互通口附近	农产品综合	产品展示、洽谈、交易、信息追溯、检验检测、仓储配送、技术交流服务	500	—	100 000	—	“十二五”规划期间

附表1－1－13(续)

序号	区县	项目名称	实施区域	市场类型	经营范围和主要建设内容	占地面积（亩）	经营面积（平方米）	投资规模（万元）	规划目标（万元）	实施时间
49	长寿区	建材市场	新城火车北站以北	家居建材	提供产品展示、洽谈交易、仓储配送及其他配套服务功能	300	—	100 000	—	“十二五”规划期间
50	长寿区	化工品商贸交易中心	福家坪羊叉河填	化工	设化工电子交易中心、现货交易市场、物流作业区	200	—	50 000	—	“十二五”规划期间
51	长寿区	钢材商贸物流中心	福家坪羊叉河填	钢材	设商贸交易区、服务区、加工区、仓储区、码头作业区、货运配套区	1 500	—	100 000	—	“十二五”规划期间
52	江津区	江津再生资源交易市场	几江街道双宝村	再生资源	占地270亩，建设3个分拣中心和350个回收站点	200	190 000	12 000	—	“十二五”规划期间
53	江津区	江津区小商品批发市场		小商品	小商品	500	300 000	120 000	300 000	2011—2013
54	江津区	汽车交易市场	东部新城	汽摩及配件	汽车销售、维修美容/二手车交易、仓储物流等功能	250	200 000	60 000	—	“十二五”规划期间
55	江津区	江津花椒批发市场		农产品综合	花椒、农副产品批发	200	130 000	12 000	80 000	2010—2012
56	江津区	蔡家镇综合农贸市场		农产品综合	生产资料、农副产品	25	15 000	1 500	2 000	2011—2012
57	江津区	珞璜综合交易市场		农产品综合	农副产品、家具家电	25	30 000	3 000	50 000	2011—2013

附表1-1-13(续)

序号	区县	项目名称	实施区域	市场类型	经营范围和主要建设内容	占地面积(亩)	经营面积(平方米)	投资规模(万元)	规划目标(万元)	实施时间
58	江津区	江津区家居装饰建材市场		家居建材	家居装饰建材	600	400 000	150 000	500 000	2011—2013
59	江津区	珞璜物流建材批发城		家居建材	批发零售	1 000	250 000	150 000	500 000	2011—2015
60	江津区	钢铁物流中心项目	德感	钢材	集仓储物流、加工为一体的大型钢材交易市场	400	200 000	80 000	—	"十二五"规划期间
61	合川区	重庆北部药材批发市场	合办处利川村	医药药材	药材产品展示交易、仓储物流配送及电子交易等	200	100 000	300 000	—	"十二五"规划期间
62	合川区	玻璃商品批发市场		医疗器械	医用器材、药品交易	100	10 000	30 000	100 000	2011—2012
63	合川区	汽车交易市场		汽摩及配件	汽车销售、美容、维修	200	100 000	10 000	200 000	2011—2012
64	合川区	农资批发市场		农资	化肥、种子等农资批发	150	130 000	200 000	100 000	2011—2012
65	合川区	农副产品批发市场		农产品综合	蔬菜、等农副产品批发	300	250 000	300 000	500 000	2011—2012
66	合川区	重庆北部建筑建材市场	南办处花园村	家居建材	建设建筑建材交易区及配套设施	200	150 000	300 000	—	"十二五"规划期间
67	永川区	重庆渝西汽博中心	新城	汽摩及配件	汽车销售、售后服务、美容、零配件销售区等	100	120 000	30 000	—	"十二五"规划期间

附表1－1－13(续)

序号	区县	项目名称	实施区域	市场类型	经营范围和主要建设内容	占地面积（亩）	经营面积（平方米）	投资规模（万元）	规划目标（万元）	实施时间
68	永川区	永川商贸城（三期）	永川区内环南路777号	家居建材	建筑装饰材料专业市场	80	10	2	—	“十二五”规划期间
69	永川区	重庆通能家居建材中心	南大街办事处	家居建材	建材、家居、交易市场	1 000	700 000	200 000	—	“十二五”规划期间
70	永川区	永川金属资源再生市场	港桥工业园	钢材	再生铝铜钢铁交易区、金属信息平台综合服务	200	150 000	60 000	—	“十二五”规划期间
71	永川	港桥再生资源回收基地		再生资源	废铝、废铜回收	45	30 000	3 000	—	2011—2012
72	南川区	汽车交易市场	东城街道	汽摩及配件	服务区、交易区	100	20 000	10 000	—	“十二五”规划期间
73	南川区	美源汽车交易市场		汽摩及配件	汽车及其配件	40	42 000	30 000	50 000	2011.4—2011.12
74	南川区	农产品批发市场	东城街道	农产品综合	服务区、交易区、仓储物流区	300	120 000	50 000	—	“十二五”规划期间
75	南川区	重庆林产品交易市场	东城街道	林产品	服务区、交易区、仓储物流区	480	200 000	60 000	—	“十二五”规划期间
76	南川区	五金建材城		家居建材	五金、建材	300	180 000	80 000	100 000	2011.5—2012.12
77	南川区	浙商国际商贸城		百货服装	小商品	500	350 000	250 000	100 000	2011.5—2013.12

附表1－1－13(续)

序号	区县	项目名称	实施区域	市场类型	经营范围和主要建设内容	占地面积（亩）	经营面积（平方米）	投资规模（万元）	规划目标（万元）	实施时间
78	綦江县	小商品市场		小商品	服装、鞋类、五金	100	80 000	50 000	—	2012—2014
79	綦江县	生产资料市场		生产资料	大宗建材、钢材、农资等	200	100 000	50 000	—	2012—2014
80	綦江县	汽车市场		汽摩及配件	4S店、零配件、维修	200	30 000	20 000	—	2013—2015
81	綦江县	渝南批发市场	开发区九龙大道	农产品综合	批发中心（原建设因业主原因停工）	60	50 000	15 000	—	“十二五”规划期间
82	綦江县	农副产品市场		农产品综合	菜果禽蛋、肉水产品等	150	150 000	80 000	—	2011—2015
83	綦江县	东溪农产品批发市场		农产品综合	各地土特产品	80	48 000	6 500	15 000	2012—2013
84	潼南县	西南箱包专业市场	江北新城	百货服装	交易及办公用房，信息系统，仓储设施及配套设施	100	60 000	30 000	—	“十二五”规划期间
85	铜梁县	农副产品批发市场	东城街道铜合路	农产品综合	包括蔬菜、水果的保鲜冷藏；干货、粮豆肉类批发	150	50 000	12 500	—	“十二五”规划期间
86	铜梁县	平滩和层农贸市场		农产品专业	蔬菜批发	20	10 000	2 000	10 000	2012—2013
87	大足县	龙水机电农机市场	五金市场群内	五金机电	交易区、服务区、配送中心	200	50 000	10 000	—	“十二五”规划期间

附表1-1-13(续)

序号	区县	项目名称	实施区域	市场类型	经营范围和主要建设内容	占地面积(亩)	经营面积(平方米)	投资规模(万元)	规划目标(万元)	实施时间
88	大足县	龙水汽摩配件市场	五金市场群内	汽摩及配件	交易中心、结算中心、服务中心	200	100 000	10 000	—	“十二五”规划期间
89	大足县	城区南环二路西段农副产品综合批发市场		农产品综合	农产品、食品、日用品	11	10 000	3 000	8 900	2011.10—2012.12
90	大足县	城区南环二路东段农贸市场		农产品综合	农产品、食品、日用品、饮料及烟酒	6	5 000	1 800	7 800	2012.3—2013.2
91	大足县	龙水黄家坝农副产品综合批发市场		农产品综合	农产品、食品、日用品	11	10 000	2 400	9 400	2013.1—2014.1
92	荣昌县	小商品市场(汇宇三期)	县板桥工业园	小商品	市场、配送、期货交易和电子商务、检测	100	80 000	12 000	—	“十二五”规划期间
93	荣昌县	粮食市场		农产品专业	粮食	100	50 000	10 000	100 000	2013—2015
94	荣昌县	灯饰水暖卫浴配套市场建设及物流园区建设项目	工业园区	家居建材	中国西部最大的灯饰水暖卫浴配件市场，及物流园区建设	500	100 000	30 000	—	“十二五”规划期间
95	璧山县	璧山县兴友农副产品综合交易市场		农产品综合	农副产品	34	21 200	3 280	—	2011.4—2012.12
96	璧山县	农副产品批发市场		农产品综合	农副产品	100	60 030	30 000	—	2012—2013

附表1-1-13(续)

序号	区县	项目名称	实施区域	市场类型	经营范围和主要建设内容	占地面积（亩）	经营面积（平方米）	投资规模（万元）	规划目标（万元）	实施时间
97	璧山县	九州精品花卉苗木展销中心	来凤街道	花木	精品展示、批发交易及电子网络交易；配套会议休闲度假区25 000平方米	1 000	35 000	60 000	—	“十二五”规划期间
渝东北翼										
98	万州区	再生资源交易市场		再生资源	再生资源交易	200	50 000	20 000	100 000	2012—2015
99	万州区	三峡中医药博览中心	双河口龙都辖区	医药药材	中药材、中成药	82	10 000	20 000	—	“十二五”规划期间
100	万州区	三峡小商品城	物流园区	小商品	百货、小商品市场	1 000	250 000	80 000	—	“十二五”规划期间
101	万州区	三峡汽博园		汽摩及配件	汽车、摩托车	600	700 000	50 000	1 000 000	2011—2013
102	万州区	桐元农资批发市场		农资	农资	50	26 882	6 521	30 000	2011—2012
103	万州区	三峡农产品综合批发市场		农产品综合	农产品	500	1 000 000	50 000	1 500 000	2011—2013
104	万州区	三峡林产品市场	双河口龙都	林产品	林木产品、制品	300	50 000	150 000	—	“十二五”规划期间
105	万州区	装饰建材市场		家居建材	家装材料	150	300 000	230 000	1 000 000	2011—2013
106	万州区	万州国际家居物流园		家居建材	家具	1 500	2 000 000	200 000	1 500 000	2012—2014

附表1-1-13(续)

序号	区县	项目名称	实施区域	市场类型	经营范围和主要建设内容	占地面积（亩）	经营面积（平方米）	投资规模（万元）	规划目标（万元）	实施时间
107	万州区	工程机械市场		机械设备	工程机械	400	300 000	150 000	1 000 000	2012—2014
108	万州区	三峡钢材市场	徐家坝	钢材	建设钢材市场一个及配套设施	200	70 000	10 000	—	“十二五”规划期间
109	万州区	万州浙商国际商贸城		百货服装	服装、百货	1 000	1 900 000	300 000	2 000 000	2011—2013
110	万州区	名嘉购物中心		百货服装	服装、百货、家电	900	960 000	280 000	700 000	2012—2015
111	梁平县	梁平浙江商贸城		百货服装	五金、家电等	300	300 000	90 000	100 000	2011. 1—2015. 2
112	城口县	秦巴地区（城口）山货集散物流市场		农产品综合	农产品	55	100 000	20 000	100 000	2011—2013
113	丰都县	南方肉牛交易中心		农产品综合	活牛及牛肉交易、电子交易	200	200 000	15 000	500 000	2013. 12
114	丰都县	农产品批发物流市场		农产品综合	农产品物流、冷藏冷冻	240	250 000	65 000	200 000	2011—2012
115	丰都县	建材市场		家居建材	建材	50	30 000	—	20 000	2011—2012
116	垫江县	渝东农产品中心批发市场	桂溪镇	农产品综合	商业建筑面积10万平方米	200	100 000	20 000	—	“十二五”规划期间

附表1－1－13(续)

序号	区县	项目名称	实施区域	市场类型	经营范围和主要建设内容	占地面积（亩）	经营面积（平方米）	投资规模（万元）	规划目标（万元）	实施时间
117	垫江县	渝东粮食仓储物流园暨农产品批发市场		农产品综合	粮食、农副产品	230	50 000	40 000	30 000	2011.3—2015
118	垫江县	重庆温州商贸城		家居建材	家具、家居、家饰	30	30 000	8 000	20 000	2011.3—2011.10
119	忠县	农产品交易中心	胥家垭口	农产品综合	建成农产品交易区、检测中心、物流配送中心	200	30 000	20 000	—	“十二五”规划期间
120	忠县	中国柑橘产品交易中心	新立镇	农产品专业	柑橘产品交易区、检测中心、物流配送中心	100	20 000	10 000	—	“十二五”规划期间
121	开县	开州汽车城		汽摩及配件	汽车及配件	50	20 000	7 000	50 000	2013—2015
122	开县	渝东北农产品批发市场		农产品综合	农副产品	160	200 000	25 000	50 000	2011.04—2012.12
123	开县	开县家居建材交易中心	西部拓展区	家居建材	商用建筑面积15万平方米	200	150 000	30 000	—	“十二五”规划期间
124	开县	渝东北家具建材市场		家居建材	家具、装饰材料	300	200 000	40 000	50 000	2012—2014
125	开县	门锁专业市场		家居建材	门类及锁具	30	15 000	5 500	5 000	2014—2015
126	云阳县	云阳汽车专业市场		汽摩及配件	汽车销售	80	80 000	12 000	20 000	2011.1—2012.12

附表1－1－13(续)

序号	区县	项目名称	实施区域	市场类型	经营范围和主要建设内容	占地面积（亩）	经营面积（平方米）	投资规模（万元）	规划目标（万元）	实施时间
127	云阳县	渝东北农副产品交易市场	新县城北部新区	农产品综合	工副食品及农副产品为一体的综合交易市场	180	100 000	20 000	—	“十二五”规划期间
128	云阳县	农产品综合市场		农产品综合	农副产品	80	100 000	13 500	30 000	2011. 5—2011. 12
129	云阳县	云阳县畜产品期货交割市场		农产品专业	—	50	80 000	20 000	—	“十二五”规划期间
130	云阳县	云阳县建材家居市场		家居建材	建材/家居	100	120 000	15 000	35 000	2011. 12—2013. 12
131	奉节县	渝东再生资源利用市场暨物流配送中心		再生资源	废旧物品回收	300	30 000	45 000	12 000	2011—2013
132	奉节县	渝东中药材批发市场		医药、药材	中药材	500	40 000	12 300	15 000	2011—2012
133	奉节县	三峡旅游产品市场		小商品	旅游产品	100	25 000	30 000	11 000	2011—2012
134	奉节县	渝东机电产品市场		五金机电	机电产品	100	26 000	20 000	11 500	2011—2013
135	奉节县	渝东农副产品批发市场		农产品综合	农副土特产品	500	40 000	25 000	12 500	2011—2012
136	奉节县	特色农产品批发交易市场		农产品综合	农副土特产品	400	60 000	25 000	23 000	2011—2013

附表1-1-13(续)

序号	区县	项目名称	实施区域	市场类型	经营范围和主要建设内容	占地面积（亩）	经营面积（平方米）	投资规模（万元）	规划目标（万元）	实施时间
137	奉节县	脐橙专业市场		农产品专业	脐橙	300	35 000	12 600	13 000	2011—2012
138	奉节县	牲畜交易市场		农产品专业	牲畜	150	30 000	9 000	11 000	2011—2012
139	奉节县	粮油批发交易市场		农产品专业	粮油	300	35 000	9 900	13 500	2011—2013
140	奉节县	钢材市场		钢材	钢材	200	20 000	9 500	16 000	2011—2013
141	巫山县	巫山县平湖市场改扩建项目	新城平湖西路	农产品综合	改扩建面积 72 860 平方米，新建面积 71 579 平方米	26. 79	86 000	16 000	—	“十二五”规划期间
142	巫山县	渝农产品综合交易市场		农产品综合	农产品、生产生活资料	100	20 000	12 000	10 000	2011—2012
143	巫溪县	汽摩城		汽摩及配件	汽车、摩托车等机动车辆交易	45	27 400	10 000	36 000	2011—2013
144	巫溪县	重庆市山货交易市场	城厢镇马镇坝新城	农产品综合	现货交易、冷藏分拣场、质量检测、电子交易中心	100	42 000	12 000	—	“十二五”规划期间
渝东南翼										
145	黔江区	渝东南旧货市场		再生资源	回收、交易、仓储	100	—	10 000	—	2012—2013
146	黔江区	机动车二期建设		汽摩及配件	汽车物流、交易	57	—	4 000	—	2011. 4—2011. 10

附表1－1－13（续）

序号	区县	项目名称	实施区域	市场类型	经营范围和主要建设内容	占地面积（亩）	经营面积（平方米）	投资规模（万元）	规划目标（万元）	实施时间
147	黔江区	武陵山汽摩机电交易市场		汽摩及配件	汽摩机电展示、交易、租赁	110	—	35 000	150 000	2011.4—2011.10
148	黔江区	渝东南农资配送中心	新城	农资	农资配送中心仓库及配套设施	100	—	15 000	—	“十二五”规划期间
149	黔江区	武陵山农产品物流交易市场		农产品综合	农产品物流、交易	137	—	30 000	—	2011.4—2011.10
150	黔江区	西部特色农产品交易配送中心		农产品综合	农产品展示展销区	200	—	30 000	—	2011—2015
151	黔江区	林产品交易市场	正阳物流园区	林产品	交易及会展区、仓储物流区、深加工区及配套商住建设	300	140 000	18 000	—	“十二五”规划期间
152	黔江区	家居建材市场	新城	家居建材	征地500亩，建服务区、交易区、仓储物流区	500	—	50 000	—	“十二五”规划期间
153	黔江区	工程机械交易市场		机械设备	工程机械交易、培训基地	220	—	30 000	200 000	2011.4—2011.10
154	黔江区	西部广告产品交易配送中心		工业消费品	广告产品展示、交易、配送	200	—	20 000	—	2011—2013
155	黔江区	武陵山商贸批发城		百货服装	家居建材、服装	275	—	150 000	—	2011.4—2011.10
156	武隆	中药材交易市场		医药、药材	中药材交易	20	15 000	2 500	20 000	2013—2014
157	武隆	旅游商品集散中心		小商品	旅游商品交易	20	40 000	4 500	25 000	2010—2011

附表1－1－13(续)

序号	区县	项目名称	实施区域	市场类型	经营范围和主要建设内容	占地面积（亩）	经营面积（平方米）	投资规模（万元）	规划目标（万元）	实施时间
158	石柱县	渝东（石柱）综合商贸项目	城东片区	农产品综合	以辣椒为主的农产品批发市场、农资、建材、家具、朝天门分市场等	1 000	—	100 000	—	“十二五”规划期间
159	秀山县	渝惠农产品批发市场		农产品综合	农产品、农资、中药材	291	160 000	50 000	80 000	2011—2015
160	酉阳县	再生资源集散交易市场	钟多镇	再生资源	建设分拣中心1个、网点79个及电子系统监控设备	150	100 000	24 000	—	“十二五”规划期间
161	酉阳县	中药材交易市场	麻旺镇	医药药材	中药材交易中心	120	35 000	15 000	—	“十二五”规划期间
162	酉阳县	渝东南小商品综合市场		小商品	五金	100	50 000	30 000	30 000	2011—2013
163	酉阳县	汽车交易市场		汽摩及配件	汽车	20	10 000	2 000	26 000	2011—2012
164	酉阳县	农产品批发物流市场	钟多镇	农产品综合	平整土地，建办公楼和五个市场交易区	100	30 000	30 000	—	“十二五”规划期间
165	酉阳县	渝东南农资及农产品综合交易市场	麻旺镇	农产品综合	农业生产资料及农产品交易、仓储服务、物流配送和展览贸易区	200	120 000	10 000	—	“十二五”规划期间
166	酉阳县	龙潭镇综合市场		农产品综合	农副产品批零	200	68 000	16 250	11 000	2011—2012
167	酉阳县	柑橘交易中心	麻旺镇	农产品专业	含交易市场、保鲜储存仓库、管理用房、车站等	100	100 000	10 000	—	“十二五”规划期间

附表1－1－13（续）

序号	区县	项目名称	实施区域	市场类型	经营范围和主要建设内容	占地面积（亩）	经营面积（平方米）	投资规模（万元）	规划目标（万元）	实施时间
168	酉阳县	渝东南畜牧交易市场项目	板溪乡	农产品专业	市场配套设施、市场交易平台、信息管理系统	200	50 000	18 000	—	“十二五”规划期间
169	酉阳县	建材批发城项目	钟多镇	家居建材	建材检测中心、市场管理及信息服务、配送系统	100	40 000	11 000	—	“十二五”规划期间
170	酉阳县	家具交易市场	麻旺镇	家居建材	办公民用家具、沙发等交易区及配套商业设施	100	100 000	10 000	—	“十二五”规划期间
171	酉阳县	木材交易市场建设	麻旺镇	家居建材	建设占地20亩集原木经营、成品展销、林产品交易	20	50 000	12 000	—	“十二五”规划期间
172	酉阳县	中亚钢材交易市场		钢材	五金钢材	120	20 000	3 000	15 000	2011—2013
173	酉阳县	数码城专业市场	钟多镇	电子数码	新建电脑、数码产品（含手机）、耗材和软件销售区	50	80 000	15 000	—	“十二五”规划期间
174	彭水县	靛水新城农产品批发市场		农产品综合	农产品批发	100	100 000	5 500	10 000	2011.3—2012.12
		合计				72 649.79	24 520 862	10 910 153		

说明：1. 拟建项目统计数据来源于重庆各区县上报数，规划项目取自各区县“十二五”的规划数。

2. 本表中主要为综合或专业市场，不含乡镇农贸市场和城区菜市场。

附表 1－1－14　2010 年重庆市商品交易市场在建项目基本情况汇总表（专业、综合市场）

序号	区（县）	项目名称	市场类型	主要经营范围	经营方式	开工时间	拟建成时间	占地面积（亩）	建筑面积（平方米）	投资规模（万元）	规划目标（万元）
一小时经济圈											
1	沙坪坝区	二手车市场	汽摩	停车、二手车交易	零售为主	2004	2005.1	40	26 640	—	40 000
2	沙坪坝区	巨龙团结村项目	钢材	货运、货物仓储	批发为主	2009.12	2011.6	160	75 000	28 000	2 000 000
3	沙坪坝区	大川国际建材城	建材	建筑装饰材料	批发为主	2010.9	2013	2 300	607 657	125 072	500 000
4	九龙坡区	鑫邦钢材城	钢材	钢材	批发为主	2010	2011.6	588	370 000	100 000	300 000
5	九龙坡区	恒胜化工市场	化工	化工	批发为主	2010	2011.4	—	60 000	10 000	100 000
6	九龙坡区	光华机电城二期	机电设备	机电	批发为主	2010.7	2011.12	—	20 000	8 000	50 000
7	九龙坡区	美每家建材家居广场	家居建材	家居建材	批发兼零售	2009.12	2011.4	660	280 000	100 000	200 000
8	南岸区	上海永翔钢铁交易市场	钢材	钢材	批发为主	2011	—	400	—	150 000	—
9	南岸区	北京奥润汽车销售中心	汽摩	汽车销售	零售为主	2011	—	200	—	100 000	—
10	南岸区	万友国际汽车摩托车贸易城	汽摩	汽车、摩托车销售	零售为主	2011	—	1 000	—	300 000	—
11	南岸区	渝惠医药物流市场	食品药品	医药物流	批发为主	2011	—	700	—	60 000	1 000 000
12	渝北区	国际家纺城	纺织	家纺	批发兼零售	2009.12	2012	230	420 000	120 000	300 000
13	渝北区	灯具灯饰总装配及展示中心	家居建材	灯具、灯饰、建材、装饰	批发兼零售	2010.12	2012.12	282	420 000	800 000	200 000
14	渝北区	国际酒店用品采购基地	工业消费品	酒店用品	批发兼零售	2010	2010.12	—	30 000	3 800	—

附表1－1－14（续）

序号	区（县）	项目名称	市场类型	主要经营范围	经营方式	开工时间	拟建成时间	占地面积（亩）	建筑面积（平方米）	投资规模（万元）	规划目标（万元）
15	巴南区	重庆花木世界	花木	花卉	批发交易	2009.6	—	—	600 000	120 000	500 000
16	巴南区	西部汽车城二手车市场（二期）	汽摩	生产资料	二手车交易	2010.2	—	—	70 000	2 000	200 000
17	双桥区	钢材交易市场	钢材	钢材	零售为主	2009.05	2011.11	250	91 404	25 000	1 500 000
18	双桥区	机电设备交易市场	机电设备	电机设备、酒店	零售为主	2009.11	2011.12	500	410 000	75 000	5 000 000
19	双桥区	纸制品交易市场	纸制品	纸品	零售为主	2010.06	2011.12	220	90 000	25 000	1 000 000
20	涪陵区	泽胜家居建材市场	家居建材	家具、钢材、五金	批发为主	2009	2011	200	170 000	39 000	300 000
21	涪陵区	新大兴农副产品交易中心	农产品综合	蔬菜、水果、副食品	批发为主	2009	2011	107	105 000	17 000	200 000
22	江津区	攀宝钢材交易市场	钢材	钢材	批发兼零售	2010.6.21	—	700	241 254	100 000	2 000 000
23	江津区	珍创国际建博中心	家居建材	家具、五金、木材、陶瓷	批发兼零售	2009.12	—	200	50 000	11 642	100 000
24	江津区	再生资源交易市场	再生资源	废旧物资、交易、储存	零售为主	2010.6	2011.6	253	59 922	12 000	13 000
25	江津区	先成丽景港湾	农产品综合	农副产品	批发兼零售	2010.1	2013.12	40	90 000	8 000	8 000
26	江津区	双福国际农贸城	农产品综合	经营、管理农产品批发市场	批发为主	2010	—	5 000	3 000 000	800 000	5 000 000

附表1－1－14（续）

序号	区（县）	项目名称	市场类型	主要经营范围	经营方式	开工时间	拟建成时间	占地面积（亩）	建筑面积（平方米）	投资规模（万元）	规划目标（万元）
27	合川区	再生资料及旧货交易市场	再生资源	再生资料、旧货	批发为主	2010.1	2011.12	400	12 000	50 000	250 000
28	合川区	义乌小商品批发市场（二期）	小商品	服装、鞋帽市场及文化用品	批发为主	2010.1	2010.10	300	15 000	30 000	3 000 000
29	合川区	茂田国际建博城	家居建材	装饰材料	批发为主	2010.1	2011.12	90	89 444	50 000	2 000 000
30	合川区	纺织服装市场	纺织服装	服装销售	—	2010	2015	285	500 000	100 000	200 000
31	永川区	永川汽摩机电城	生产资料	汽摩、机电	批发兼零售	2009.9	2012.12	15	49 800	10 000	50 000
32	南川区	朝天门分市场	百货服装	百货、服装等	批发为主	2010.5	2012.12	96	87 543	26 734	14 496
33	南川区	惠南农产品批发市场	农产品综合	农产品中药材、农资、农具	批发为主	2010.10	2012.12	254	126 207	70 372	84 386
34	綦江县	扶欢镇龙凤新区	百货服装	生产资料、日用工业消费品	批发兼零售	2008.12	2013	86	98 000	15 000	14 000
35	潼南县	西南国际灯具城	家居建材	灯具	批发为主	2010.3.28	2011.2.28	100	65 000	30 000	—
36	潼南县	蔬菜批发市场（一期）	农产品综合	农产品销售、农业开发	批发为主	2010.10	2011.10	193	128 964	30 143	30 000
37	铜梁县	物流园区	农产品综合	农产品批发	批发为主	2011	2015	1 100	200 000	30 000	50 000
38	荣昌县	西部五州国际五金博览城	五金	五金及装饰材料	批发为主	2010.9	2013.12	643	1 000 000	300 000	1 000 000
39	荣昌县	汇宇建材家私市场三期	家居建材	家具、装饰材料	零售为主	2010.12	2012.6	120	100 000	43 000	200 000

附表1－1－14(续)

序号	区(县)	项目名称	市场类型	主要经营范围	经营方式	开工时间	拟建成时间	占地面积(亩)	建筑面积(平方米)	投资规模(万元)	规划目标(万元)
40	荣昌县	畜产品交易市场	农产品专业	饲料、兽药	批发为主	2009.7	2012.12	295	153 000	30 000	500 000
41	璧山县	西部鞋都交易城二期工程	生产资料	皮、革、鞋材	批发为主	2010.4	2011.12	—	25 717	8 500	8 500
42	北部新区	聚信美世纪城	家居建材	家具建材	租赁	2010.6.3	2011.8.29	85	276 000	250 000	300 000
渝东北翼											
43	万州区	今朝二手车交易市场	汽摩	二手车交易	零售为主	2010	2012	70	20 000	10 000	50 000
44	万州区	三峡医药物流交易配送中心	医药器械	中药材、医疗器械	批发为主	2009.6	2011.10	73	46 500	15 000	450 000
45	万州区	万达广场	百货服装	服装、百货	零售为主	2010	2012	93	180 000	120 000	200 000
46	梁平县	新合农产品交易市场	农产品综合	农产品、生产资料	批发为主	2010.1	2011.5	22	14 500	4 000	15 000
47	梁平县	渝惠农产品批发市场	农产品综合	农产品生产、加工等	批发为主	2010.6	2012.7	196	150 000	26 000	60 000
48	梁平县	屏锦镇建材交易市场	家居建材	建材	零售为主	2010.6	2010.12	—	15 000	900	10 000
49	城口县	综合中心交易市场	农产品综合	农产品	零售为主	2009	2011	29	11 000	15 000	20 000
50	垫江县	渝东木材经营有限责任公司	工业消费品	木材及木材加工	批发为主	2010.7	2011	—	66 000	800	8 000

附表1-1-14(续)

序号	区(县)	项目名称	市场类型	主要经营范围	经营方式	开工时间	拟建成时间	占地面积(亩)	建筑面积(平方米)	投资规模(万元)	规划目标(万元)
51	奉节县	吐祥镇边贸市场	农产品综合	农副土特产品	批发为主	2010.3	2011.6	25	13 765	850	12 500
52	巫山县	新神女市场	农产品综合	农副产品	零售为主	2008.09	2011.05	7	6 000	2 565	12000
53	巫溪县	山货市场	农产品综合	中药材、干菜、果品、蔬菜	批发为主	2010	2012	125	43 355	12 000	102 000
54	巫溪县	特色农产品综合交易市场	农产品综合	中药材、蔬菜、水果、肉类	批发为主	2011	2011.12	32	27 000	17 000	45 000
渝东南翼											
55	黔江区	再生资源交易市场	再生资源	废旧物品回收、仓储、交易	仓储为主	2010	2012	100	—	15 000	—
56	黔江区	渝东南林产品市场	农产品综合	木材、花木、活林木交易	批发为主	2010.10	2011.11	300	115 000	15 000	40 000
57	黔江区	白家湾蔬菜批发市场	农产品综合	综合类	批发为主	2008.7	2010.4	—	17 708	3 500	—
58	武隆县	蔬菜产地批发交易市场	农产品综合	蔬菜交易、冷储	批发为主	2010.9	2011.1	50	30 000	5 400	50 000
59	石柱县	辣椒批发物流市场	农产品综合	农产品批发、零售	批发为主	2011.4.1	2012.12.31	462	252 929	4 974	60 000
60	秀山县	福广建材秀山批发市场	建材	建材	批发为主	2010	2011	224	150 000	28 000	70 000
61	秀山县	朝天门市场秀山分市场	百货服装	工业消费品	批发为主	2010	2011	104	220 000	44 000	80 000

附表1－1－14(续)

序号	区(县)	项目名称	市场类型	主要经营范围	经营方式	开工时间	拟建成时间	占地面积(亩)	建筑面积(平方米)	投资规模(万元)	规划目标(万元)
62	秀山县	武陵小商品批发市场	小商品	小商品	批发为主	2010	2012	104	70 000	42 000	60 000
63	秀山县	武陵国际家居建材市场	家居建材	家具、装饰材料	批发为主	2010	2011	82	104 746	26 000	70 000
64	秀山县	武陵 3G 批发市场	电子数码	家电、数码	批发为主	2010	2012	45	71 403	15 000	60 000
65	秀山县	武陵中药材批发市场	农产品专业	农产品、中药材	批发为主	2010	2012	41	62 503	10 000	50 000
66	秀山县	武陵副食品批发市场	农产品综合	干货、作料副食	批发为主	2010	2012	30	51 767	10 000	40 000
67	酉阳县	渝东南农贸综合市场	农产品综合	农副产品	批发为主	2010.4	2011.12	50	24 000	6 800	45 000
68	酉阳县	渝东南农产品综合交易市场	农产品综合	农副产品	批发为主	2010	2012.12	300	20 000	10 000	50 000
		合计						77 326	10 719 071	4 425 980	28 671 882

说明：本表中主要为综合或专业市场，不含乡镇农贸市场和城区菜市场。

第二部分　专题篇

专题一：我国商品交易市场发展现状分析

我国著名经济学家董辅礽先生对市场有着精辟的评述：“市场不是哪个人发明的，但却是人类的一项伟大的创造。有了市场，人们就有了最便利的交换彼此的劳动及其成果的途径；有了市场，人们便找到了能促使资源配置优化的机制。市场是人类创造的，可是人类却创造不出一种比市场更精巧、更有效、能够替代市场来合理配置资源的办法和工具。”作为重要的商品流通组织形式，商品交易市场伴随着我国社会主义市场经济的建设不断发展壮大。

我国商品交易市场起源于集市贸易活动，繁荣兴旺是在改革开放以后，经过三十余年的培育和完善，我国各类商品交易市场取得了突飞猛进的发展。目前，商品交易市场已经成为我国商品流通领域中的重要组织形式，在活跃商品流通、方便居民生活、扩大城乡就业、应对国际金融危机、推动国民经济发展等方面发挥着重要的作用。在 2009 年，面对金融危机对实体经济的巨大冲击，我国商品交易市场沉着应战，顽强拼搏，取得了新的辉煌成绩。

一、总体发展态势

2009 年，全国亿元以上商品交易市场总体规模继续扩大，但增速放缓；而平均规模略有增加、经营效益稳步提升。具体表现为以下几个方面：

1. 总体规模继续扩大

截至 2009 年年底，分布在全国的亿元以上商品交易市场共计 4 687 个，比 2008 年的 4 567 个增加 120 个，增长 2. 6%；年末出租摊位数为 299. 5 万个，比 2008 年的 283. 9 万个增加 15. 6 万个，增长 5. 5%；年末营业面积为 2. 3 亿平方米，比 2008 年的 2. 1 亿平方米增加 0. 2 亿平方米，增长 9. 5%；全年亿元以上商品交易市场成交额达到 57 964 亿元，比 2008 年的 52 458 亿元增加 5 506 亿元，增长 10. 5%。见表 2 - 1 - 1。

表 2 - 1 - 1　全国亿元以上商品交易市场总体情况

（2000—2009 年）

年份	市场数（个）	年末出租摊位数（个）	营业面积（平方米）	成交额（亿元）
2000	3 087	2 115 115	82 615 615	15 672
2001	3 273	2 200 662	93 973 140	17 719
2002	3 258	2 190 814	103 131 711	19 840
2003	3 265	2 148 866	109 840 363	21 514
2004	3 365	2 229 818	124 774 690	26 103
2005	3 323	2 248 803	131 408 239	30 021
2006	3 876	2 527 987	180 723 148	37 137
2007	4 121	2 681 630	198 146 314	44 085
2008	4 567	2 839 070	212 252 204	52 458
2009	4 687	2 994 781	232 303 299	57 964

数据来源：《中国商品交易市场统计年鉴 2010》。

全国亿元以上商品交易市场数量、出租摊位、营业面积、成交额情况，见图 2-1-1 至图 2-1-4。

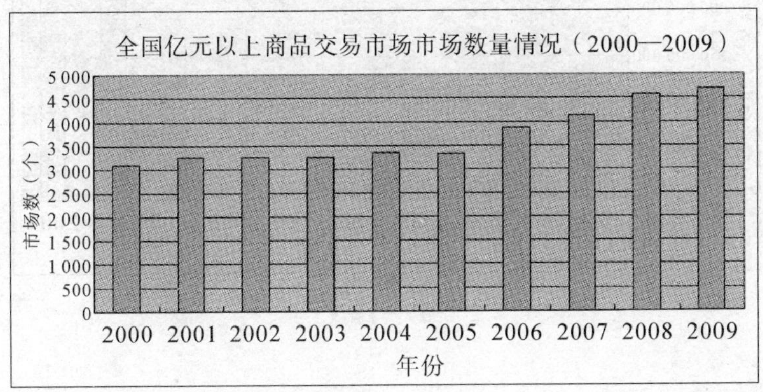

图 2-1-1

图 2-1-2

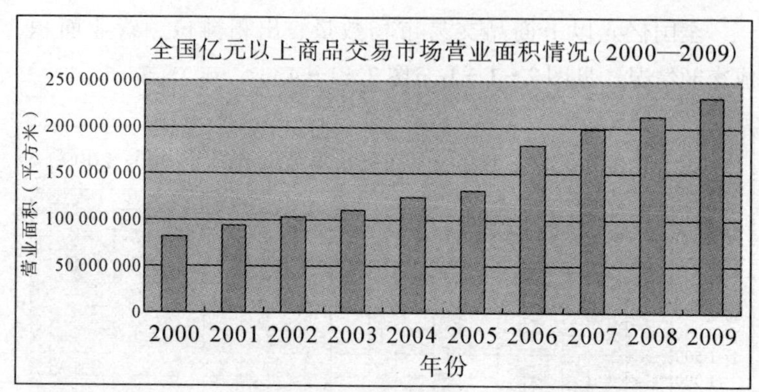

图 2-1-3

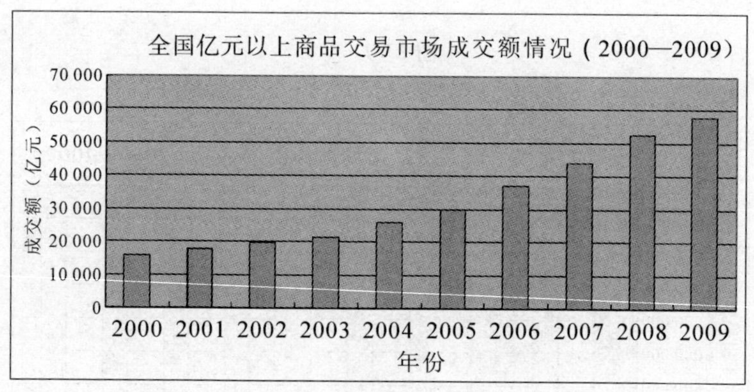

图 2-1-4

从营业面积的变化看：2002 年突破 1 亿平方米，2008 年突破 2 亿平方米；从成交额的变化看：2003 年突破 2 万亿元，2005 年突破 3 万亿元，2007 年突破 4 万亿元，2008 年突破 5 万亿元。可见，我国商品交易市场总体规模仍处于上升区间，即使面对金融危机的冲击，仍然保持了增长的趋势，没有出现明显的拐点特征。

2. 增速减缓

2009 年，全国亿元以上商品交易市场在总体规模继续扩大的同时，由于金融危机的影响与国内外经济形势的变动，增速有所减缓。市场数增速由 2008 年的 10.8% 降为 2009 年的 2.6%；成交额增速由 2008 年的 19.0% 降为 2009 年的 10.5%；出租摊位数量增速由 2008 年的 5.9% 降为 2009 年的 5.5%；营业面积增速由 2008 年的 7.1% 提高为 2009 年的 9.5%。

可见，除营业面积继续保持较快增长外，市场数、成交额、出租摊位数量几方面都出现了增速回落的情况，但市场的成交额增速快于出租摊位增长，反映了商品交易市场向规模化发展的趋势。

表 2-1-2　全国亿元以上商品交易市场历年变动

（2001—2009 年）（比上年增长　%）

年份	市场数（个）	年末出租摊位数（个）	营业面积（平方米）	成交额（亿元）
2001	6.0	4.0	13.8	13.1
2002	-0.5	-0.5	9.8	12.0
2003	0.2	-1.9	6.5	8.4
2004	3.1	3.8	13.6	21.3
2005	-1.3	0.9	5.3	15.0
2006	16.6	12.4	37.5	23.7
2007	6.3	6.1	9.6	18.7
2008	10.8	5.9	7.1	19.0
2009	2.6	5.5	9.5	10.5

数据来源：《中国商品交易市场统计年鉴 2010》。

3. 市场平均规模略有增加

2009 年，全国亿元以上商品交易市场在总体规模继续扩大的基础上，平均市场规模也有所增加。

表2-1-3　单个亿元以上商品交易市场平均情况

（2000—2009年）

年份	平均出租摊位数（个）	平均营业面积（平方米）	平均成交额（亿元）
2000	685	26 762	5.1
2001	672	28 712	5.4
2002	672	31 655	6.1
2003	658	33 642	6.6
2004	663	37 080	7.8
2005	677	39 545	9.0
2006	652	46 626	9.6
2007	651	48 082	10.7
2008	622	46 475	11.5
2009	639	49 563	12.4

数据来源：《中国商品交易市场统计年鉴2010》。

摊位数方面，2009年单个亿元以上商品交易市场平均出租摊位数为639个，比2008年的622个增加17个，反映了受外部宏观经济影响而降低的情况有所恢复，但纵观2000年到2009年的情况，平均出租摊位数仍然处于下降的趋势；营业面积方面，2009年单个亿元以上商品交易市场平均营业面积49 563平方米，比2008年的46 475平方米增加3 088平方米；成交额方面，单个亿元以上商品交易市场平均成交额12.4亿元，比2008年的11.5亿元增加0.9亿元。

4. 经营效益稳步提升

2009年，全国亿元以上商品交易市场的总摊位数为3 337 874个，年末出租摊位数为2 994 781个，出租率为89.7%；2008年，总摊位数为3 173 250个，年末出租摊位数为2 839 070个，出租率为89.5%。2009年的出租率有微弱提升，表明亿元以上商品交易市场对经营户吸引力仍然保持在较高水平上。

2009 年亿元以上商品交易市场中，单个摊位平均营业面积 77.6 平方米，比 2008 年的 74.8 平方米增加 2.8 平方米，增长 3.7%；单个摊位平均成交额 193.5 万元，比 2008 年的 184.8 万元增加 8.7 万元，增长 4.7%。单个摊位的平均成交额增长速度快于平均营业面积增长速度，与市场中摊位经营户实力逐渐提升密切相关，反映了 2009 年我国刺激内需各项政策对交易市场中经营户的积极影响，经营效益稳步提升。

表 2-1-4　亿元以上商品交易市场中摊位平均情况

（2000—2009 年）

年份	平均营业面积（平方米）	平均成交额（万元）
2000	39.1	74.1
2001	42.7	80.5
2002	47.1	90.6
2003	51.1	100.1
2004	56.0	117.1
2005	58.4	133.5
2006	71.5	146.9
2007	73.9	164.4
2008	74.8	184.8
2009	77.6	193.5

数据来源：《中国商品交易市场统计年鉴 2010》。

二、结构特点

1. 市场类别以专业市场为主、综合市场为辅

按商品交易市场的市场类别划分，可分为综合市场和专业市场。综合市场是经营若干类商品的综合性现货商品交易市场，分为生产资料综合市场、工业消费品综合市场、农产品综合市

场、其他综合市场。专业市场是以经营某一领域商品为主的现货市场，根据所经营的商品类别，分为12类专业市场：生产资料市场、农产品市场、食品、饮料及烟酒市场，纺织、服装、鞋帽市场，日用品及文化用品市场，黄金、珠宝、玉器等首饰市场，电器、通信器材、电子设备市场，医药、医疗用品及器材市场，家具、五金及装饰材料市场，汽车、摩托车及零配件市场，花、鸟、鱼、虫市场，旧货市场，其他专业市场。

2009年，我国亿元以上商品交易市场按市场类别统计，呈现出以专业市场为主、综合市场为辅的格局。全国共有专业市场3 407个，成交额46 223亿元，分别比2008年增加88个和4 020亿元；综合市场1 280个，成交额11 741亿元，分别比2008年增加32个和1 486亿元。可见，专业市场的发展规模远超过综合市场，专业市场成交额占整体成交额的79.7%，综合市场成交额占整体成交额的20.3%。

专业市场涵盖的12类市场中，市场个数方面，家具、五金及装饰材料市场增加最多，增加34个，农产品市场次之，增加25个，而食品、饮料及烟酒市场减少24个；成交额方面，旧货市场增加最快，增加85.7%，医药、医疗用品及器材市场次之，增加38.5%，而黄金、珠宝、玉器等首饰市场和家具、五金及装饰材料市场也有超过20%的增长。

综合市场涵盖的4类市场中，市场个数方面，农产品综合市场增加最多，增加27个，生产资料综合市场次之，增加8个；成交额方面，农产品综合市场增加最快，增加17.2%，其他各类综合市场也有超过10%的增长。

表 2-1-5 全国亿元以上商品交易市场类别情况

(2008—2009 年)

市场	市场数量(个)		摊位数(万个)		营业面积(万平方米)		成交额(亿元)	
	2008 年	2009 年	2008 年	2009 年	2008 年	2009 年	2008 年	2009 年
全国	4 567	4 687	284	299	21 225	23 230	52 458	57 964
专业市场	3 319	3 407	180	191	15 970	17 667	42 203	46 223
综合市场	1 248	1 280	104	108	5 255	5 563	10 255	11 741

数据来源:《中国商品交易市场统计年鉴 2010》。

2. 经营方式以批发为主、零售为补充

随着我国市场经济的不断建设，商品交易市场规模的不断扩大，以批发为主的市场比重快速提高，以零售为主的市场比重有所下降。2009 年，全国以批发为主的市场有 2 764 个，以零售为主的市场 1 923 个，分别比 2008 年增长 7.3% 和 -3.4%；摊位数分别增长 10.8% 和 -3.7%；营业面积分别增长 7.8% 和 14.4%；成交额分别增长 12.0% 和 3.4%。

可见，除营业面积这项指标外，市场数量、摊位数、成交额这些指标中批发市场的增速均快于零售市场；从成交额来看，以批发为主的市场成交额占全国亿元以上商品交易市场整体成交额的 83.3%，以零售为主的市场成交额占全国整体成交额的 16.7%。

表 2-1-6 全国亿元以上商品交易市场经营方式情况

(2008—2009 年)

市场	市场数量(个)		摊位数(万个)		营业面积(万平方米)		成交额(亿元)	
	2008 年	2009 年	2008 年	2009 年	2008 年	2009 年	2008 年	2009 年
全国	4 567	4 687	284	299	21 225	23 230	52 458	57 964
以批发为主	2 576	2 764	176	195	15 924	17 164	43 120	48 308
以零售为主	1 991	1 923	108	104	5 301	6 066	9 338	9 656

数据来源:《中国商品交易市场统计年鉴 2010》。

3. 市场热点逐渐转变，新兴行业增长迅速

随着近年来我国经济的快速发展，人民生活水平的不断提高，消费需求迅速增长，特别是国家在面对国际金融危机背景下，推出诸多重要措施，进一步扩大内需，2009 年在以汽车、旅游、住宅为代表的新兴消费热点的强力拉动下，工农业生产提供给市场的商品品种、数量不断增多，质量档次明显提高，在极大地满足居民多层次、多样化消费需求的同时，推动了全国商品交易市场的快速发展，引领了商品交易市场发展的方向。

从所占份额看，2009 年全国亿元以上商品交易市场成交额占比重较高的商品类别有：食品、饮料、烟酒类商品共成交 15 260 亿元，占总成交额的比重达 26.3%；金属材料类商品成交 11 530 亿元，占 19.9%；服装、鞋帽、针纺织品类商品成交 9 666 亿元，占 16.7%；其他成交额超 1 000 亿元以上的商品类别还有汽车类、建筑装潢材料类、化工材料及制品类、日用品类、五金和电料类、机电产品及设备类、家具类等。

以上商品类别的高增长，主要源于近几年中国经济的快速发展和工业化、城市化进程的加快，从而带动了房地产、汽车等产业及相关消费品的高增长；另外，由于城乡居民购买力的增加，促使消费更加强劲，直接带动了亿元以上商品交易市场中吃、用、娱的部分消费品成交额的快速增长。

4. 区域分布保持稳定，区域发展协调

商品交易市场的数量及规模与各地区经济社会的发展水平密切相关，全国亿元以上商品交易市场相对集中于经济较为发达的地区。

从省、自治区、直辖市分布看，2009 年亿元以上商品交易市场数量和成交额居前三位的分别是：浙江、江苏和山东，市场数量分别为 672 个、528 个和 536 个，成交额分别为 9 652 亿元、9 226 亿元和 5 452 亿元；三省成交额共计 24 330 亿元，占

全国总成交额的41.9%。

市场数量上百家的地区有14个（浙江、山东、江苏、广东、河北、湖南、辽宁、上海、福建、河南、湖北、安徽、北京、重庆）；成交额上两千亿元的地区有8个（浙江、江苏、山东、上海、广东、河北、辽宁、天津）。

表2-1-7　2009年亿元以上商品交易市场数量超过百家的地区情况

地区	市场数量情况	
	数量（个）	全国排名
浙江	672	1
山东	536	2
江苏	528	3
广东	340	4
河北	281	5
湖南	263	6
辽宁	225	7
上海	163	8
福建	155	9
河南	140	10
湖北	136	11
安徽	133	12
北京	126	13
重庆	107	14

数据来源：《中国商品交易市场统计年鉴2010》。

表 2-1-8　2009 年亿元以上商品交易市场成交额超过两千亿元的地区情况

地区	成交额情况	
	数额（亿元）	全国排名
浙江	9 652	1
江苏	9 226	2
山东	5 452	3
上海	4 543	4
广东	3 765	5
河北	3 508	6
辽宁	2 687	7
天津	2 016	8

数据来源：《中国商品交易市场统计年鉴 2010》。2009 年重庆亿元以上商品交易市场成交额 1 583 亿元，位居全国第 11 位。

从区域分布看，各地区的发展比较协调，除东部地区外，其他地区的市场数占全国比例均高于成交额占全国比例，说明这些地区在 2009 年的大型交易市场培育、硬件设施提升中取得较快进步。其中，以浙江、江苏为龙头的东部地区市场数和成交额分别占全国的 61.7% 和 71.2%；以辽宁为龙头的东北地区市场数和成交额分别占全国的 8.1% 和 6.8%；以湖南、安徽为龙头的中部地区市场数和成交额分别占全国的 17.1% 和 11.8%；以重庆、四川为龙头的西部地区市场数和成交额分别占全国的 13.1% 和 10.2%。

从四大区域市场平均成交额看，东部地区平均市场成交额最高，为 14.3 亿元，比 2008 年增加 0.9 亿元；东北地区平均市场成交额为 10.3 亿元，比 2008 年增加 1.0 亿元；中部地区平均市场成交额为 8.5 亿元，比 2008 年增加 1.0 亿元；西部地区平均市场成交额为 9.7 亿元，比 2008 年增加 0.8 亿元。

参考文献：

1. 国家统计局贸易外经统计司，等. 2001—2010中国商品交易市场统计年鉴［M］. 北京：中国统计出版社，2001－2010.

2. 洪涛. 中国商品交易市场30年——商品交易市场体系与模式创新［M］. 北京：经济管理出版社，2009.

3. 刘东英，卢燕，史俊仙. 商品交易市场宏观分析［M］. 北京：中国经济出版社，2009.

专题二：我国商品交易市场走势与发展研究

近年来，我国商品交易市场迅速发展，在社会商品流通中占有举足轻重的地位，这改变了中国商品流通的格局，对促进国民经济增长及方便城乡居民生活发挥了重要作用。在经历了十几年高速增长和规模扩张后，商品交易市场正逐步实现从数量扩张向质量提升的转变之中。

商品交易市场在中国已经经历了三十多年的发展，在此期间，具有鲜明中国特色的商品交易市场不仅连接了广大的生产者、中间商和消费者，而且对地方经济的发展起到了至关重要的作用。在全国商品交易市场里，成交额在亿元以上的大型交易市场占据着主导地位，2009 年全国共有亿元以上商品交易市场4 687 个，成交额57 964 亿元，商品交易市场在持续扩大发展的基础上，也出现了一些新特点。

一、规模化趋势

随着我国经济的持续稳定发展，规模化趋势在我国商品交易市场中不断深化，2009 年我国亿元以上商品交易市场平均成交额 12. 4 亿元，比 2008 年的 11. 5 亿元增加 0. 9 亿元，是 2000 年 5. 1 亿元的 2. 4 倍。

商品交易市场的规模化发展道路来自于市场竞争的压力和消费者对市场交易环境的新要求，交易市场中经营的商品、质量和价格虽然是竞争的主要因素，但是，随着购买者收入水平的提高和消费理念的变化，对购物环境和市场的服务功能要求越来越高，这促使我国商品交易市场由小到大、由弱到强，逐渐步入了规模化发展的道路。商品交易市场的规模化趋势对我国社会经济产生了积极影响，带动了经济增长，扩大了内需。并且，商品交易市场的规模化发展也有利于企业提高效益，增强市场竞争力：一方面，逐渐壮大起来的大型或超大型交易市场通过各种手段增强地域的辐射范围；另一方面，构成商品交易市场供货主体的中小企业及个体户，随着经济的快速增长，所提供的产品规模也在迅速扩大。规模化的发展，导致大型交易市场越来越转向批发的功能，并逐渐把销售的末端留给零售商业和小型的市场。

商品交易市场在深化规模化发展的过程中，有几个方面值得特别重视：一是许多大型商品交易市场仍然以传统经营方式为主；二是包装加工、储运物流、信息服务等专业配套服务设施在不同类别市场中差异过大；三是交易市场为入驻经营户提供融资、担保服务尚处于起步阶段；四是专业人才偏少。

二、专业化趋势

近几年，全国商品交易市场在综合型市场发展的同时，专业型市场以其清晰的商品定位显示出强大的生命力，市场数量和成交额均远远高于综合型市场：一方面，商品交易市场向大而专的专业市场或专业市场群集中；另一方面，在交易市场内部，交易向经营大户集中。

专业市场比重上升的主要动因在于以下两方面：一是随着经济的发展和消费方式的变化，客观上要求交易市场的进一步细分化，要求市场参与群体和目标客户群体的指向性更加明确；二是在专业市场上，价格发现和信息聚集的功能能够得到更充分的发挥。

交易向一些经营大户集中的趋势体现在一些市场的大经销户已经成为一些产品的一级代理商和经销商，并已搭建起纵横交错的经销网络体系；经销商与生产商和用户之间形成了稳定的供销关系。这一趋势背后的主要动因，是规模效应和稳定的供销关系和广泛的销售网络等因素在发挥作用。事实上，各地批发交易市场已经成为一些专业批发商和贸易商的孵化器。

2009年，全国亿元以上商品交易市场中，综合市场1 280个，占全部市场个数27.3%，全年实现成交额11 741亿元，占全部成交额20.3%；专业市场3 407个，占全部市场个数72.7%，全年实现成交额46 223亿元，占全部成交额79.7%。

可见，市场竞争的日趋激烈，迫使很多商品交易市场不断向生产领域延伸，以利于畅通供应渠道，掌握优质货源，减少流通成本，确立价格竞争优势。这导致商品交易市场之间在经营范围和产品品类上的分化和区隔，集中销售某一类别或某一区域的，甚至是某些品牌的商品，以求通过特色经营，获得最大的辐射广度和强度，占据最好的区位优势，这是相当多的商品交易市场的发展方向，商品交易市场中的专业化趋势越来越明显。

三、外迁化趋势

在我国现阶段，大部分商品交易市场以“三现”（现金、现场、现货）交易为主，这种传统的经营手段对城市交通、市场秩序、生活环境、社会治安和城市管理带来诸多挑战。随着我国城市化进程的推进和城市建设的要求，以“三现”交易为主的商品交易市场面临着外迁出城市中心区的趋势。

我国社会经济经过几十年的快速发展，逐渐步入城市化快速发展的时期，特别是在当前国内外经济形势倒逼经济转型升级作用下，加速城市化进程，带动经济发展，是我国大多数地区的选择。与此同时，在城市化进程中，会伴随着产业在城市空间中重新布局，而目前在城市中存在的商品交易市场由于历史形成的原因，所占据的空间位置非常优越，从而成为各个城市重新进行产业布局的阻碍，并被要求外迁出城市中心区。

以成都市为例，在2010年，成都市计划在3至5年内，逐步将中心城区的100个各类商品交易市场全部迁移到绕城高速以外：在3年内完成荷花池片区、五块石片区、盐市口片区、红牌楼片区的商品市场调整调迁，在5年内完成金府路片区、八里庄片区、西门车站片区、川藏路沿线商品市场调整调迁；而北部商贸、青白江、双流、龙泉驿四个商品市场集中发展区，及彭州市濛阳镇后备发展区将作为主要承接地。

商品交易市场在迁出城市中心区的趋势下，必须结合电子商务、仓单交易、现代物流等新型流通方式的广泛应用，通过调迁来转型发展。例如，符合条件的楼宇型商品市场可以通过改造提升向品牌零售和电子商务转型，批发物流功能向物流园区或物流中心转移。

四、标准化趋势

随着经济的发展和人民生活水平的不断提高，按照国务院大力整治集贸市场精神的要求，我国各类商品交易市场经过不断调整，无论在市场的管理技术还是在业态的改造和提升方面都取得了巨大的进步。商品交易市场的标准化日益受到人们的高度重视，标准化问题正在成为规范商品流通、规范商品交易批发市场健康发展的关键性和基础性工作。从发展情况看，大力推进市场的标准化将是我国商品交易市场目前的一项重要内容。

标准化是规范市场经济秩序、建立社会诚信体系的必然要求。从根本上说，市场经济秩序混乱的根源在于非标准化生产、非标准化流通，具体表现则是生产和流通领域中的违规行为。从批发市场看，目前的不规范行为仍然是两个主要问题：一是行销假冒伪劣商品，二是偷逃税款。解决这些问题的途径多种多样，但是产生这些问题的根源不解决，标准化技术跟不上，也很难实现经济秩序的根本好转。在这个问题上，连锁经营、电子商务等新型流通方式所以备受推崇，所以受到政府主管部门的高度重视，一个很重要的原因，就在于这些经营方式建立的是标准化的采购系统和标准化的销售系统，在电子流程的统一运作下，从管理的技术层面最大限度地避免了假冒伪劣和偷漏税问题的发生。这也正是我国各类商品批发市场需要努力调整、改造和提高的方向。

五、产业链延伸趋势

商品交易市场在产品供应链中发挥着越来越重要的作用，并向生产和消费两头逐渐扩大影响。即由原来的现场、现货、现金交易的传统批发市场经营形态向集商品展示、洽谈、接单和电子商务、物流配送为一体的现代批发经营形态转变，提供以物流配送服务为核心的综合化的商业服务，除了传统批发市场所具有的商品集散、信息发布、价格形成、融资等功能外，还具有现代会展、电子商务、娱乐休闲等功能。

这种商品交易市场向生产和消费两头延伸的趋势在许多地区也被称为“走出去”战略。在“走出去”中做大规模，依靠产业链对外扩张，来增强市场竞争力，扩大市场规模。

深圳农产品股份有限公司依托自身优势，在全国范围内打造农产品批发市场网络体系，先后控股了南昌农产品综合批发市场、上海农产品中心批发市场，与山东寿光蔬菜集团组建山东寿光蔬菜批发市场有限公司，规模不断扩大，发展十分迅速。重庆市的朝天门综合批发市场、观音桥农贸市场等已经开始向外延伸，通过控股、参股、收购、新建等方式，在区域性中心城市、区县及周边省市开设分市场，取得了一定效果；特别是大型农产品交易市场，发挥了龙头带动作用，积极推行“市场＋各类经济实体＋基地”、“市场＋基地＋农户”等模式向外扩张，扩大规模、拓展市场、增强辐射力和竞争力，带动农民增收，促进城乡统筹和当地经济发展。

六、品牌化趋势

当今世界是品牌制胜的时代，品牌是企业的名片，也是企业的生命力。品牌包含了优秀的设计、放心的质量、创新的时尚和良好的售后服务，品牌就意味着信赖、放心、满意和强大的竞争力。企业需要创品牌，商品交易市场同样需要创建品牌。我国许多商品交易市场大力推进品牌化建设，继中国商业联合会发布《品牌市场等级评定》标准之后，许多商品交易市场开始了品牌建设的探索。浙江义乌的小商品市场从无到有、从小到大、从弱到强，迅速发展成为世界最大的小商品市场，左右着世界小商品经济的命脉，在全世界都是十分响亮的品牌。正是由于义乌人注重了市场品牌的打造，其商品得到消费者和经营者的认可，得到世界各地的认可，市场才以“跳跃式”的速度发展。因此，近年来我国商品交易市场越来越重视市场的品牌建设，打造商品交易市场的名片。

七、企业化趋势

近年来，一些批发交易市场开办主体向企业化发展。原有的非企业化的开办主体通过改制也向公司化发展。随着投资主体的逐渐多元化，商品交易市场普遍采取股份制形式这种现代企业制度，以利于本身的经营和管理。一些交易市场公开向社会发行股票和上市，一些政府投资转变为股份，这些探索商品交易市场各种融资模式的改革，使出资人与管理人、行政管理人与经营管理人相分离，改变了商品交易市场的治理结构，吸引了公众投资者进行投资。

商品交易市场开办方的这种企业化趋势，一方面是投资主体为了明晰产权关系、强化市场管理和经营能力、提高投资回报率和便于实现资本运作；另一方面是这种企业化的主体形式使市场开办者的主体责任更加明确，也是促进商品交易市场进一步走向规范的重要手段。

专题三：直辖市、江浙等十省市商品交易市场对比分析

直辖市、江浙、广东、山东、四川、湖北等国内市场发达地区，商品交易市场的发展在国内处于领先地位。本部分根据《中国商品交易市场统计年鉴2010》提供的统计资料，分别对10个省市综合市场和专业市场就市场数量、总摊位数、年末出租摊位数、营业面积、成交额等各项指标进行分析，并与重庆进行对比。见表2-3-1。

表2-3-1　直辖市、江浙等10省市商品交易市场比较分析表（2009）

市场分组	市场类别	地区	市场数量（个）	总摊位数（个）	年末出租摊位数（个）	营业面积（平方米）	成交额（万元）
综合市场	生产资料综合市场	北京	1	280	258	7 200	11 056
		天津	2	1 192	1 192	201 000	581 284
		上海	2	550	459	90 000	45 675
		江苏	7	10 179	9 546	2 767 370	1 666 673
		浙江	8	6 209	6 134	897 877	4 343 210
		山东	4	1 112	976	102 000	73 250
		广东	—	—	—	—	—
		湖北	4	5 382	5 352	669 774	508 363
		四川	4	5 125	4 855	267 000	450 910
		重庆	1	1 600	1 600	260 000	493 423
		全国	53	59 212	53 386	8 071 565	11 732 139

表2-3-1(续)

市场分组	市场类别	地区	市场数量（个）	总摊位数（个）	年末出租摊位数(个)	营业面积（平方米）	成交额（万元）
综合市场	工业消费品综合市场	北京	11	13 371	11 746	246 310	750 877
		天津	6	8 352	7 821	219 883	538 987
		上海	2	1 148	1 148	36 200	151 228
		江苏	21	33 848	30 136	831 887	3 444 627
		浙江	26	74 391	73 322	3 909 839	7 976 573
		山东	31	44 226	40 916	2 498 093	3 271 114
		广东	19	11 488	10 851	358 670	1 457 580
		湖北	7	6 832	6 412	184 202	815 206
		四川	5	7 961	7 090	127 565	463 220
		重庆	8	7 755	6 740	534 948	605 767
		全国	286	440 697	396 749	18 835 865	36 538 336
	农产品综合市场	北京	20	23 008	21 578	2 214 801	6 274 405
		天津	11	15 310	14 155	606 362	1 489 548
		上海	24	9 100	8 905	573 253	2 126 271
		江苏	120	62 475	58 700	1 792 222	7 203 266
		浙江	166	80 053	72 981	1 581 756	6 980 817
		山东	22	20 719	19 515	1 002 375	1 369 331
		广东	50	31 260	28 031	608 453	3 139 615
		湖北	14	4 537	4 403	154 590	300 914
		四川	10	28 241	25 438	281 638	1 210 390
		重庆	11	11 395	8 467	266 256	2 081 778
		全国	657	441 600	396 452	14 935 590	45 824 068
	其他综合市场	北京	8	16 534	15 365	501 045	2 519 575
		天津	7	5 579	5 527	473 284	603 032
		上海	7	5 380	4 347	197 508	490 144
		江苏	19	13 163	12 035	835 910	2 511 479
		浙江	14	11 282	9 364	530 880	3 430 472
		山东	24	22 477	21 680	1 382 129	710 554
		广东	12	6 383	5 680	237 542	315 490
		湖北	14	8 855	8 522	298 484	601 204
		四川	3	2 081	1 952	37 339	108 226
		重庆	10	6 221	5 707	340 106	341 926
		全国	284	265 266	239 655	13 785 715	23 316 960

表2-3-1(续)

市场分组	市场类别	地区	市场数量（个）	总摊位数（个）	年末出租摊位数（个）	营业面积（平方米）	成交额（万元）
综合市场	小计	北京	40	53 193	48 947	2 969 356	9 555 913
		天津	26	30 433	28 695	1 500 529	3 212 851
		上海	35	16 178	14 859	896 961	2 813 318
		江苏	167	119 665	110 417	6 227 389	14 826 045
		浙江	214	171 935	161 801	6 920 352	22 731 072
		山东	81	88 534	83 087	4 984 597	5 424 249
		广东	81	49 131	44 562	1 204 665	4 912 685
		湖北	39	25 606	24 689	1 307 050	2 225 687
		四川	22	43 408	39 335	713 542	2 232 746
		重庆	30	26 971	22 514	1 401 310	3 522 894
		全国	1 280	1 206 775	1 086 242	55 628 735	117 411 503
专业市场	生产资料市场	北京	14	4 302	3 769	327 727	680 731
		天津	21	3 955	3 730	884 338	9 377 810
		上海	46	13 735	12 899	3 950 387	34 721 358
		江苏	114	49 242	41 195	8 312 119	35 621 343
		浙江	104	36 978	33 964	4 577 383	27 414 004
		山东	86	23 824	22 141	10 117 925	12 825 518
		广东	20	6 852	5 659	211 763	4 865 758
		湖北	19	6 742	6 244	623 593	1 592 365
		四川	14	10 415	8 473	1 223 320	2 290 244
		重庆	25	9 395	7 968	1 421 081	5 224 945
		全国	720	269 043	239 943	54 314 796	174 614 848
	农产品市场	北京	17	20 445	10 514	879 776	2 329 452
		天津	16	11 381	9 416	581 601	3 500 044
		上海	26	12 034	10 827	596 297	3 254 493
		江苏	83	35 637	31 581	3 016 504	7 238 413
		浙江	114	51 950	46 953	2 030 170	12 305 744
		山东	151	118 613	112 404	9 044 852	16 606 661
		广东	70	28 514	25 297	1 890 690	9 495 919
		湖北	22	14 808	13 670	735 600	3 400 996
		四川	17	14 744	11 522	1 070 595	2 423 231
		重庆	14	6 258	5 341	316 153	1 233 817
		全国	946	587 002	520 888	37 114 723	91 085 860

表2-3-1(续)

市场分组	市场类别	地区	市场数量(个)	总摊位数(个)	年末出租摊位数(个)	营业面积(平方米)	成交额(万元)
专业市场	食品、饮料及烟酒市场	北京	1	139	139	7 000	16 946
		天津	—	—	—	—	—
		上海	2	679	670	27 000	301 438
		江苏	17	6 676	5 777	736 643	2 656 332
		浙江	20	18 908	8 567	525 701	1 961 689
		山东	29	18 936	18 191	741 636	2 435 938
		广东	10	3 772	3 606	217 198	512 727
		湖北	3	1 661	1 433	74 299	156 092
		四川	4	2 571	2 177	109 961	137 156
		重庆	3	1 257	1 167	27 089	177 652
		全国	140	83 277	67 206	3 930 052	11 842 503
	纺织、服装、鞋帽市场	北京	10	13 531	13 282	376 497	293 645
		天津	7	5 609	5 595	303 256	961 744
		上海	14	11 975	11 039	314 257	1 160 148
		江苏	31	69 836	66 959	3 515 542	21 075 750
		浙江	61	84 728	80 729	3 474 236	17 638 822
		山东	66	53 916	51 487	2 199 065	5 335 120
		广东	62	58 414	48 760	1 938 044	8 098 000
		湖北	18	14 235	13 766	1 104 207	727 291
		四川	18	24 307	21 871	608 265	1 940 199
		重庆	5	17 145	17 035	453 652	2 292 476
		全国	531	649 818	603 438	22 777 957	85 250 647
	日用品及文化用品市场	北京	5	7 791	7 433	162 917	399 856
		天津	—	—	—	—	—
		上海	2	124	119	7 800	49 700
		江苏	9	8 049	7 825	213 568	780 238
		浙江	11	10 810	10 035	191 294	822 950
		山东	15	9 032	8 327	658 042	1 822 576
		广东	23	16 586	14 210	890 471	2 159 960
		湖北	5	3 411	3 411	173 173	328 389
		四川	—	—	—	—	—
		重庆	3	1 137	1 132	19 242	105 043
		全国	102	82 849	77 400	3 122 598	8 687 403

表2－3－1(续)

市场分组	市场类别	地区	市场数量（个）	总摊位数（个）	年末出租摊位数(个)	营业面积（平方米）	成交额（万元）
专业市场	黄金、珠宝、玉器等首饰市场	北京	—	—	—	—	—
专业市场	黄金、珠宝、玉器等首饰市场	天津	—	—	—	—	—
专业市场	黄金、珠宝、玉器等首饰市场	上海	—	—	—	—	—
专业市场	黄金、珠宝、玉器等首饰市场	江苏	2	1 287	1 286	73 000	466 000
专业市场	黄金、珠宝、玉器等首饰市场	浙江	1	766	766	106 973	447 828
专业市场	黄金、珠宝、玉器等首饰市场	山东	3	2 122	1 596	210 000	533 860
专业市场	黄金、珠宝、玉器等首饰市场	广东	2	1 112	1 112	163 000	415 709
专业市场	黄金、珠宝、玉器等首饰市场	湖北	—	—	—	—	—
专业市场	黄金、珠宝、玉器等首饰市场	四川	—	—	—	—	—
专业市场	黄金、珠宝、玉器等首饰市场	重庆	—	—	—	—	—
专业市场	黄金、珠宝、玉器等首饰市场	全国	15	7 521	6 934	591 253	2 838 017
专业市场	电器、通信器材、电子设备市场	北京	7	4 594	3 901	113 530	816 443
专业市场	电器、通信器材、电子设备市场	天津	—	—	—	—	—
专业市场	电器、通信器材、电子设备市场	上海	5	1 140	1 100	45 494	163 617
专业市场	电器、通信器材、电子设备市场	江苏	8	3 169	3 034	88 936	459 957
专业市场	电器、通信器材、电子设备市场	浙江	23	7 728	7 675	322 011	1 256 827
专业市场	电器、通信器材、电子设备市场	山东	12	4 616	4 508	386 339	1 203 699
专业市场	电器、通信器材、电子设备市场	广东	19	16 068	13 998	296 731	1 058 550
专业市场	电器、通信器材、电子设备市场	湖北	8	2 351	2 301	102 678	439 389
专业市场	电器、通信器材、电子设备市场	四川	4	1 227	1 191	34 200	132 300
专业市场	电器、通信器材、电子设备市场	重庆	4	1 310	1 271	68 350	355 257
专业市场	电器、通信器材、电子设备市场	全国	151	67 868	63 164	3 005 444	10 118 999
专业市场	医药、医疗用品及器材市场	北京	—	—	—	—	—
专业市场	医药、医疗用品及器材市场	天津	—	—	—	—	—
专业市场	医药、医疗用品及器材市场	上海	1	317	260	7 800	90 000
专业市场	医药、医疗用品及器材市场	江苏	1	110	110	36 000	187 190
专业市场	医药、医疗用品及器材市场	浙江	2	1 184	584	17 886	43 000
专业市场	医药、医疗用品及器材市场	山东	1	789	789	35 800	28 580
专业市场	医药、医疗用品及器材市场	广东	2	758	611	14 971	102 245
专业市场	医药、医疗用品及器材市场	湖北	—	—	—	—	—
专业市场	医药、医疗用品及器材市场	四川	—	—	—	—	—
专业市场	医药、医疗用品及器材市场	重庆	—	—	—	—	—
专业市场	医药、医疗用品及器材市场	全国	24	37 535	21 756	1 139 700	3 658 703

表2－3－1(续)

市场分组	市场类别	地区	市场数量(个)	总摊位数(个)	年末出租摊位数(个)	营业面积(平方米)	成交额(万元)
专业市场	家具、五金及装饰材料市场	北京	17	6 510	6 270	5 499 564	737 962
		天津	9	5 239	5 093	988 806	921 844
		上海	16	15 058	13 954	1 891 945	930 680
		江苏	62	32 531	30 250	4 214 176	5 730 210
		浙江	69	34 370	31 638	3 486 046	4 719 995
		山东	47	19 670	16 927	2 644 625	4 381 683
		广东	16	5 207	4 850	1 115 471	694 653
		湖北	14	4 645	4 319	455 933	830 016
		四川	4	4 630	4 064	555 905	184 263
		重庆	17	10 628	9 737	1 032 717	1 942 956
		全国	430	210 392	195 537	31 903 165	31 092 705
	汽车、摩托车及零配件市场	北京	13	4 269	3 879	787 646	4 274 329
		天津	5	1 346	1 239	86 500	2 161 368
		上海	11	1 248	1 215	187 160	1 588 181
		江苏	22	4 084	3 535	901 518	2 196 146
		浙江	38	7 112	6 758	967 199	6 098 940
		山东	35	12 637	12 121	1 556 123	2 935 260
		广东	29	4 316	4 244	1 491 056	4 825 591
		湖北	8	3 375	3 164	562 500	2 033 629
		四川	4	633	633	151 362	667 816
		重庆	5	2 518	2 419	202 770	932 908
		全国	257	80 232	63 686	10 443 558	36 415 776
	花、鸟、鱼、虫市场	北京	1	200	188	2 000	17 900
		天津	2	1 009	1 009	50 000	27 450
		上海	2	669	614	36 800	55 560
		江苏	5	3 145	2 761	320 000	718 360
		浙江	3	1 440	1 382	105 372	156 211
		山东	2	2 250	2 250	139 960	129 329
		广东	3	2 172	2 136	5 248 000	375 711
		湖北	—	—	—	—	—
		四川	1	582	480	20 000	43 000
		重庆	—	—	—	—	—
		全国	28	18 813	17 761	6 107 112	2 349 287

表2－3－1(续)

市场分组	市场类别	地区	市场数量(个)	总摊位数(个)	年末出租摊位数(个)	营业面积(平方米)	成交额(万元)
专业市场	旧货市场	北京	1	3 196	3 196	14 968	20 633
		天津	—	—	—	—	—
		上海	—	—	—	—	—
		江苏	3	186	157	93 667	125 738
		浙江	11	2 569	2 244	228 197	913 658
		山东	3	531	508	53 000	49 645
		广东	1	630	630	3 000	14 100
		湖北	—	—	—	—	—
		四川	1	250	250	30 000	28 950
		重庆	1	42	42	9 000	39 167
		全国	25	9 011	8 564	567 425	1 399 733
	其他专业市场	北京	—	—	—	—	—
		天津	—	—	—	—	—
		上海	3	1 189	1 158	29 239	296 576
		江苏	4	1 276	1 151	58 050	176 740
		浙江	1	150	150	88 000	12 000
		山东	3	531	508	53 000	49 645
		广东	2	315	302	49 356	122 141
		湖北	—	—	—	—	—
		四川	1	680	680	18 000	75 500
		重庆	—	—	—	—	—
		全国	38	27 738	22 262	1 656 781	2 871 923
	小计	北京	86	64 977	52 571	8 171 625	9 587 897
		天津	60	28 539	26 082	2 894 501	16 950 260
		上海	128	58 168	53 855	7 094 179	42 611 751
		江苏	361	215 228	195 621	21 579 723	77 433 117
		浙江	458	258 693	231 412	16 120 468	73 791 668
		山东	455	273 113	257 069	28 448 297	49 092 796
		广东	259	144 716	125 415	15 435 551	32 741 064
		湖北	97	51 228	48 308	3 831 983	9 508 167
		四川	68	60 039	51 341	3 821 608	7 922 659
		重庆	77	49 690	46 112	3 550 054	12 304 221
		全国	3 407	2 131 099	1 908 539	176 674 564	462 226 404

表2-3-1(续)

市场分组	市场类别	地区	市场数量(个)	总摊位数(个)	年末出租摊位数(个)	营业面积(平方米)	成交额(万元)
	总计	北京	126	118 170	101 518	11 140 981	19 143 810
		天津	86	58 972	54 777	4 395 030	20 163 111
		上海	163	74 346	68 741	7 991 140	45 425 069
		江苏	528	334 893	306 038	27 807 112	92 259 162
		浙江	672	430 628	393 213	23 040 820	96 522 740
		山东	536	361 647	340 156	33 432 894	54 517 045
		广东	340	193 847	169 977	16 640 216	37 653 749
		湖北	136	76 834	72 997	5 139 033	11 733 854
		四川	90	103 447	90 676	4 535 150	10 155 405
		重庆	107	76 661	68 626	4 951 364	15 827 115
		全国	4 687	3 337 874	2 994 781	232 303 299	579 637 907

数据来源:《中国商品交易市场统计年鉴2010》。

根据表2-3-1中数据信息得出以下数量分析图。见图2-3-1至图2-3-15。

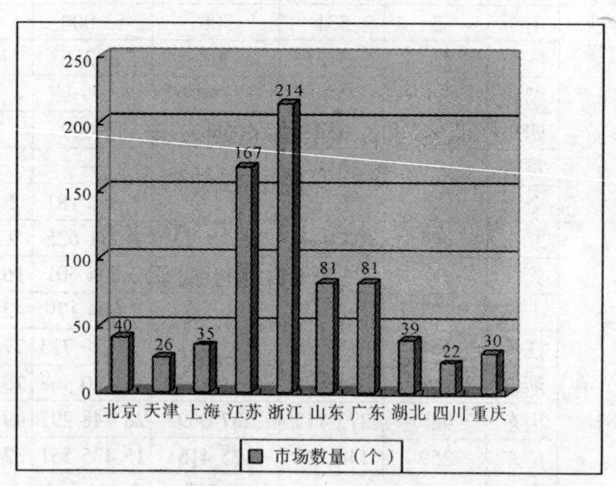

图2-3-1 重庆等10省市综合市场数量分析图

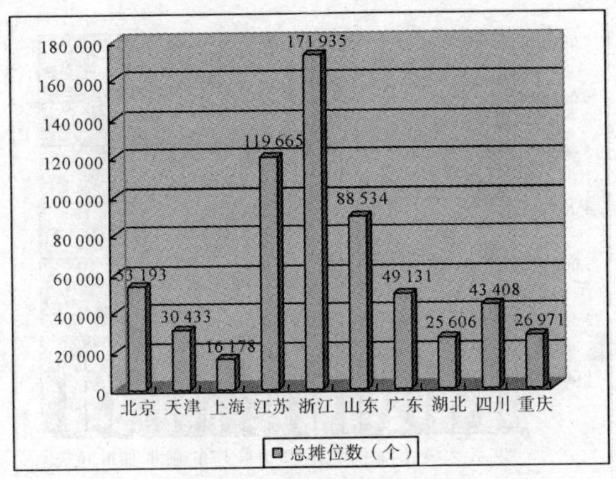

图 2－3－2　重庆等 10 省市综合市场总摊位数分析图

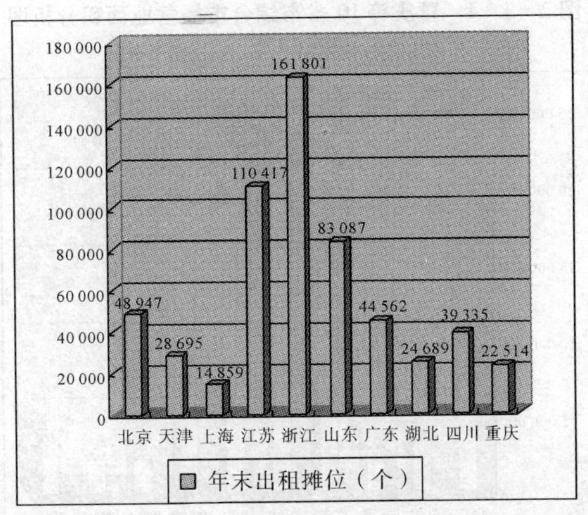

图 2－3－3　重庆等 10 省市综合市场年末出租摊位分析图

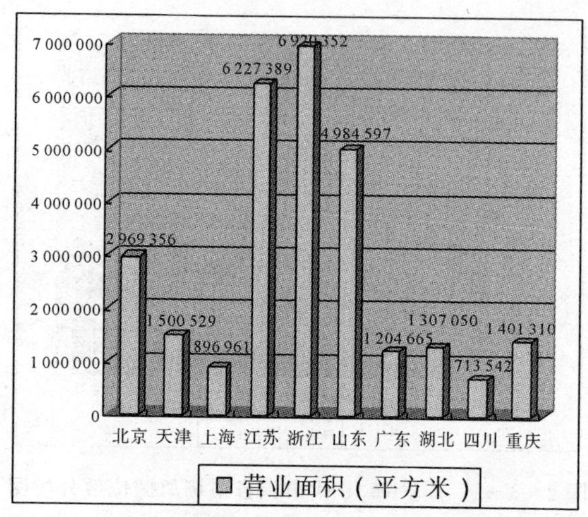

图 2－3－4　重庆等 10 省市综合市场营业面积分析图

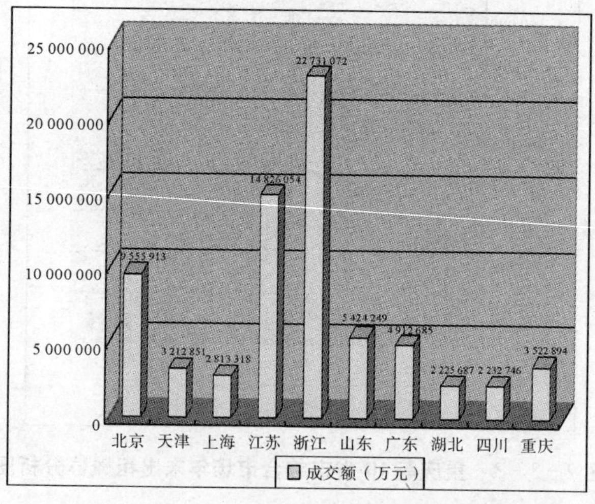

图 2－3－5　重庆等 10 省市综合市场成交额分析图

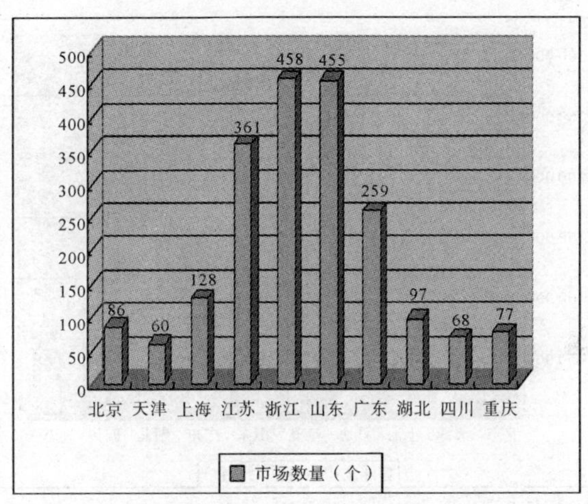

图 2-3-6　重庆等 10 省市专业市场数量分析图

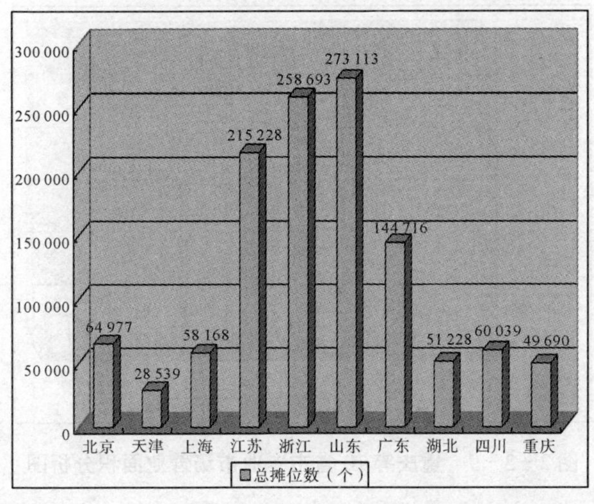

图 2-3-7　重庆等 10 省市专业市场总摊位数分析图

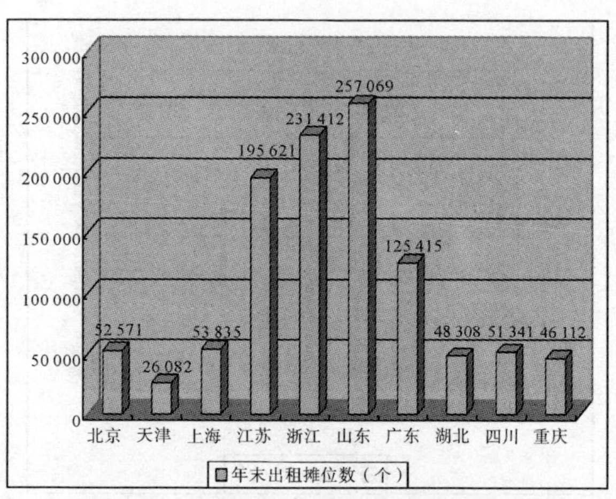

图2-3-8　重庆等10省市专业市场年末出租位数分析图

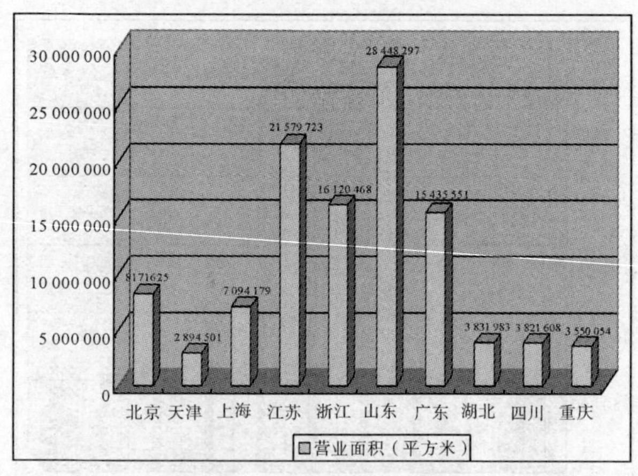

图2-3-9　重庆等10省市专业市场营业面积分析图

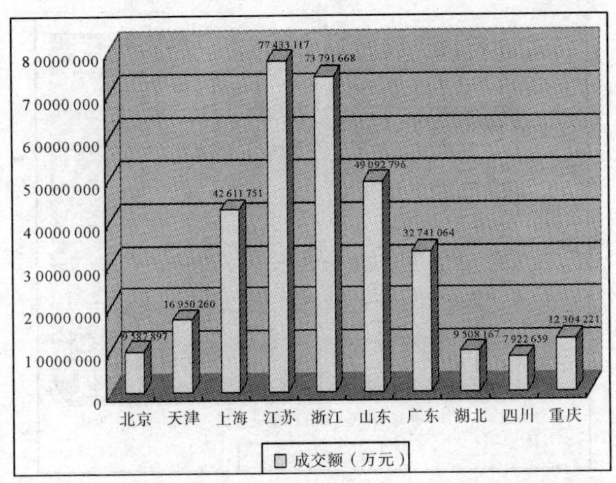

图 2-3-10　重庆等 10 省市专业市场成交额分析图

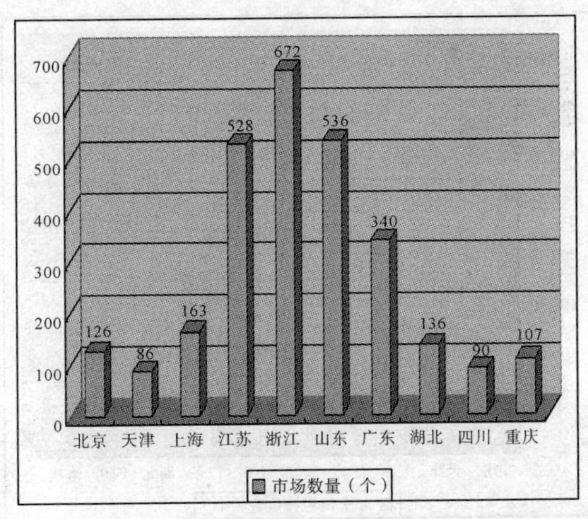

图 2-3-11　重庆等 10 省市商品交易市场总体数量分析图

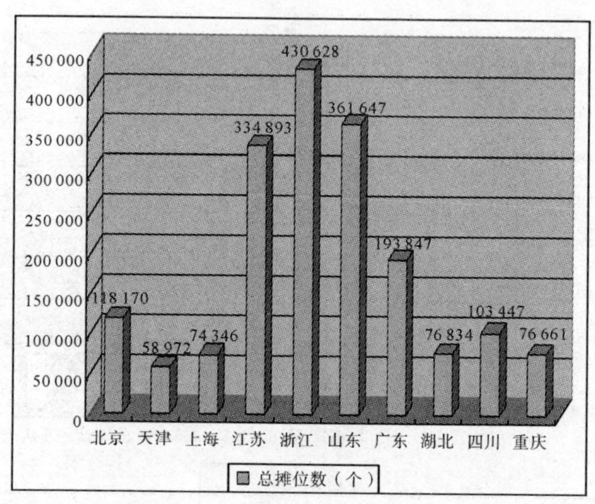

图 2 - 3 - 12　重庆等 10 省市商品交易市场总摊位数分析图

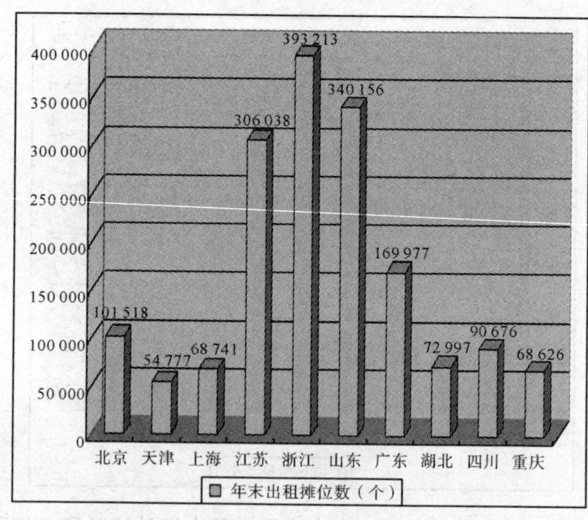

图 2 - 3 - 13　重庆等 10 省市商品交易市场年末出租总摊位数分析图

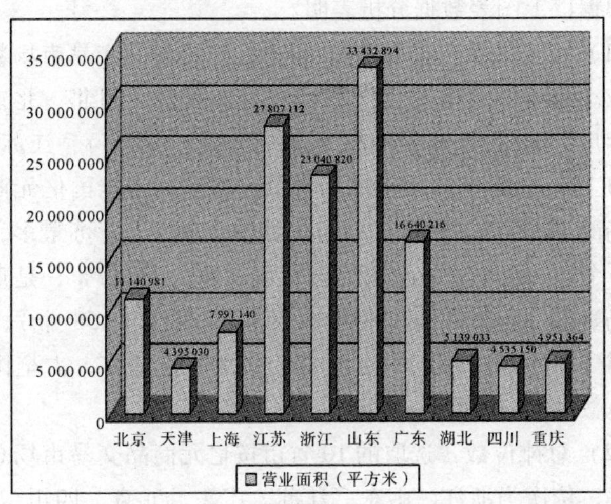

图 2－3－14　重庆等 10 省市商品交易市场总营业面积分析图

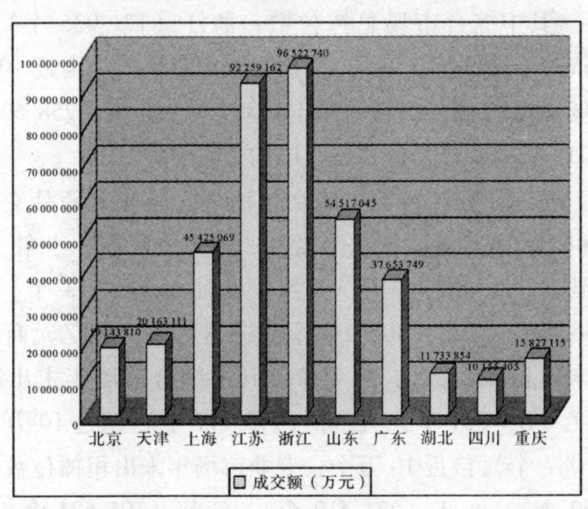

图 2－3－15　重庆等 10 省市商品交易市场成交总额分析图

根据以上图表数据分析表明：

（1）市场数量：选取的10省市按亿元商品交易市场数量排序，依次为浙江、山东、江苏、广东、上海、湖北、北京、重庆、四川、天津；浙江（672个）、山东（536个）、江苏（528个）、广东（340个）四省市场数量最多，共占全国亿元商品交易市场的44.29%。其中综合市场数量，浙江、江苏最多，分别为214个和167个，占全国综合市场总数的29.77%，是重庆综合市场数量的12.7倍；专业市场数量浙江（458个）、山东（455个）、江苏（361个）、广东（259个）最多，占全国专业市场总数的45.0%。

（2）总摊位数：选取的10省市按亿元商品交易市场总摊位数排序，依次为浙江、山东、江苏、广东、北京、四川、湖北、重庆、上海、天津；浙江（430 628个）、山东（361 647个）、江苏（334 893个）三省占全国亿元商品交易市场总摊位数的33.77%。其中综合市场总摊位数，浙江（171 935个）、江苏（119 665个）超过10万个，山东（88 534个）接近10万个；专业市场总摊位数，山东（273 113个）、浙江（258 693个）、江苏（215 228个）三省共占全国的35.05%。

（3）年末出租摊位数：选取的10省市按亿元商品交易市场年末出租摊位数排序，依次为浙江、山东、江苏、广东、北京、四川、湖北、上海、重庆、天津；浙江（393 213个）、山东（340 156个）、江苏（306 038个）三省占到全国亿元商品交易市场年末出租摊位数的34.71%。其中综合市场年末出租摊位数，浙江（161 801个）、江苏（110 417个）超过10万个，山东（83 087个）接近10万个；专业市场年末出租摊位数，山东（257 069个）、浙江（231 412个）、江苏（195 621个）、广东（125 415个）均超过10万个，共占全国的42.42%。

（4）营业面积：选取的10省市按亿元商品交易市场营业面

积排序，依次为山东、江苏、浙江、广东、北京、上海、湖北、重庆、四川、天津；山东、江苏、浙江、广东、北京市场营业面积均超过1 000万平方米，共占全国的48.24%。其中综合市场营业面积，浙江、江苏超过600万平方米；专业市场营业面积，山东、江苏、浙江、广东均超过1 000万平方米，共占全国的46.18%。

（5）成交额：选取的10省市按亿元商品交易市场成交额排序，依次为浙江、江苏、山东、上海、广东、天津、北京、重庆、湖北、四川；浙江（96 522 740万元）、江苏（92 259 162万元）接近10 000亿元，两省市场成交额就占到全国的32.57%。其中综合市场成交额，江苏、浙江均超过1 000亿元；专业市场成交额，江苏（77 433 117万元）、浙江（73 791 668）、山东（49 092 796万元）、上海（42 611 751万元）共占全国的41.91%。

专题四：商品交易市场监管研究

商品交易市场监管，通常是指政府或政府主管部门通过相应的法律法规对商品交易市场中的一切行为进行监督管理的政府管理活动。商品交易市场监管的主要目的是通过对市场主体的资格认证、交易行为和交易秩序的规范约束、交易各方权益的保护等监督管理，以维护公平竞争的市场秩序、提高市场竞争的效率，促进市场的良性发展。

一、商品交易市场监管面临的现实与问题

（一）商品交易市场监管面临的现实

1. 工商行政管理体制的改革，使得工商部门的市场监管分离

工商行政管理机关从规范城乡集贸市场着手，在培育、建设各类商品交易市场，为相关企业的发展提供相应交易平台等方面成效卓著。正因为市场的繁荣搞活了流通，促进了经济的快速发展，使得工商行政管理部门的地位和作用日益突显，逐步成为培育市场、建设市场和市场监管的主力军。但随着市场数量的增加与市场规模的扩大，工商行政管理部门集市场建设和管理职能于一身的状况日益暴露出体制、职能的弊端，在加强市场监管的呼声下，国家通过工商体制的改革，逐步构建起

省级以下垂直管理体制，建立了以市场监管为目标，以行政执法为职能手段，统一政策、统一管理、统一执法的市场监管和行政执法机关。工商体制的改革，特别是市场建设单位与工商管理机构的分离，使工商管理部门的市场监管职责实现了由建设、培育、管理向规范市场秩序、市场行为、市场制度等的职能转变。

2. 市场的多元化发展，使得工商部门的市场监管模式改变

市场的多元化发展主要表现在市场组织形态的多元化与市场交易方式的多元化。随着商品交易市场的发展壮大，市场组织形态从简易的传统农贸市场发展到设施完备的现代化市场，从有形的商品市场发展到网络交易、电子合同等无形市场，市场交易方式从对手交易为主发展成为多种交易方式并存，拍卖、经纪、展示、电子商务、连锁经营等新型现代交易方式蓬勃发展。市场的多元化发展使得工商行政管理机关在对商品交易市场进行监管时，其监管模式必须适应市场的变化，积极调整。要根据市场类别及信用高低实施分类精确监管，明确不同类别商品交易市场分类监管的要求，把有限的监管资源用在“刀刃上”，增强监管的针对性和有效性，提高监管效能。

3. 市场体系的逐步完善，使得市场监管方式转变

早期的市场监管体现了粗放的特点，监管手段侧重于打击，但随着政府职能的转变和市场体系的日臻完善，市场监管的目标、方式正由简单处罚向管理、服务并重转变，努力为各类市场主体创造平等竞争的良好发展环境。这体现在，一方面，通过完善行政执法、市场监管体系，健全产品质量监管机制，严厉打击制假售假、商业欺诈等违法行为，维护和健全市场秩序；另一方面，通过建立信用分类管理和失信惩戒制度，逐步开放信用信息服务体系，加强诚信宣传和法律服务，引导各类市场主体文明经营，诚信守约。

（二）商品交易市场监管面临的问题

1. 加强市场监管的呼声高涨与市场监管职能分散、手段缺乏的问题

加强市场监管，营造公平竞争的交易环境和健康安全的消费环境成为社会的广泛共识。近年来，随着技术监督、食品、医药、商务等专业监督部门的兴起、强化，工商部门对市场监管的手段越显缺乏，同一些行业监管部门的职能交叉日益严重，市场监督的尺度难以把握。市场监管部门重设、细化，使市场监管职能分散，造成行政内耗严重，成本上升，效益下降，管理出现空白地带。

2. 市场监管法制建设与实际需要相脱节的问题

国家虽然颁布一些与市场监管有关的法律，如《公司法》、《消费者权益保护法》、《反不正当竞争法》等，然而这些法律的配套法规不完善，一些法律在工商体制改革后与实际管理工作呈现脱节的趋势。近年来有些地方政府及政府主管部门也制定了一些规范性文件，但因法律层级较低，很多法律法规与当前市场监管形势不相适应，尤其是对市场开办单位职责规定不够明确，缺乏对市场开办单位和场内经营者的有效约束，影响了执法效能和权威，致使市场监管长效机制不健全、不完善，对有形商品市场监管仍然局限于收费，局限于集中治理整顿，对于如何把商品市场纳入规范化管理的轨道，缺乏系统的制度建设和配套措施。国家工商总局提出市场监管关口前移，但前移涉及的监管制度、监管方式、甚至监管体制的变革尚未形成制度、法律。

3. 加强商品市场监管与市场主体地位不明确的问题

国家没有专门的“商品市场管理法”，国家工商局1996年颁布的《商品交易市场登记管理办法》提出对有形商品市场进行市场登记，颁发《市场登记证》，以求解决商品市场的市场准

入和主体地位问题。但由于缺乏国家法律层面的支撑，商品市场的准入与市场法人主体地位的确立没有衔接起来，市场登记证与企业法人营业执照相背离，《市场登记证》没有达到确立商品市场主体地位的目标。商品交易市场主体地位不明，造成市场开办单位职责不清，市场开办者与进场经营者之间的法律关系模糊，工商部门对市场开办单位的监管缺乏有效的监管措施，无法督导市场开办单位这个第一责任人认真履行职责，因而不能对市场开办单位实施有效监管，大大削弱了工商部门对商品市场的监管力度。

二、发达国家对商品流通市场的监管

由于商品流通领域存在经济性垄断和行政性垄断以及流通活动所引起的负外部性问题，世界各国普遍对商品流通业实行政府管制。经济性垄断主要表现为协议限制竞争行为、滥用市场优势地位行为以及其他横向限制竞争（横向联合、合营企业、掠夺性定价）的行为。行政性垄断主要表现为政府及其所属部门滥用行政权力所实施的限制竞争的行为，如地区封锁和行业垄断等。流通活动的负外部性主要表现为对环境、消费者和公众权利的侵蚀等。针对这种经济性垄断和行政性垄断以及流通活动的负外部性，世界各国纷纷制定了相应的法律法规加以监管，以确保和维护正常的市场秩序和消费环境。可以说，对商品流通市场实行有效监管是发达国家普遍的做法。

（一）主要发达国家对商品流通市场的有效监管

日本：1923年，颁布了第一部《中央批发市场法》，1971年修改为《批发市场法》，日本政府通过批发市场实现商品价格监控，也通过这个法对商品市场实行全面的管制。根据这个法律，日本全国设有约2 500个批发市场，这些市场不仅具有流通功能，还具有价格形成、信息发送等功能，是政府监控商品市场的重要手段。针对特殊商品，也有相应的法律，如《粮食管理法》、《酒类专卖法》、《药业法》等。1973 年，日本政府颁布了《大规模零售店铺零售事业活动调整法》（简称《大店法》），对零售企业开店面积、营业时间等实行严格的政府管制。2000 年 6 月，日本政府废除《大店法》，实施新的《大规模零售店铺立地法》（简称《大店立地法》）从市政建设的角度对城市边沿地区、郊区新建商业设施制定了严格的法律约束。《大店立地法》标志着从经济性管制（保护中小零售店）向社会性管制（保护生态环境）的转变，具有标志性意义。

法国：1810 年制定的《商法典》是法国规范商业活动的根本大法，经过不断修改完善，它的管辖范围涵盖了生产、流通和服务业的所有领域，既规范政府的流通服务业的管理体制、组织机构、职能权限，也规范企业的市场经营活动。1973 年制定的《鲁瓦耶法》和《商业手工业法》，1996 年制定的《拉法兰法》等，对全国商业流通设施的兴建、布局规划和市场管理做了具体规定。在法国凡兴建、改建、扩建 300 平方米以上的食品商店和 1 000 平方米以上的非食品商店均需要政府审批。

美国：美国通过了《食品卫生与药品法》、《肉类检疫法》、《食品、药品和化妆品法》、《凯弗维尔—哈里斯修正案》等，保护市场消费者的利益。美国商务部下设服务业处，负责流通市场的管理和服务事宜。美国政府对商贸流通业的规制是通过地方政府来实现的，各州和市都制定有法律规章，来规范商品市场的运行和管理。

德国：1957 年颁布了《反限制竞争法》，主要是禁止卡特尔、防止滥用市场支配地位和控制兼并企业。1998 年德国政府制定《国土规划法》，以立法手段来管制商业网点的设置，保障健康的市场竞争秩序。此外，《营业时间法》、《货物搭配规定条例》、《折扣法》等对流通企业营业时间、进货等做了规定。

英国：1948 年颁布《垄断与限制竞争法》、1973 年《公平交易法》（1980 年修订）、1976 年《反限制贸易行为法》和《零售价格法》等，对流通企业的经营行为做了具体规定，以确保市场竞争秩序。

韩国：1972 年颁布了《流通现代化五年基本计划》，1973 年《农副产品批发市场法》，1980 年《流通产业现代化促进法》、1986 年《批发业、零售业振兴法》、1997 年《流通产业发展法》等，对流通业及经营活动做了具体规定。

（二）主要发达国家对商品流通市场的监管特征

从以上发达国家对商品市场管制方面的做法，可以总结出几个特点：（1）从管制目标看，各国基本一致，即通过实施政府管制或市场监管，创造一个公平、自由竞争的市场环境，以达到维护市场经济秩序、提高市场运行效率的目的。（2）商品市场的管制机构具有权威性，管制权力一般都掌握在政府或政府相关部门手中。（3）在加强行政管制的同时，非常重视立法管制。它们对流通产业、商品市场的监管重在立法，立法完备，且不断进行修改完善，形成了比较完备的法律法规体系，市场法制化的程度很高。（4）从管制机构看，既重视政府的管制作用，还重视发挥商会、协会、消费者组织等民间组织的自我监督和管理的作用，协调、沟通政府与市场的关系。（5）重视保护消费者的合法权益。有的国家（如日本）在政府机构中，设置了消费者权益保护机构。

三、加强商品交易市场监管的重点与措施

（一）加强商品交易市场监管的重点

1. 市场主体资格监管

即对市场主体的经营条件、经营资格进行审查和监督。市场主体是构成市场的首要要素，监管市场主体进入，主要包括

两个方面：一是对符合要求的市场主体给予批准或许可，履行登记手续；二是批准和许可后按登记注册事项进行监督管理，不符合经营条件的主体要注销或撤销其经营资格。

2. 市场经营行为监管

一方面，监督市场交易的公平性和规范性，维护市场交易规则。市场交易规则是市场主体的行为准则，而制定交易规则，并确保这些规则得到全体市场主体的遵守是监管市场的最有效办法和最有效的切入点。市场交易规则主要通过法律、法规的形式体现，也包括未纳入法律、法规体系而应该得到遵守的商业道德、商业惯例等。另一方面，监管市场竞争，维护市场竞争秩序。竞争是市场经济固有的规律，竞争监管主要是规范市场竞争行为，包括价格竞争、人才竞争、营销渠道竞争等；以及规定应予禁止或不能从事的市场竞争行为，如各种不正当竞争行为，重点是监管欺诈性竞争行为、商业贿赂行为、损害竞争对手商誉行为、侵犯商业秘密行为等。

3. 市场商品质量监管

市场交易中的商品质量关乎消费者的生产与生活安全，市场监管部门与监管人员必须时刻关注市场中商品质量安全，通过加大相关法律法规的宣传力度，建立和完善商品质量监测与公示制度、商品质量安全责任机制，建立和健全商品质量监管过错责任追究制，从而建立有效的商品质量防控体系。

（二）加强商品交易市场监管的措施

1. 更新监管理念，实现由收费管理型向监管服务型转变

市场监管部门必须切实强化四种意识：一是强化责任意识。面对市场管理中的新情况、新问题，市场监管工作只能加强，不能削弱，监管部门要进一步增强责任感和使命感，认真履行好市场监管职责。二是强化服务意识。通过积极创新和完善监管服务方式，以更加有效地作为，努力营造公平竞争的市场环

境和安全健康的消费环境，服务经济社会又好又快地发展。三是强化法治意识。相关部门要依法履行监管职责，积极推进职能到位，努力做到有所为有所不为。四是强化创新意识。随着市场监管工作任务的日益加重，传统的监管方式已不能适应形势发展的需要，要不断创新监管理念、制度、机制和方式方法，提高市场监管水平。

2. 完善监管机制，实现主要由工商部门监管到各方齐抓共管转变

一是要完善工商系统内部的考核机制。修订完善现有的市场监管考核办法，建立一套科学的考核评价和目标导向机制，推动基层将工作重点放到监管执法和服务发展上来。制定具有可操作性的市场监管工作规范，明确市场监管的具体内容和标准，使基层监管人员做到有章可循。健全激励机制，严格责任追究，落实奖惩措施，充分调动市场监管人员的工作积极性，保障各项监管措施落实。

二是要强化市场开办单位的责任机制。实现市场办管彻底脱钩和工商部门职能转变到位，使市场明确开办主体及其开办责任，确保市场监管和物业管理都得到加强。积极引导对市场进行企业登记，完善法人治理结构，建立现代企业制度，增强抵御经济风险的能力，并为监管开办单位履行法定职责提供基础和保障。监督市场开办单位健全管理机构，完善管理制度，认真履行职责，加强物业管理，维护市场秩序，切实履行好市场秩序第一责任人的责任。

三是要健全相关部门的协作机制。理顺相关部门在市场监管工作中的职责分工，做到各负其责，相互协作，齐抓共管，避免因职能交叉造成管理上的重复和疏漏。工商部门要严格按照法律法规的规定履行职责，加强对市场主体资格、经营行为和商品质量的监督管理，做到既不缺位，也不越位，更不能错

位。公安、司法、卫生、质检等部门应相互配合。如重庆市公安局沙区分局成立食品药品犯罪侦缉支队专门针对食品、药品案件的侦办，并与卫生、质检、农业等部门协作，建立信息共享平台、健全司法程序协助制度，与辖区派出所、网监等部门一道，深挖食品、药品生产源头，打击和清理有害食品药品的销售网络，铲除食品药品犯罪的产业链条，在食品药品安全监管上成效显著。

四是要健全社会公众的参与机制。各级工商机关要注重调动社会力量参与市场监管的积极性，实现以多数人监督少数人。要加强消费维权教育，健全投诉举报机制，引导广大消费者主动参与对市场的监督，积极举报市场违法经营行为。要完善市场违法行为公示制度，特别是充分发挥报纸、电视、网络等新闻媒体的舆论监督作用，及时公布市场监督检查情况，建立违法经营“黑名单”，发布消费警示和监管预警。如重庆市为维护食品、药品市场的安全，正在采取“行政权——公民权”二元互动的方式，实现政府和公民良性互动的食品、药品监管体系，形成无处不监管的机制。

3. 健全管理法规，实现由主要靠行政手段监管向依法监管转变

积极开展《商品交易市场管理条例》等专门针对商品交易市场管理的立法工作，明确市场开办单位的具体职责以及相关处罚措施以及进一步明确有关部门在市场管理中的责任，建立政府领导、部门协作、行业自律、社会监督的市场监管工作机制。相关政府部门要结合本地实际，不断制定和完善有关规章制度，为市场监管工作提供有力的制度保障。如重庆市高院出台了《关于依法从严审理食品药品安全案件的意见》，依法从严审理食品药品安全案件，制售有毒有害食品、药品后果严重者，在罚金上不设上限，后果严重者可能会倾家荡产，甚至会判

死刑。

4. 强化监管手段，实现监管手段由传统向现代转变

一是加强市场监管信息化建设。扩大信息化技术在市场监管工作中的覆盖面，依托信息化平台，利用高科技手段，不断提高市场监管水平。通过整合各类市场监管信息，建立互联共享、传输迅速、查询方便、运转高效的市场监管网络信息平台，强化对市场商品质量和交易秩序的动态监控，实现市场监管手段的信息化、网络化、智能化、现代化。积极探索建立市场商品质量监测信息和市场违法信息查询系统，充分发挥监管信息的市场预警和消费指导功能。

二是加强市场商品质量监测工作。要建立市场商品质量监测专项经费预算，增加监测投入，提高监测频率，加大监测力度。进一步扩大监测范围，按国家工商总局《流通领域商品质量监测办法》规范监测程序，严格依法行政。充分发挥快速检测设备的作用，积极开展市场商品质量检测工作，维护群众消费安全。通过召开新闻发布会、情况通报会等方式，将监测情况上网、见报、入屏，充分发挥市场监测的预警警示作用，扩大社会影响力。

三是加强市场监管队伍教育培训。重视对市场监管人员的教育培训，使其掌握更多、更先进的监管手段，适应当前日益繁重的市场监管工作需要。通过专家授课、以案说法、岗位练兵、继续教育等形式，加强对市场监管人员的政治理论、现代市场监管知识和信息网络技术的教育培训，使其掌握市场监管所需要的新知识，造就一支在业务上、作风上过硬的市场监管执法队伍。

5. 拓宽监管领域，实现监管领域由低端向高端延伸转变

随着商品交易市场迅速发展壮大，市场组织形态、市场交易方式蓬勃发展。各类市场的兴起和发展，对监管、规范工作

提出了新的课题和挑战。市场监管部门要围绕自身职能，查找薄弱环节，明确工作着力点，努力在加强薄弱环节和新兴领域监管上下工夫。进一步拓宽执法领域，积极介入对网络市场、电子交易、展览展示等新兴领域的监管，努力提高监管层次，消除监管盲区。针对不同领域的特点，研究不同监管措施，寻求市场监管新途径，走出监管执法新路子。

6. 改进监管方式方法，实现由粗放向精细、由专项治理向日常规范转变

一是积极创新市场监管制度。进一步完善市场巡查制度，创新巡查方式，实行整体巡查、综合巡查、分级巡查、交叉巡查等，加大巡查力度，确保市场监管到位。丰富市场预警形式，提高预警效率，增强市场预警的有效性。严格落实市场属地监管责任，积极推行网格化监管模式，合理划分监管网格，明确监管职责，及时发现、纠正和查处违法违规行为，确保市场监管职能到位。全面推行市场信用分类监管制度，合理配置监管力量，提高市场监管的针对性。

二是充分发挥行政指导的作用。在加强市场监管执法的同时，主动融入行政指导的管理理念，建立健全以事前指导为主，事中防范、事后查处相结合的监管机制，积极采用建议、劝告、提示、警示、宣传教育等手段，引导市场开办单位和场内经营者诚信守法、规范经营。

三是积极开展市场文明诚信创建活动。广泛组织市场开办单位和场内经营者积极参与“规范化文明诚信市场”和“文明诚信业户”创建活动，增强其诚信守法意识，提高市场的整体素质和管理水平。进一步明确商品交易市场信用分类监管工作职责、信用等级评定程序、日常监管要求、工作督办考评等，实现商品交易市场信用分类监管工作制度化、规范化。

参考文献：

1. 陈世良，杨玉德. 商品交易市场监管的现实、矛盾、任务［J］. 中国工商管理研究，2004（9）.

2. 杨松. 北京商品交易市场监管体系构建刍议［J］. 中国市场，2008（44）.

3. 肖兴志，宋晶. 政府监管理论与政策［M］. 大连：东北财经大学出版社，2006.

4. 郭国庆，钱明辉，吴剑峰. 论加强商品交易市场管理［J］. 财贸经济，2005（05）.

专题五：浅析重庆专业市场与产业集群发展

专业市场与产业集群的互动发展模式已成为我国东部沿海地区经济发展的典型特征，对区域经济的发展具有重要的意义。本文从专业市场与产业集群的互动关系分析入手，研究产业集群与专业市场之间的互动机理，并以重庆为例，分析了重庆发展专业市场对产业集群的作用以及实现专业市场与产业集群互动发展的障碍，对如何促进重庆市专业市场与产业集群互动发展提出了有针对性的对策建议。

一、专业市场与产业集群的含义

1. 专业市场

从狭义上讲专业市场是指在某一特定领域中，通常以一个主导产业的大类产品为核心，大量产业联系密切的企业以及相关支撑机构在空间上集聚，并形成强劲、持续竞争优势的现象，从广义上讲专业市场是指在某一特定领域相关商品及其销售活动的集合。①

① 佘明龙，郭玉华．专业市场与产业集群耦合联动机理研究——以浙江为例［J］．重庆工商大学学报，2006（3）．

2. 产业集群

通常认为产业集群是一种相关的产业活动在地理上或特定地点的集中现象，内在关联性和空间接近性是企业集群的基本要素。产业集群是一个类似于生物有机体的产业群落，它是企业自组织或有组织的综合体，而不是无组织的混合体和堆积物，它揭示了在一些地方相关企业集结成群，从而获得竞争优势的现象和机制。① 这种机制既有利于获得规模经济，同时又有利于互动式学习和技术扩散，而且比垂直一体化的大型企业具有更大的灵活性。

二、专业市场与产业集群的互动关系

1. 专业市场是产业集群存在的一种外在表现

产业集群的两个基本特点就是产业的关联与地理上的集聚，而专业市场作为一种市场制度安排，界定它的基本特征也就是在同一场地聚集了大量相关产品进行交易。两相比较，可以看出，专业市场正是某种产业集群存在的表现。

一是贸易业集群必然伴随专业市场存在。一个专业市场中存在着大量从事代理、批发、零售等贸易行业的企业，它们从本质上说就是一种贸易业集群。由于专业市场的专业性，它们之间的贸易联系较其他形式市场制度中企业的联系有着更为明显的产业关联性。

二是专业市场的周围往往存在着从事相关商品生产活动的产业集群。相关企业会选择在专业市场周围发展，以方便降低交易费用，提高交易效率，及时获得相关信息。随着专业市场集聚效应的出现，在不增加成本的情况下，会有越来越多的企

① 盛世豪，郑燕伟．“浙江现象”：产业集群与区域经济发展［M］．北京：清华大学出版社，2004：14－15．

业靠近市场所在地，从而形成集群。

三是专业市场辐射范围内会存在其他辅助性产业集群。当市场规模比较大时，对物流、信息服务、餐饮住宿服务等要求增多，相关行业的集群就会出现，如义乌众多专业市场竞争优势的关键就在于当地先进的物流配送体系。①

2. 专业市场促进相关产业集群的形成与发展

一是专业市场作为一种高效的产品交易市场，可以促进分工的深化，从而促进产业集群的形成。产业集群内部企业之间的关系中隐含着专业化分工与协作，这是集群化的基础条件。产品价值链条越长，技术上进行工序分解的可能性越大，不同工序企业的联系越强，产业集群就越容易形成。专业市场的作用就是大大降低了分工深化初期出现的协调成本，使分工在企业之间得到发展。

二是专业市场能为产业集群的产生提供技术、信息和资金支持。专业市场为相关产业集群的产生营造出一种专业氛围，这里有大量的专业信息的交流，人们可以从中发现各种发展机会，了解和学习有关技术知识。有相当数量的交易者在熟悉了行业内情、掌握了相关技术、积累了一定资金或者出现很好的投资机会的时候，从专门从事贸易活动转而进行专业生产。随着生产者数量的增加和规模的扩大，产业集群就形成了。

三是专业市场意味着存在稳定需求，能够吸引投资，从而带动周边产业集群的形成。由绍兴柯桥镇的“布街”发展而成的“中国轻纺城”是全国的轻纺产品交易中心，它的存在拉动了周边相关产业的投资，在绍兴和萧山地区发展出织造业和印

---

① 杨强，姚岗. 产业集群与专业市场的互动发展［J］. 经济纵横，2005(6)：99-100.

染业，成为中国最大的面料基地。[①]

3. 专业市场与已形成的产业集群联动发展

在适宜的发展环境下，专业市场与产业集群的发展是互为前提、互相促进、互相增强的。

一是专业市场是产业集群发展的基础。专业市场机制使得相关企业能够在较低的交易成本下将产品的市场覆盖面扩大；专业市场上集中、准确、迅速的信息反馈，引导着产业集群发展方向、水平和规模；专业市场近似于完全竞争市场，强化了竞争机制的作用力度，能够促进企业不断改善经营管理、提高产品质量和降低生产成本，从而有助于推动产业集群内部的产品、技术和企业结构的优化，和地区产业的发展和提高；专业市场的发展有利于商业资本向产业资本的渗透、转移和融合，培育出金融市场，促进产业集群扩大规模，提高经济效益。

二是产业集群是专业市场发展的依托。一方面，产业集群的存在影响专业市场的“产业”选择。产业集群的主要产业形成往往是区域内资源禀赋、技术优势、区位条件、文化传统等要素共同作用的结果，是具有地区优势的产业。专业市场内经营优势产品才能获得更多的发展空间和竞争优势。另一方面，产业集群的存在产生出规模性的供给和需求，是专业市场生存和发展的动力和支撑。专业市场伴随着产业集群的发展而发展，出现商品量的扩张、质的提高和市场辐射半径的延长。产业集群的发展也培育和丰富了市场主体，从而促进了市场建设的不断完善和创新。

---

① 方玉琴，汪少华，裘明军．内生型产业集群成长及动力分析——以浙江市场主导集群为例［J］．科技管理研究，2006（4）：57-60.

三、重庆专业市场与产业集群互动发展的障碍

1. 大型专业市场少，对产业集聚作用不强

到2010年底，虽然重庆市亿元以上市场达到182个，成交额超过3 100亿元以上，但大型的专业市场群少，辐射范围不广，影响力不强，营销手段传统，批发市场在数量、功能、影响力和辐射范围严重不足，市场成交额不够大，批发市场存在功能不全，重硬件建设轻软件建设商品流通科技含量不高等问题，对重庆市产业集聚作用不强。

2. 专业市场产业链不完善，核心竞争力不强

目前，重庆专业市场的产业集聚区内几乎没有上游产业，核心竞争力不强，主要是中下游产业部门，产业链的不完善，导致企业成本上升，利润外流，商机丧失，核心竞争力不强，产业基础比较薄弱。

3. 专业市场与重庆市主导产业发展不协调

根据重庆市商委公布的资料显示，重庆市大型专业市场主要集中在服装、小商品、农产品、家具家居、建筑材料等行业，与重庆市的汽车摩托车、装备制造、石油天然气化工、材料和电子信息五大支柱产业的发展不协调。

4. 专业市场电子商务化水平不高

近年来，重庆市专业市场电子商务化有所发展，特别是伴随着市场信息化建设的推进，市场现代化水平有所提高。但是，大多数专业市场还是以现场、现金、现货“三现交易”为交易方式，电子商务化建设明显滞后。

5. 存在市场重复建设现象

目前，重庆市一些区（县）仍不同程度上存在盲目扩建和新建专业市场的现象，导致一些专业市场的定位与所经营的产品雷同。这不仅稀释了人才、分散了客源，而且同类市场的竞

争会使经营者将大量宝贵的精力花费在内耗上，难以实现由小规模、分散化经营向规模化、集约化经营转变。如渝中区的菜园坝水果批发市场与江北区观音桥农副产品批发市场就明显趋于雷同。

四、重庆专业市场与产业集群互动发展的对策

重庆市应完善产业集群的产业链，加快专业化市场和产业聚群产业链条的扩张与延伸，利用专业化市场和产业集群共同塑造区域品牌。利用现有专业市场培育产业集群，利用现有产业集群培育专业市场，沿产业链方向做大产业集群，加快专业市场升级，最终实现增强产业竞争力的目的。重庆市要实现市场集群与产业集群互动发展，可采取以下几方面的对策：

1. 转变政府职能，增强服务能力

政府自身要转变管理职能，增强服务意识。要大力营造有利于集群与流通业协调发展的环境和条件，推进市场、集群和企业的改革与创新；不断完善相关法律法规，营造良好的市场发展环境。同时还要做好市场集群与产业集群的发展规划，为实现市场集群与产业集群的互动创造条件。

2. 以产业为依托，加快专业市场群的建设

市场集群建设方面，要稳步推进体制改革，提升专业市场形象，走市场化道路。专业市场是展示集群的窗口，可以通过持续提高专业市场形象，形成基于集群的区位品牌；对市场的硬软条件进行优化，对外增强产业集群的美誉度，对内产生促使企业升级的压力，在不断升级的过程中增强产业集群整体竞争力。同时应注意利用现有产业集群培育市场集群，利用与产业集群自接关联的产品及其上游产品专业市场作为支撑，发展与区域产业集群相关的市场集群。如重庆市应大力发展与主导产业相关的汽车摩托车市场集群、机械制造产品市场集群等。

3. 促进区内产业集群企业和专业市场企业协同发展

在产业集群企业为产品生产企业的情况下，产品生产企业要进一步采取措施加快产品和技术创新，通过专业市场、商务网络等不断获取外部市场的信息，加强革新，改进产业和产品结构，并转变观念，积极与其他企业合作，形成规模优势和创新优势。同时还要积极对待商业企业的各种市场信息和要求，提供相关的支持。

在市场集群企业为商业企业的情况下，商业企业要完善市场定位，积极为产业集群企业服务，形成市场集群与产业集群的互动。商业企业必须定位和服务于当地产业集群，不断创新服务，为产业集群发展提供支撑，促进产业集群的发展。

4. 加大与高校等研究机构的合作，提升专业市场创新素质

加快科研设计人才的聘请和引进，加强与重庆市或其他地区大专院校、科研所的合作，为企业发展提供源源不断的创新产品设计，保持企业发展的持续增长能力，打造企业的持续竞争力。专业市场可以成为高校科研成果的展示、交易中心。要完善信息咨询机构、人员培训中心和中介服务中心等信息与管理服务体系，为专业市场学习提供信息和管理服务平台。①

5. 重组与整合市场，增强专业市场的竞争力

一是随着我国城乡居民的收入水平提高，消费者的消费预算约束曲线向外移动，对价格的偏好趋弱，而对品牌、质量的偏好趋强。这就要求重庆市专业市场，特别是以销售低质量、低价格商品为主的专业市场，不断提升商品的档次。因此，重庆市专业市场应积极吸引国内外名牌产品、特色厂家到同类特色专业市场设立总代理、总经销，提高市场商品的品位和档次，

---

① 马建会，徐印州．论专业化市场与珠三角产业集群的协调发展［J］．广东商学院学报，2006（2）：89－92．

优化市场的商品结构。

二是培育市场经营大户和引进外地经营大户入驻市场并举，推进传统市场向现代商贸市场转变。经营大户不仅是推动专业市场经营户的组织形态逐步向现代贸易公司转变的基础，而且是实现规模经营和交易方式、交易技术现代化的关键。

三是针对重庆市小规模、低水平的专业市场大量存在、市场重复建设问题较突出这一现象，应对内部专业市场进行整顿，关、停、并、转一批专业市场。

6. 加快专业市场电子商务化

随着电子信息技术应用和发展，专业市场可以通过发展电子商务搭建网上交易平台，进行洽谈业务和商品交易，商品交付、服务兑现和交易金额的收付也日益依托网络实现智能化运作。要实现重庆市专业市场电子商务化，就要建立、健全专业市场网站，大胆探索网上交易、仓单经营，开展现货交易与期货交易等符合现代商贸的市场交易，建立与其配套的专业市场电子信息化管理系统和现代化物流配送体系。

专题六：商品交易市场与物流业发展研究

商品交易市场物流是随着商品市场的发展而产生，其先进的组织方式和管理技术，是继提高劳动生产率，促进企业降低成本以外的重要利润源泉，在区域经济发展中发挥着重要作用。商品交易市场物流发展得更好、更快，从而带动区域物流业的发展，改善区域投资环境、促进全面开放，优化资源配置、加快产业结构调整，改善经济运行质量、提高企业核心竞争力，促进经济增长方式的转变。

一、物流的相关含义

对于物流的概念不同国家的专家学者从不同的角度给出了物流的定义。主要有以下几种：

1985 年加拿大物流管理协会把物流定义为“物流是对原材料、在制品库存、产成品及相关信息从起源地到消费地的有效率的、成本有效益的流动和储存进行计划、执行和控制，以满足顾客要求的过程。该过程包括进向、去向和内部流动。”①

美国供应链管理专业协会（原美国物流管理协会）对物流

① 何明珂. 物流系统论［M］. 北京：中国审计出版社，2001.

的最新定义是："物流是供应链流程的一部分，是为了满足客户需求而对商品、服务及相关信息从原产地到消费地的高效率、高效益的正向和反向流动及储存进行的计划、实施与控制过程"。①

1994 年欧洲物流协会认为："物流是在一个系统内对人员及商品的运输、安排及与此相关的支持活动的计划、执行与控制，以达到特定的目的。"②

中国许多专家学者认为："物流是根据客户的需要，以最经济的费用，将物资从供给地向需求地转移的过程。它主要包括运输、储存、加工、包装、装卸、配送和信息等活动。"③

而在我国 2001 年 8 月 1 日实施的国家标准物流术语（LB/183542001）中，将物流解释为：物流是"物品从供应地向接收地的实体流动过程。根据实际需要，将运输、储存、装卸、搬运、包装、流通加工、配送、信息处理等基本功能实施有机的结合。"

我国著名的物流学家、北京物资学院王之泰教授认为，物流是若干经济活动系统的、集成的、一体的现代概念。它的基本含义可以理解为：按用户（商品的购买者、需求方、下一道工序、货主等）要求，将物的实体（包括商品、货物、原材料、零配件、半成品等）从供给地向需求地转移的过程。这个过程涉及运输、储存、保管、搬运、装卸、货物处置、货物拣选、包装、流通加工、信息处理等许多相关活动。物流就是这些本来各自独立但又有某种联系的相关活动所形成的、集成的、一体化的系统。这种集成的、一体化的发展是现代经济领域的趋

① 樊宏．中外物流定义比较分析与建议［J］．物流技术，2006（5）：21.

② 何明珂．物流系统论［M］．北京：中国审计出版社，2001.

③ 王斌义．现代物流事务［M］．北京：对外经济贸易大学出版社，2003.

势之一，所以物流是上述这些相关活动向现代化发展的产物。①

综上所述，物流是指为了满足顾客的要求，所发生的从生产地到销售地的物质、服务以及信息的流动过程，以及为使保管能有效、低成本的进行而从事的计划、实施和控制行为。现代物流将运输、仓储、装卸、加工、整理、配送、信息等方面有机结合，形成完整的供应链，为用户提供多功能、一体化的综合性服务。

二、商品交易市场与物流业关系

物流与国民经济先进的物流管理是一个国家社会经济发展的基础之一；先进的物流管理是社会再生产顺利进行和生产规模扩大的必要保障；物流业的发展是有助于国民经济结构的调整；先进的物流管理是有效利用财力、物力的重要途径。然而，专业市场通过发展现代物流，将提高其综合服务能力，延长其产业链，增强其竞争力。物流服务为商品交易市场的升级提供了有效的途径。

1. 市场功能空间的延伸和完善

市场是完成商品交换的场所。消费者和生产者之间的，用户与供应商之间的间隔是空间和时间的间隔，要完成商品的交换，就必须消除这个间隔，就必须有商流，所以市场的功能有很大的拓展空间。市场的功能除了提供商品交换的场所以外，还有一些其他的功能。

第一，是物流、物流服务，可以进行商品配送以及对商品进行储存，还有就是流通加工。流通加工是在流通过程当中，为了提高产品的质量，为了方便消费者而对产品进行再加工，可能是改善包装，可能是进行分割等，这些物流活动都可以在

① 王之泰. 现代物流学［M］. 北京：中国物资出版社，1995.

市场中完成。

第二，市场也可以完成对产品质量的监控。市场不仅仅提供商品交换的场所，还提供市场的形象，市场上交易的商品必须是合格的，要有保证质量，否则会影响整个市场的声誉。在交易过程中，对客户合同的履行情况要有追踪系统进行跟踪，每一个客户对外签订的大数额的交易的合同，如果不是现场交易的合同，其履行情况要有一个追踪鉴定的系统。这个服务功能拓展也是市场发展的方向之一。

第三，市场还必须有一个信息服务咨询系统。信息咨询系统，可以用来了解企业的情况、产品的信息、有关品牌的信息。信息咨询系统对市场的采购进行分流，对客户进行管理，更高级的是对客户进行信用咨询的统计，这样可以为经营者提供客户的各种资料，如信用情况、有无欠账、经济实力状况等。

第四，市场的延伸服务，设立结算中心。在市场的设计中要有银行，或者是有一个计算中心，随着信息技术的发展，会有越来越多的计算方式出现，为了方便交易双方，市场上要提供的相应的完善的金融结算系统。

2. 市场的核心竞争力的提升。

全国商品交易市场数量众多，规模也有相当大的，市场面临的竞争非常激烈。如果市场注重发展现代物流，在一个城市建一个大规模的市场群，这对当地竞争力弱的市场打击是相当大的。提升市场的竞争力，在硬件设施上可以完善配套设施，建立商务办公楼、休闲娱乐场所等，提升市场档次。在功能上，完成从传统批发市场到展示加批发市场的转变。

三、当前商品市场物流发展中面临的问题

我国商品交易市场物流经过近些年的初步发展，从不认识到实际应用，有了一定的实际进展，但物流发展水平和进程相

比尚有很大差距，问题不少，实际运作中也暴露出市场物流已很难适应市场进一步发展的需要。

1. 对商品交易市场物流发展的认识还有待进一步提高和达成共识

当前商品市场交易日趋走强，而各方面对物流和现代物流的认识上仍存在诸多误区。

一是对于搞好物流的重要性认识不足。部分市场经营者一直以来重商流，轻物流，对物流究竟能给企业、市场带来什么效益不清楚，对企业的现在和未来究竟会起什么作用缺乏认识。有的则认为发展专业市场本身就是一个物流体系，把物流业与批发市场画等号。一部分市场管理者也认为目前市场物流基本适应了市场及各自产业发展的需要，多数经营者和生产者对目前的物流情况也较满意，认为目前抓紧搞好物流的重要性和必要性不大。

二是认为发展物流业、物流市场是企业行为，政府不要干预。一些地方的商品交易市场长期以来重商流轻物流，以及“大而全”、“小而全”的体制障碍，对发展物流产业存在一种“先放后管”的固定思维模式。

三是对物流和现代物流的概念存在模糊认识。据调查，许多市场和企业经营者，甚至一些物流从业人员，都把传统物流等同于现代物流（现代物流是建立了信息平台、公共基础设施平台之上的集加工、仓储、生产、包装、搬运、运输、配送于一体的物流体系，与传统物流有着质的区别，是整个物流产业中的一个重要组成部分），认为当前发展物流就是搞现代物流，高起点、高标准。

四是原有的批发零售企业、专业运输企业、仓储企业都是物流企业。这也是受当前一些地方将老的运输或流通企业改名为物流企业的原因之一。专业运输企业、专业仓储企业只能说是物流产业的重要组成部分，或是一个物流环节、要素。

五是认为发展物流业是摇钱树。这是一种相当普遍的认识。实际上，现代物流业是一项投入大、回报慢、本身效益低，但综合效益高的产业。它的最终目的是通过资源配置的合理化，实现整个国民经济流通的合理化，以降低总流通成本。发展物流和现代物流不能急功近利，不能头痛医头，脚痛医脚，要综合治理，要把近期利益与长远利益结合起来。就是第三方物流企业，它的利润也是从工贸企业降低物流成本，提高利润率中让渡的，或是物流增值服务中产生的。

2. 商品交易市场物流发展还带有一定的随意性

一是区域内各市场，有的与城市规划不一致，存在重复投资等现象；二是公路、铁路、水运等几大运输体系的物流规划衔接不够，没有一个整体的框架进行指导；三是商品交易市场物流业相对于第二产业发展关系不协调。对于社会生产来说，专业市场物流最突出的特点是服务市场，辐射周边。同一市场内各产业的物流发展都呈“自我需要，自我发展”状。

3. 物流基础设施配套能力严重不足

目前，我国有些大型商品交易市场，都存在物流场站建设严重滞后的问题，导致发展物流业的母体先天不足，配套能力已严重不足。如有的市场已处在城市的相对中心，市场交易、仓储、运输等与城市日常运转的矛盾日益增加，市场整体布局和功能已不适应交易和货物流动的需要，城市发展已面临城市物流系统的改造问题。目前国内外一些城市已注意到这些问题，在城市规划建设中都把物流系统重新规划、重新改造。

4. 缺乏宏观调控，管理分散，社会化服务水平低

一是缺乏宏观调控。一方面，就全国来讲没有形成一个比较明确、统一的思路，整个物流服务环境还没有形成。另一方面，第三产业领域改革和管理相对滞后，在物流发展上缺乏相

应的鼓励发展政策和法律保障体系，也没有建立相应完善的物流市场管理保护和引导机制。

二是管理分散。目前商品交易市场物流还没有明确的主管部门，存在着条块分割的现状。工商、粮贸、计委、经委和交通都各自有一块职能。由于条块分割、部门分割，政出多门，缺乏宏观调控和统一的政策引导。

三是按照社会化大生产分工协作规律要求，物流社会化服务水平较低。如有些市场，其经营性质是带有物流企业性质的，但实际从业的经营户多处于小、多、散、弱的状况，难以形成有效的社会服务网络，也不利于企业和经营户提高竞争力。

四、商品交易市场物流发展策略

1. 在商品交易市场建立物流中心

这里的物流中心是指商品交易市场建立的物流机构，它将市场交易服务与仓储、货物配送等服务结合起来，是交易市场现代物流体系的主体。物流中心是一个专业化的物流部门，它具有规模效应，具备比较先进的设施设备、专业的物流人才和装卸队伍，有能力做到及时、准确、安全地将货物送到目的地，从而为经营户提供全方位的物流服务。

在商品交易市场建立物流中心的优越性具体表现在：

一是有利于方便经营户，提高效率。交易市场物流中心成立后，经营户不用考虑托运线路问题，只需要将货物运到物流中心，其余的工作将由物流中心来完成。物流中心将货物按照路线进行分拣后，同一路线的货物交给相应的托运点运输。如此一来，为经营户节省了时间和精力，提高了效率。

二是有利于物流设施资源的优化配置。商品交易市场启动物流中心后，可以将货物进行统一管理、统一配送，可有效地消除“一线多点”造成的投资浪费和恶性竞争，提高土地资源和设施设备的利用率，从而有效地减少了浪费，优化了资源配置的效率。

三是有利于提高流通速度，减少运输成本。在物流中心，货物被大批量地送进来，按路线进行分拣、归并后，同路线的货物装满一车后立刻就可以发送，因而可以缩短待运期，加快流通速度，也可以提高车辆的利用率，降低运杂费用。

有由上可知，商品交易市场物流中心具有显著的优越性，理应成为大中型商品交易市场物流体系的主体。

2. 注重区域物流园区和第三方物流企业的建设

区域物流园区是本区域内重要的物流节点，对当地的商品交易市场物流活动具有促进作用。厂家或产品供应商将货物集中发送到区域物流园区，使物流园区成为该区域内重要的货物集散地。物流园区将货物进行分拣和整理后，运送到本区域内的各商品交易市场。

商品交易市场，特别是中小型商品交易市场的物流体系，离不开第三方物流企业的作用。第三方物流企业以其专业化、规模化经营，可以给货物交易双方一系列好处，譬如，可以集中资源和精力经营主业、节省物流费用、减少库存、减少资金占用等。一些规模较小的商品交易市场物流功能较弱，经营户不得不依靠外部物流资源来保证其正常的物流运行，而第三方物流企业是这些经营户的理想选择。商品交易市场内的经营户实力比较弱小，单独从事物流作业是严重的规模不经济，借助第三方物流企业的资源能产生非常明显的经济效益。

由此可见，第三方物流是我国商品交易市场物流重要补充。目前，为商品交易市场服务的物流企业，大多仅停留在为顾客承担运输、代储等服务项目。这些物流企业规模普遍较小，而且相互分割、无序竞争、物流服务水低下，很难为经营户提供高质量、便利的物流服务。因此，第三方物流企业应该坚持规模化、现代化的发展道路，形成一批规模较大、管理体制完善的物流企业，从而为商品交易市场现代物流体系的健全起到更大作用。

3. 加快物流信息系统建设

物流信息系统是指通过对物流相关信息的加工处理来达到对物流、资金流的有效控制和管理，并为企业提供信息分析和决策支持的人机系统。它具有实时化、网络化、系统化、规模化、专业化、集成化、智能化等特点。物流信息系统以物流信息传递的标准化和实时化、存储的数字化、物流信息处理的计算机化等为主要内容。现代商品交易只有对市场信息、顾客信息、交易市场内部信息进行及时地收集、分析、处理、决策才能使自己跟得上市场发展的变化。因此，我国商品交易市场必须充分利用信息技术，建立完善的物流信息系统，实现向现代物流的跨越，从而提高交易市场的竞争能力。

物流信息系统对商品交易市场现代物流体系的完善具有重要作用。这表现在：一方面，物流信息系统能够同时完成对物流的确认、跟踪和控制，它不仅使交易市场自身的决策快、反应快，对市场的应变能力强，而且可以更大程度上提高对经营户的服务水平，为经营户创造更多的价值；另一方面，物流信息系统及时向经营户提供相关信息，保证了物流运作的高效率。商品交易市场物流信息系统运用信息收集、加工、储存和传输等功能，把相关物流信息及时、准确地反馈给商品交易市场管理者和经营户，使交易市场和经营户能更好地把握市场信息，从而做出正确的市场决策。

随着信息技术的发展，物流信息系统日益成为物流业发展的“瓶颈”，也成为商品交易市场物流发展的重要制约因素。目前，我国只有39%的物流供给企业拥有物流信息系统，表明我国物流供给市场的信息化程度较低，不能满足客户需求。因此，商品交易市场应加快物流信息系统建设，使信息系统成为交易市场现代物流体系的纽带。

4. 注重发展绿色物流

绿色物流是指不对环境造成危害，使资源得到充分利用的物流活动。为了充分发挥现代物流产业对经济的拉动作用，实现长期可持续发展，必须从环境角度对物流系统进行改进，以形成一个与环境共生的现代综合物流系统，抑制物流对环境造成的危害。这就是“绿色物流”概念的由来。绿色物流适应当今社会经济可持续发展的时代潮流，是可持续发展模式在物流行业中的具体表现，是21世纪我国物流业发展的新方向。

在物流活动中，货物的运输、储存、包装等环节和和对环境造成严重的污染，具有很大的负外部效应。商品交易市场发展绿色物流具有重要的意义。具体表现在：首先，它有利于总体经济的可持续发展。环境污染、资源破坏给世人敲响了警钟，保护环境是每个人的责任，是经济可持续发展的基石。商品交易市场的物流环节也应当减少环境污染，提高资源的使用效率。只有总体经济的不断发展，才有商品交易市场的繁荣。其次，有利于降低经营成本。绿色物流倡导资源节约、减少浪费，不仅是一般物流环节的节约和降低成本，更是由此带来的社会资源的节约和高效使用。另外，有利于商品交易市场增强竞争优势。绿色物流的实施，一方面，可以使商品交易市场物流体系改变原有经营模式，向集约化经营过渡，提高运作的效率；另一方面，有助于树立良好的物流形象，提高商品交易市场的知名度。因此，我国商品交易市场有必要重视绿色物流的发展，坚持绿色物流的发展方向。

5. 以高效运输体系为支撑

高效的运输体系是商品交易市场现代物流体系的重要组成部分，是提高物流运作效率的重要保证。运输是物流服务的核心功能之一，无论是传统物流还是现代物流最终都要借助运输系统将货物及时、准确、安全地从供方运抵需方。商品交易市场运输体系一般包括两个层面：一是市场内装卸、搬运运输系统。它负责把需要发送的货物运和托运点，把发送来的货物搬运入库或交付给经营户，同时负责仓库内货物的整理工作。该系统一般配备汽车、吊车、叉车等装卸运输工具。二是长途运输系统。商品交易市场应结合具体情况合理选择公路、铁路、水路、航空等运输工具，采用自营、联托运等方式，相应建设其运输服务机构和网络。一些规模较大、实力较强的商品交易市场可以考虑建立自己的长途运输队伍，主要依靠自己的力量从事货物运输服务。而一些规模较小的商品交易市场更适合采取联托运的方式进行长途运输，譬如，它们可以借助区域物流园区的运输渠道从事长途运输业务。另外，商品交易市场运输体系要实现高效率运转，不仅要拥有先进的交通工具，还要具备科学、合理的车辆调度系统和管理系统。高效的运输体系是商品交易市场现代物流的重要支撑。因此，商品交易市场应当重视运输系统的建设，逐步完善交易市场现代物流体系的服务功能。

专题七：对商品交易市场租赁经营模式与商品品牌建设的思考

百货业的租赁经营模式对商品品牌建设的不利影响已然显现，而商品交易市场经营大多采用的也是租赁模式。商品交易市场作为商品流通的重要渠道和载体，有责任和义务促进商品品牌建设，为此有必要前瞻性审视商品交易市场经营模式与商品品牌建设之间的关系，稳步推进商品交易市场租赁经营模式改革。

一、重庆商品品牌建设现状

1978 年，根据国家工商总局的部署，重庆市恢复了商标注册管理工作，通过清理整顿，当年注册商标 511 件。截至 2009 年 9 月，全市注册商标总量已达到 3.9 万件，比 1978 年增长了 74 倍。1997 年，“嘉陵”商标被认定为中国驰名商标，实现了重庆全国驰名商标零的突破。直辖以来，重庆驰名商标的认定和树立更显迅猛势头。2009 年，重庆的“金科”、“德庄”、“长寿”、“周君记”被国家工商总局新认定为中国驰名商标，52 件商标新认定为“重庆市著名商标”。到 2009 年，全市著名商标总数达407件；同时，重庆市经国家工商总局行政认定的中国驰名商标已达到27件，列西部第二位①。

名牌的创立对于社会经济的发展意义重大。对于企业而言，一是有助于提高企业的核心竞争力。企业核心竞争力是企业赖以生存和发展的关键要素，这种能力的形成需要培养、巩固和创新。企业通过名牌战略的实施推动企业的关键技术、技能和经营管理机制等核心竞争力的不断创新和发展，促进企业整体素质的提高，生产出适应市场需求的、高技术、高质量的名牌产品。二是有利于企业参与国内外市场竞争。自商品经济以来，企业经营经历了产品经营型、资本经营型和品牌经营型三个阶段，经历了从产品经营型向资本经营型，从资本经营型向品牌经营型二次质的飞跃。发达的资本主义国家正处在品牌经营型阶段。市场上的品牌很多，名牌相对较少，企业通过实施名牌战略，使企业的品牌从众多的品牌中脱颖而出，把自己的品牌打造成名牌，这将更加有利于企业参与国内外市场竞争。三是有助于提高企业的市场创新能力。以实施名牌战略为契机，通过打造名牌来提高企业的市场创新能力。市场是在不断发展和变化的，随着企业外部的政治、法律、经济、科技、竞争等环境的变化，企业原有的各项市场发展计划，应随之而改变，这种改变只有通过提高企业的市场创新能力来实现。企业积极实施名牌战略，以创名牌为主线，带动企业产品、价格、渠道、促销等营销策略的发展，达到提高企业市场创新能力的目的。只有通过不断地市场创新，才能够使企业在市场上得以生存和发展，把企业在市场上做强做大。

对于重庆市而言，名牌带动效应显著。伴随一大批名牌产品的成长，重庆市的支柱产业逐渐形成，摩托车制造业产量由

---

① “重庆制造”西部品牌之都［N］. 重庆日报，2009-11-13（14）.

1993 年的 120.38 万辆发展为 2003 年的 441.32 万辆，成为全国主要的产销基地；汽车行业产量由 1993 年的 68 221 辆发展到 2003 年的 404 494 辆，已成为中国西部最大的“汽车之都”。据不完全统计，2003 年全市工业实现总产值 2 645 亿元，名牌产品企业实现总产值 825.33 亿元，拥有名牌产品的工业企业对总产值和增加值贡献率达到 31%，2007 年上半年，重庆市在有效期内的名牌产品生产企业共实现工业总产值 858.39 亿元，占全市上半年工业总产值的 34.72%；实现工业增加值 112.53 亿元，对全市上半年工业增加值的贡献率为 16.62%。名牌发展战略，对于传统产业的形成和发展起到了很大的促进作用，是形成全市支柱产业的助推器。

同时，实施名牌战略是推进全市工业经济结构调整的增压器。经过近年来大力推行名牌战略，重庆市名牌产品商标注册率已达到 100%，全部名牌企业都通过了 ISO 9000 国际质量管理体系认证。名牌企业以品牌优势，通过兼并、收购、重组劣势企业，优化了资源配置和产业结构，使优势企业迅速膨胀。名牌战略的实施，推动了全市工业经济结构的优化升级，已成为推动经济发展的重要途径①。

重庆市社会经济的发展，需要更多的企业实施名牌战略，争创名牌产品，积极参与国内外市场的竞争，让重庆更多企业的名牌产品走向全国走向世界②。不过，创名牌并非浪漫曲。既要有不菲的投入，又得有不短时间的历练，特别是世界贸易组织大门敞开后，西方各国的各色品牌呼啸而来，日渐暴露出本

---

① 王俊. 大力实施名牌战略 加快推进新型工业化 [J]. 思考与运用，2004 (5): 73 - 74.

② 李安云，胡琳祝，毛箭. 重庆企业实施名牌战略的探讨 [J]. 商场现代化，2008 (17): 144 - 145.

土企业在资本、研发、管理、渠道等诸方面的差距。中国企业之所以缺乏真正叫得响的品牌尤其是国际性品牌，恐怕还是在于创牌路上的功夫还没到家，特别是研发、设计、工艺与管理水平等核心竞争力有待大力提升①。商品交易市场是商贸流通的重要载体和形式，鉴于品牌对于地方经济的重要性，有必要思考商品交易市场对于“重庆制造”的使命和责任问题。

二、我国商品交易市场的竞争格局

一方面，市场总体规模持续扩大。截至2008 年年底，全国亿元以上商品交易市场数量达4 567 个，比2007 年增加446 个，比入世初期的2002 年增加1 309 个；市场摊位数、营业面积分别为283．9 万个、2.1 亿平方米，年成交额52 458 亿元，分别比上年增长5.9 ％ 、7.1% 和19%；分别比入世初期增长了29.6 ％ 、1.2 倍和1.6 倍。从成交额的变化看：2003 年突破2 万亿元；2005 年突破3 万亿元；2007 年突破4 万亿元；2008 年突破5 万亿元；年均增速始终保持在15% 以上。

另一方面，近几年来，商品交易市场发展虽然取得了显著的成绩，但也存在一些问题②。一是流通方式初级，交易方式传统，组织化程度低，交易的集约化和集中化较弱，缺乏现代交易市场应有的规范与效率，制约了商品交易市场的发展。二是市场长效监管机制不健全、不完善，法制建设相对滞后。政府有关部门对商品交易市场的监管仍停留在一般水平，缺乏现代化的管理方法与技术手段，特别是在市场长效监管机制方面不够健全完善。一些商品交易市场对市场准入与运作不规范，对

① 刘毅．创名牌距离世界品牌还有多远［J］．中国品牌，2009（5）：26.

② 王克臣，李敏，刘晓燕．我国商品交易市场发展现状分析［J］．中国市场，2009（34）：24－27.

摊位租赁者和进驻厂家、商家没有进行严格的资质审查，造成市场上“三无”商品与假冒伪劣产品不能从根本上得到杜绝，对于如何把商品交易市场纳入规范化管理的轨道还缺乏系统的制度建设和配套措施。三是市场信息化建设相对滞后，信息渠道不畅通，信息质量不高，生产者和消费者不能及时了解和掌握有关信息，生产与消费之间的隔离比较严重，生产者不了解消费者需求，给生产带来一定的盲目性，商品交易市场指导生产、调节消费的信息功能发挥得不够充分。四是新型业态的快速发展对商品交易市场提出挑战。近几年来，超级市场、便民店、专卖店、仓储式商店及购物中心等新型流通业态蓬勃发展，它们运用配送、代理制等现代商业组织形式和规范化流通运作模式，在商品流通领域不断扩大自己的份额，对传统的商品交易市场的发展提出挑战。在这种情况下，商品交易市场如果继续沿用传统经营方式和管理手段，将很难在日益激烈的市场竞争中占据优势。

我国商品交易市场在发展过程中，也存在许多致命的问题，如过度追求规模、重复建设、趋同投资的同质化竞争非常严重①。商品交易市场的快速发展导致的规模扩大和以上这些问题的存在，必然使得市场之间的竞争加剧，而同质化竞争往往是以价格竞争为主要形式，其危害值得深思。

三、竞争方式与商品品牌建设的联系——反观百货业的困局

世界上主流的百货业经营模式，分别以欧美的“买手”模式和日本的租赁模式为代表。买手模式，简单来说就是百货公司买断货品，自己承担经营风险，直接为客户服务。我国的百

---

① 洪涛. 不容忽视的商品交易市场问题 [J]. 中国物流与采购，2008 (10)：46 -48.

货公司扮演的则是物业租赁和管理者的角色，不承担经营风险，也不直接为客户服务。这就导致我国的百货业缺乏特色，只能依靠价格战进行竞争，不是打折就是价格虚高。日本百货业也正是因为租赁模式所造成的体制问题连续20年下滑，百货公司不断破产、倒闭。

目前，我国的品牌商和百货公司的合作大多采用租赁场地和销售扣点模式——百货公司将场地租赁给品牌商，品牌商将销售额的30%左右返点给百货公司；或者是品牌商支付固定数额的场地租金，再向百货公司支付一定的返点。打折促销，意味着百货公司和品牌商的利润都会受到影响，而现实情况是，百货公司的损失也大多由品牌商承担。原本100元的产品，打五折销售后，品牌商只能拿回50元的货款，还得再补偿百货公司在促销打广告、送礼品、抽奖等活动上的损失。具体补偿多少，就看双方的博弈。上海百货公司每年必须撤换二三成的品牌，每三年，百货公司里的品牌几乎要完全换一遍。

在租赁模式主导下，品牌商要么退出百货店，建立自己的渠道，要么将同样的商品改换品牌名称，建立新品牌。20世纪80年代进入中国的法国品牌梦特娇，从2006年开始逐步收回中国代理权，并在一、二线城市大量开设自己的销售网点。目前梦特娇自己的专卖店已经从开始的3家变成了20家，但很快还要开设到50家。之所以大规模撤出百货公司等大型分销渠道，梦特娇认为，就是因为这种模式已经开始扭曲品牌了，而品牌的前途，最终还是取决于高端品质和高端设计，要提升顾客的忠诚度，也不能只依靠价格优势，只有拥有自己的渠道，直接面对消费者，才能保证品牌的管理和对客户的服务。

对占大多数的小品牌商来说，自立门户的成本难以承受，所以只能选择另一条路，建立新品牌。比如，现在某个品牌的某一商品单价卖800块，品牌商想提价，消费者不认账，那就把品牌名字换掉，定价翻一倍，这是应对打折的唯一办法。现在一下子就很容易看到冒出那么多新品牌，都是这么来的。但这种办法只是饮鸩止渴，因为定价高了，百货公司又会再突破底线，到最后，品牌商又要淘汰这批品牌，再推出更贵的。在这个恶性循环中，唯一可以确定的是：国内的品牌，再也没有机会建成真正的好品牌，更不要说建立中国自己的国际品牌了①。

反观百货业的困局，对于商品交易市场而言，与当今的百货业一样，采用的是租赁模式，摊位租金是主营业务收入。如果在商品交易市场规模不断壮大的过程中，不因势利导地对经营管理模式进行适时的变革，那么，长此以往势必不由自主地会陷入价格大战，在承受同质化危害的同时，对相关商品品牌建设和发展形成无形的阻碍。

四、变革商品交易市场经营模式的探索

（一）买手模式的引入

根据现代企业组织、运行、产权、管理、营销等理论，买手模式是在一种企业的组织架构、组织部门职能分工、企业产权结构、企业管理、企业市场营销的全面运作中进行总结与提炼的全新企业经管运营模式。这种模式是现代企业理论的新生品，具有全新的经管运营方法，同时也包括了现代企业理论中的一些传统方法，也是在现代企业理论的基础上建立完善的全新企业运营模式。

买手模式是指经营流通环节的企业，依据市场的实际需求，进行货品买断式经营的一种形式。买手模式是由买手拿着钱去买货，由商家掌握着货品主动权的买断式经营。买断式经营资

① 姜智鹏. 疯狂的价格战［J］. 瞭望东方周刊，2009（52）.

金占用多，灵活性差，商家风险自担，但同时商家也掌握了定价权。买手模式担负着更多的风险，但也掌控着更多的权利。例如强势的议价能力、主动采购权、更大的利润空间等。

买手模式体现的仍然是商品核心机制下的业务流程管理方法，而一般将商品在店铺的售罄看做是商品运转的终端，商品卖出去了，买手的商品使命似乎也告一段落。但是为了能够实现业务流程的良性循环，有必要将业务的终端与业务的起点相联系、相互动，即通过一定的商品考核机制，发现可以继续改进的商品管理项目，以持续优化采购计划及商品销售的运营。买手商品运营的计划、执行、检查和改进的工作节点，都可以与企业管理结合起来，实现牵“商品”一发而动“运营”全身的商品运营体系。其中，商品运营的执行环节更是重中之重，其价值就如笔者的一位买手同事曾定义过的这句话：“三分买货，七分运营”。这个运营，不是只单纯依靠零售之力进行商品促销，而是需要买手（商品运营职能）全程参与商品销售企划的过程，与零售终端实施互动与合作。

代理模式是由代理商拿着货去卖钱，厂家掌握着货品主动权的一种经营形式。代理模式资金占用少，灵活性强，商家厂家风险共担，但定价权是由厂家掌握的。相比较而言，代理模式风险低、资金灵活、库存可调换。但当代理商将风险转嫁给供货商的同时，也失去了主动权。

短缺经济条件下的制造业格局是生产决定流通、流通决定消费。制造业供货链的特点是在供货链结构中，由工厂先生产出来产品，再向商业零售终端流通。“以产定销”，销售环节的一切利益服从于工厂经营的前提，服从于产能最大化的经营目标。

市场经济条件下的商业格局是消费通过流通决定生产。未来服装产业发展趋势是：终端服务、顾客至上、市场第一。商业格局核心在于终端销售，以周到的服务、高附加值的产品、舒适的购物环境，通过销售过程美化人们生活，从中赚取利润。在商业模式的供货链关系中，买手按照市场销售的需求配给货品，将供货商资源进行有效整合。“以销定产”，加工制造环节以服从于市场需求利益为前提。流通环节将会在供货链中发挥着越来越重要的作用。买手模式的以市场为导向的垂直整合能力将会越来越显示出其优势。

买手是从流通环节对货品进行管理的角色，采用买手模式才能使品牌走出单纯加工制造的局面，实现高附加值增长。“买手”这个称谓是根据“Buyer”这个英文单词意译而来，起源于20世纪60年代的欧洲。这一职业的雏形源自当时的百货零售业。买手真正的概念推出和职业系统化是在20世纪90年代的美国，有一群人叫“企业商务目标采购员”。在企业的分工中是以采购为主，具体的采购任务是样品采购、产品开发信息采购、产品生产原材料采购、产品成品采购、产品贴牌生产采购、企业需要的信息采购等①。

（二）伙伴型渠道关系的促进

商品交易市场作为商品流通的重要渠道之一，需要正确认识企业对于高效率渠道的需求，并在市场建设过程中积极促成企业对渠道系统进行完善。目前，伙伴型渠道关系尤其值得商品交易市场建设者和管理者的重视。

渠道是促使产品或服务顺利的经由市场交换过程转移给消费者使用或消费的一整套互相依存的组织，作为企业不可或缺的外部资源，其构建质量不仅影响企业营销绩效，而且关乎企业的生死存亡。因此，渠道关系顺畅是企业进行有效的营销管

---

① 于宙．品牌服装公司产品开发的买手制运作模式［J］．山东纺织经济，2008（1）：55－57．

理和控制的必然要求，传统的企业渠道从经销商到批发商，再到零售终端，企业只能控制经销商的市场行为，对中间商无法掌控，导致通路费用居高不下，阻碍企业的营销业务顺畅。在经济全球化和技术创新速度加快的背景下，行业分工、产品生产日益复杂化，企业间围绕产品质量、成本的竞争日趋激烈，面对全球化和信息化的激烈的市场竞争环境，企业间相互依赖程度加重，要求企业必须保持与上下游企业战略上的一致，建立顺畅的渠道关系。

通常一个渠道系统由企业和各级中间商构成，传统的观念认为，企业和中间商是一种竞争的关系，随着市场竞争的加剧，企业之间的竞争不仅局限于产品和服务的竞争，而越来越取决于如何把产品和服务更高效率、高质量地传递给消费者，这就对企业的渠道建设提出了更高的要求。在这种情况下，传统的营销渠道关系已显得有些力不从心 ，取而代之的将是一种新型的、积极的渠道关系——伙伴型渠道关系，它已被越来越多的企业所了解和使用，并成为构成其核心竞争力的有力要素。伙伴型渠道关系指独立的渠道成员基于长期关系导向而构建的渠道关系，它建立在渠道系统内的长期相互信任和共同长远目标的基础上。旨在通过有效的为消费者创造价值来实现渠道成员的双赢或多赢。

1. 伙伴型渠道关系相较于传统的渠道关系的效率优势

一是有利于渠道成本和风险的控制。渠道成本主要由渠道建设成本和渠道维护成本两部分构成。相对于企业自建的营销渠道而言，伙伴型渠道关系使企业在中间商的分担下而节省了大量的渠道建设和运营成本；同时，将企业和中间商变成一个建立在共同发展基础上的利益整体，改变了传统渠道系统内成员的“零和博弈”关系，因而有效地降低了渠道运作的风险。

二是有利于改善渠道的物流、资金流和信息流。伙伴型渠道关系以其特有的信息共享机制使企业的资金流、物流和信息流得到明显改善，能够明显提高渠道中物流、资金流和信息流的运行效率，从而保持了渠道系统的灵活性，避免了企业组织的僵化，同时提高了企业对市场变化的反应能力。

三是有利于减少渠道冲突。在传统的渠道关系系统中，由于其成员渠道实力的不均衡，再加上企业和中间商作为两个矛盾的统一体，通常渠道冲突是在所难免的。而伙伴型渠道关系就是将利益矛盾体化为利益的统一体，使渠道系统内成员的根本利益趋向一致，实现渠道权力的均衡分布，可以减少甚至消除渠道的冲突。通过有效的协调，高效地实现对渠道整体的良好控制，因伙伴型渠道关系而使渠道冲突减少，又为渠道的高效运行提供了有力的保障。

2. 构建伙伴型渠道关系的条件

一是共同的远景目标。伙伴型渠道引入了远景目标和信任机制，使渠道的长期目标与厂家有高度的一致性，谋求共同发展与长期利益最大化成为双方最优的选择。此外，有效的沟通和利益共享机制使渠道成员在如何实现共同长期目标上能够迅速、高效地达成一致，从而有效地避免渠道冲突。在构造伙伴关系共同远景目标的过程中，要遵循一个基本原则，就是要把目标与价值观结合起来，因为企业的价值观和文化决定了渠道成员之间的合作态度和团队精神，从而也决定了共同目标实现的概率①。引入一个共同的远景目标和信任机制构建共同的远景目标，使渠道成员在行动上保持高度的一致，把目标与价值观结合起来，进而在企业发展规划、市场前景等方面达成共识，从而形成共同的远景目标.

---

① 李卫. 创建新型伙伴型渠道体系［J］. 今日畜牧兽医：兽药市场指南，2008（11）：64.

二是共享的信息系统。在信息共享的机制下，企业不仅可以保持对市场变化的良好适应性，而且能够比竞争对手更快地对市场变化做出反应，获得竞争优势。构建信息共享系统以实现企业与中间商的信息共享。利用中间商的数据库，企业可以获得相当完备的客户资料，并根据这些资料对消费者的购买行为、消费行为进行分析，相对于企业自己收集和统计的方式来说，这种方式不管在成本和信息可靠性方面都有很大优势。同时，企业通过相关信息进行产品改进，调整促销策略，并把有关产品、促销的信息及时反馈给中间商，也对中间商的业绩提高产生了积极作用。可见，在企业与分销商之间建立这种信息共享机制，不仅可以保持渠道系统的灵活性，而且通畅的信息传递也是避免企业组织僵化、保持对市场变化灵敏反应能力的重要手段。

三是分工合作的运行机制。在传统渠道体系里，厂家与经销商是一个纯粹的“利益交易共同体”，而在伙伴型的渠道体系里，双方具有共同价值观和文化基础，是一个有机的整体。但是，在伙伴型渠道关系系统中的合作不同于公司内部的分工协作，公司内部的协作可以依据公司内部的管理机制来进行；而伙伴型渠道系统内的成员协作依据的是信息、契约等平台以及良好的信任、理解，从而自动地调整公司的行为，在共同目标实现过程中相互配合、整体行动，以提高整体的运行效率①。由于各个渠道成员的角色定位具体明确，有效避免了由于分工和角色归属差异所造成的渠道冲突。为了达成一致的目标，渠道间的每个成员必须分工明确，各司其职，每个成员的努力都是为了促进团队的进步和发展。

---

① 姚远. 论伙伴型渠道关系的价值及其构建 [J]. 经济技术协作信息，2007 (2): 73.

四是必要的激励手段。渠道中的激励手段有价格激励、订单激励、信息激励等。激励机制的有效性通过能否满足渠道成员的需要和需求，能否激发企业的主动性和创造性来衡量。有效的激励机制保证即使在没有外在强制力的情况下，渠道各节点企业也会自觉实施互益行为，满足企业利益最大化目标，是维系与巩固渠道成员间战略伙伴关系的重要手段。

3. 渠道伙伴关系的策略选择

为适应渠道环境变化，保证渠道成员间持续的相互支持，企业渠道战略伙伴关系策略选择成为形成渠道战略伙伴关系的基础①。渠道伙伴关系常见策略有渠道整合策略和渠道扁平化策略。渠道整合策略通过对企业现有的渠道进行重新组合、优化，简化渠道关系，提高渠道整体运行的效率，增进渠道成员彼此之间的合作；渠道扁平化策略主要围绕减少和消除多余的中间环节，缩短渠道长度，使之扁平化，避免信息传递的失真和失效，降低渠道运行和管理成本，减少利益纠纷。同时，渠道伙伴关系的组成方式通常有信息加强型、超组织型、战略联盟型和特许经营型。为了提高营销渠道的质量和效率，企业必须根据自身实际，确定渠道需求，选择不同的渠道战略伙伴关系的形成方式，形成积极的渠道伙伴团队、网络和联盟。

---

① 刘升福. 渠道战略伙伴关系研究［J］. 商业经济，2008（3）：74－76.

专题八：商品交易市场发展模式分析

一、国际商品交易市场发展典型模式

商品流通网络经过多年的发展，逐渐形成了具有自身特色的严密系统，纵观国际商品交易市场的发展，一个典型的共同点就是各种传统的、现代的流通组织和流通方式的共存，既相互竞争又相互补充，并在此过程中不断发展。商品交易市场主要承载批发功能，总结其发展模式，主要有以下几种：

1. 向购物中心形式发展的商品交易市场

商品交易市场从其产生和存在的根本原因看是联结小规模生产和小规模需求，但是在消费至上的发达国家，消费者对购物环境和方便程度的需求同样诱惑商品交易市场的交易主体。因此，在一些发达国家，商品交易市场不仅从事批发和零售的混合业务，而且在交易环境、市场管理等方面日益向购物中心模式靠拢。这种趋势也表明传统流通方式在现代技术和管理的影响下与现代流通方式的融合。

2. 商户与商户关系稳定的商品交易市场

这类商品交易市场从形式上看与其他交易市场并无不同，市场内秩序井然，各家商户规模相差不大，只做批发生意。但是如果涉及具体交易就会看出这类市场的鲜明特色，即各家商户有着非常稳定的客户，这些客户在周围从事零售经营，一般是“夫妻店”等小型零售商店。市场内商户与零售客户的关系稳定而长久，由于零售店的经营规模通常不会发生变化，所以交易市场内的批发商户所经营商品的品种甚至营业额也基本不会发生变化，商户的功能就是给自己所联系的几家零售店进行集中采购，使得小规模的单体零售商店能够享受到集中采购的价格优势。这种稳定性一方面使得商品交易市场有了稳定的生产空间，同时由于商品交易市场所辐射的范围内小型零售商店基本饱和，所以商品交易市场也不再有扩大发展的空间。

3. 进行专业订货的综合类商品交易市场

这类商品交易市场没有驻场的固定商户，却完完全全行使商品交易市场的功能。该类商品交易市场的核心是信息网络，通过信息网络市场成功组织各类专业订货会。因此，每一天该市场都会成为某一类商品的专业交易市场，比如，某日是鞋子的专业订货会，在订货会之前会进行充分的信息交流，订货会当天，各种品牌的协作生产企业会进场展示他们生产的鞋子并接受订货，而需要鞋子的客户则会云集而来选货订货。订货会结束后就会人去楼空，只剩下一个空市场，第二天该市场将成为另一种商品的交易天堂。这类交易市场依靠强大的信息处理能力，既省去了批发商经营环节，又实现了批发功能，为规模较小的生产者和需求者提供了便利。

4. 以文化或体验为特色的商品交易市场

这类商品交易市场是根植于人文地理层面上的市场，是经济与文化相结合的产物。它通常与旅游业相生，在旅游胜地或名胜景观周边选址建设，以当地人作为商品的生产者和经营者，以游客为客户，该类市场所承载的不仅是经济功能，更主要的是特定地域文化和传统艺术的传播。这类市场比较稳定，没有积极的现代化倾向，也不拓展更宽泛的领域，甚至市场的商户并不以此作为谋生的根本手段。

二、我国商品交易市场发展主要模式

改革开放以来，我国各类商品交易市场曾经达到10万个，经过10余年的调整，已调减为8万个左右，减少了近2万个商品交易。与此同时，我国各地商品交易市场在调整结构、交易创新、管理升级等方面也进行了积极的探索，已拥有各种类型的商品交易市场，初步形成了具有中国特色的商品交易市场模式。

1. 物流商品交易市场模式

物流批发市场是指从事现货批量交易的商品交易市场，即“一手钱一手货”的交易。至2008年年底，我国4 567个亿元以上商品交易市场交易额达到5.2万亿元，其中大多数是物流商品交易市场。最典型的是山东临沂物流市场模式。

2. 商流商品交易市场模式

与物流市场相对应的是商流市场。商流市场是指与物流相分离，主要进行商流活动的商品交易市场。在我国一些中心城市出现了一些商流批发市场。商流批发市场是从事中远期现期货交易的批发市场，如以中国郑州粮食批发市场为主的42家省会中心城市的粮食批发市场就是以商流为主的批发市场，还有许多生产资料批发市场也是以商流为主的无形批发市场。

交易商采取会员制，不是所有的交易当事人都直接进入市场进行交易，买者与卖者交易当事人在外地或者通过交易经纪人进行交易，也可以直接进入交易厅进行交易。商流交易主要采取计算机进行撮合的方式进行交易，交易人可以采取异地同步进行交易，具有较高的效率。商品的物流与配送活动剥离，在商流交易所里主要进行商品交换活动，物流与配送活动不在交易所里完成，而是交易终了在市场外进行实物交收。

3. 电子商务模式

20 世纪 90 年代以来，随着计算机和网络技术在我国的迅速普及和发展，1998 年第一笔电子商务交易的成交，我国电子商务 B2B、B2C、C2C 等电子商务市场得到了迅速发展。电子商务交易市场主要有两种类型：一是在传统批发市场的基础上建设电子商务交易市场；二是纯粹的电子商务交易市场，一般由网络公司建立。2008 年，我国电子商务交易额超过 3.1 万亿元，到 2009 年 6 月底，我国已有网民 3.38 亿人，网站超过 280 万个，预计 2010 年电子商务交易额将超过 15 万亿元。

4. 深圳“布吉模式”

深圳“布吉模式”即“企业办市场、企业管市场、市场企业化”。我国的商品交易市场与日本、法国等国家不一样，国家投资较少，大多数市场是采取“布吉模式”，即企业投资建市场、管理市场、经营市场，采取现代企业制度对市场进行运作与管理。

5. 股份制市场模式

股份制商品交易市场是指采取现代企业制度的公司制组织形式进行商品交易市场的运行，具体来说可分为上市的股份制商品交易市场和非上市的股份制商品交易市场。

上市的股份制商品交易市场是指进行了股份制改造并在证券市场上市交易的交易市场。许多工业品交易市场采取股份制的方式，如中国（浙江）轻纺城集团股份有限公司 1993 年 3 月成立，是中国第一家大型专业批发市场为基础改组的股份制企业，该企业 1997 年 1 月向社会公开发行“轻纺城”股票，也是第一个上市的股份制市场；深圳农产品股份有限公司 1989 年成立，1997 年向社会公开发行股票；中国（义乌）小商品城 2002 年 5 月 9 日上市。

非上市的股份制商品批发市场是指许多进行股份制改造后

的交易市场，并没有在证券市场上市交易，如宁波轻纺城、江西洪城大市场以及中国第一家合资批发企业——上海百红公司建立的“世富上海”服装批发市场等。

6. 会员制市场模式

会员制市场模式是指相对于公司制模式的一种市场模式。执行会员相当于做市商，在社会各个阶层为企业提供信息、交换信息，使得投资、交易更加活跃。会员制模式的生命力比较强，是产权交易市场的发展方向。目前，中国郑州粮食批发市场、上海华通有色金属现货中心批发市场（国家指定白银交易市场）、上海黄金交易所、大连石油交易所等均采用会员制。

7. 连锁市场模式

商品交易市场可以单体运营，也可以连锁经营。商品交易市场连锁经营具有其自身的特点，主要采取直营连锁、特许连锁、自由连锁三种形式。除了单体市场外，一些批发市场形成了自己的品牌效应，并利用其品牌效应向外进行品牌输出，如中国小商品城（义乌）、汉正街小商品市场、深圳布吉农产品市场等，特别是中国小商品城已在甘肃、青海、新疆、江苏、陕西等全国 20 多个省市区开办了 30 多家分市场，在南非、乌克兰、泰国、保加利亚等国家设立了 6 个分市场。12 万义乌经商大军，其中 5 万人分布在全国各地，在国外经商者多达 6 000 多人。

8. 拍卖市场模式

拍卖市场模式是指采取拍卖方式进行商品交易的市场模式。当前我国拍卖市场模式主要存在于艺术品市场、农产品市场。拍卖市场模式分为网上拍卖市场模式和网下拍卖市场模式。国内如深圳福田、山东寿光等农产品批发市场借鉴荷兰等国经验，采取蔬菜、水果电子拍卖的模式。

9. 摊位租赁式、产权式市场模式

摊位租赁市场模式是采取投资主体建设市场后租赁摊位的方式经营市场，摊位的所有权属于投资主体，商户按时交纳租金。产权式市场模式是指开发商投资建设市场后出售商铺产权给商户，一般是40年使用权，由商户经营与管理自己的商铺。

10. 商业街区型市场模式

商业街区型市场模式是依托商业街（步行街）区的基础上形成的市场。如马连道茶叶一条街（市场），杭州四季青服装特色街区型市场、中国（杭州）石祥路汽车贸易街区型市场、武汉汉正街市场等，采取街区管委会的模式进行管理；福建福州粮食城街区型市场则采取街区集团公司式管理；还有采取行业协会的管理模式进行管理。

11. 园区型市场模式

园区型市场模式是指在空间上集聚形成的市场群，并进行市场园区型管理的市场。如广州从2009年1月开始将老城内249家市场分5年陆续分批改造升级，将占据广州专业市场半数的越秀区内的249家市场逐步实现园区化管理，以培育一批档次高、辐射面广、带动力强，能够形成“广州价格”的大型专业市场园区，实现商品集散、会展贸易、金融结算、信息发布和价格形成等多功能于一体的市场园区型管理。

三、重庆市商品交易市场发展典型模式及案例

1. 朝天门模式

“朝天门模式”是专业类中综合性的商品交易市场典型代表，其优势在于品类齐全，批发为主、零售为辅的销售模式以及辐射重庆片区的影响力和有竞争力的价格优势。

重庆朝天门批发市场位于重庆渝中区东南端长江和嘉陵江交汇处，交通运输便利，历来是商贾云集和西南地区重要的商

品集散地。从1988年开始，朝天门批发市场利用原有仓库改建为市场，1991年市场正式开业。市场建成面积达37万平方米，内设26个交易区，118个交易厅，15 000多个摊位，万余经营户，汇聚全国各地4 000多个知名品牌，是长江上游最大的日用工业品批发市场。

市场商品品类齐全，有服装、纺织面料、服饰辅料、鞋帽、日化、钟表、箱包、针织品、小商品、塑胶制品、床上用品、文化用品、办公用品、儿童玩具、皮革制品、二手消费品等20余个商品大类，数万种商品，商品主要辐射重庆三峡库区以及与重庆相邻近的云南、贵州、四川、陕西、西藏等地200多个市县。由于市场商品品种丰富、价格低廉，每天吸引不少消费者到此挑选商品。据市场管委会统计，朝天门市场每天的客流量在20万人次以上，成交额巨大，2004年市场交易额突破了100亿元大关，“一税两费”超过1.5亿元，创历史新高。

近年来，朝天门市场顺势而为，投入资金实施更新换代，不断提升市场品质，从做市场到做品牌，实现着“质”的飞跃。2004年以来，为了打造品牌市场，占领市场份额，市场实施“走出去”战略，在市场现有基础上，对外进行扩张，向周边省市区拓展。在发展泸州分市场的过程中，摸索出了成立专门的市场管理公司对二级市场进行“商品输出、品牌输出、管理输出及物流跟进”的系统操作，改变以前只是商品输出的模式，真正实现母体市场与分市场的联络与运作，成效显著。同时，为了提高市场经营的商品档次，管理单位有意引导商户经营一些档次较高的商品，同时希望市场经营方式由批零兼营，逐步转变为以批发为主。

2. 外滩升级模式

“外滩升级模式”可以总结为，通过现代化的电子交易方式为市场升级换代，通过现货、现金与物流仓储分开管理的模式降低物流成本，解决受地域、交通等条件限制的商品交易市场发展问题。

菜园坝外滩摩配市场是目前全国最大的摩配交易市场，年交易额超40亿元，产品辐射我国及亚非拉等数十个国家。尽管菜园坝外滩摩配市场经过10余年的发展，已成为全国性大市场，但仍属于现货交易的传统模式市场，在信息全球化的今天相对落后，现货交易传统模式已成为市场发展的新瓶颈。

为解决这一问题，该市场引进了大宗商品中远期电子交易模式，在硬件和软件上为市场升级换代。未来3至5年，菜园坝外滩摩配市场将成为全国乃至全球最大的网上摩配交易中心、信息中心、交易结算中心、物流配送中心和价格形成中心，届时，市场将实现年度电子订单交易额超过300亿元、销售收入年度服务收入超过1亿元、市场占有率在全国摩配电子交易中超过80%、在全球摩配电子交易中超过50%的目标。

中远期电子交易模式有期货的特征，目前在我国的交易品种主要以原材料为主，半成品、成品为辅，涉及工农业原材料、农副产品、金属半成品、橡胶、化工等行业，制造业半成品的中远期交易在全国甚至全球都还是个空白。中远期电子交易模式，通过公开、公平、公正透明的全市场化的电子交易机制，不仅使配件和主机生产商有了平等竞争合作的机会，最重要的是，还能使重庆摩配行业逐步取得全国、全世界的定价权，为打造“世界摩都”打下坚实基础。

同时，该市场实行现货、现金与物流仓储分开管理，这种模式，不仅能够大幅降低交易成本，提高市场竞争力，还可以解决市场发展面临的空间限制问题。目前，外滩摩配市场总面积6 000平方米的数字化仓储已建成投用，物流配送体系也已成功建立，该体系将采用第三方物流配送的方式，根据有效电子交易合同中约定的提货地址、送货地址、提货数量、提货方式等为交易者提供全国任何地点的“门到门”配送服务。仓储物流外迁，不仅有效避免无效运输，降低物流成本，也为老城区市场发展指明方向，解决了历史留给市场的发展难题。

搭建摩配电子交易展示平台，菜园坝外滩摩配市场是全市第一家，也是西南第一家，更是全国摩配行业第一家，建立后基本可在全国主导摩配信息和价格。菜园坝外滩摩配市场的升级换代起到了很好的示范作用，特别是对受地域、交通等条件限制的商品交易市场具有很好的借鉴作用。

3. 永缘模式

“永缘模式”可以概括为通过提供各式特色服务，把百货商场的模式部分应用到市场中，实现从销售型市场向服务型市场的转变。

重庆永缘汽车用品市场，是重庆永缘房地产开发有限公司投入2亿元巨资精心打造的首席汽车用品专业市场，经营面积2万多平方米，拥有门面商铺150余间。该市场超越了许多专业市场的硬件环境，以批发市场的形式发展零售贸易，以大都会式的卖场形式规范和管理整个市场，突破了传统的销售型专业市场形态，管理运营模式向服务型专业市场转变。

大商场的管理和运营方式。从硬件上来说，市场商铺大量采用玻璃幕墙进行分隔和统一的精装修，增加了商铺的实用价值和现代气息。通透宽敞的客户服务中心、大厅、公共走廊、店铺等全部精装到位，室内停车场有车位400个，宽敞的4 500平方米门前广场，可提供132个停车位。市场大厅入口处，配置了上下电动扶梯的商场垂直交通，商场内安装了全球知名品牌的中央空调以及换气系统、消防及电子监控系统等，该市场已经初步具备了服务型市场的功能型要求。从软件上说，永缘汽车用品市场十分注重市场推广，借鉴了沿海其他行业专业市场的模式，并参考大型零售商场的运作，在专业市场上率先提出了“年中庆”的概念，通过“超值采购季”、“新品体验季”等大型促销活动，带动终端消费市场的成长和繁荣。

360度全方位服务。永缘汽车用品市场为众多的中小企业提供了一个低成本、高效率的服务平台。过去，专业市场在承担批发功能方面起到了非常大的作用，而永缘汽车用品市场在发展过程中，正在变成一个展示企业形象、品牌、服务等的信息中心，企业利用市场树立品牌形象，打造知名度和美誉度，逐渐向服务型市场转型。永缘汽车用品市场更加注重整个市场的软件建设，不仅提供金融服务、商务服务，还提供法律服务、物流服务、信息服务等，这种全方位的服务在永缘汽车用品市场内部称为“贴身保姆式”服务，这些品牌服务是永缘汽车用品市场发展的方向。

满足不同需求和偏好。永缘汽车用品市场从建立之初，就意识到服务型市场的好处，一开始就找准了整个市场的定位。销售型市场转向服务型市场的一个好处是可以满足不同消费者的不同需求和偏好，销售无法全方位发现潜在的需求，而服务通过进行多方面的信息交换，能够多方面地寻找需求，永缘汽车用品市场目前的架构、市场表现很多都是通过服务寻找出来的。

对于永缘来说，出租铺面只是最基本的需求而已，通过服务赢得行业地位，赢得市场尊重，创造盈利，这才是深层次的需求。永缘汽车用品市场“诚信永缘、服务永远”的良好口碑已成为该市场发展的一块金字招牌。

4. 大川模式

“大川模式”可以归结为大定位、大规模、大业态、大物流以及资金雄厚的大推广模式。

大川国际建材城位于在建的西部现代物流园，是中国西部最大的建材专业市场，总投资50亿元，占地153.3万平方米，建筑面积共230万平方米，拟打造成中国建材全球采购平台和大西部的营销建材总部基地，包括四大专业市场、六大主题商城、四大中心。市场建成后，将以建材批发、营销、仓储、展示功能为主，同时兼有建材信息、电子交易、二次加工、物流配送等功能，成为面向重庆并强烈辐射周边省市、中转欧亚东南亚的中国西部超大规模、综合性、现代化建材物流中心和采购基地。

大川国际建材城投资高达50亿元，从正式登场的第一天起就紧紧抓住了所有人的视线。这座斥巨资打造，规划占地153.3万平方米，建筑面积达230万平方米的西部建材第一城必然会成为商家追捧的第一选择。

立足重庆，辐射西部，放眼全球。大川国际建材城辐射西部建材市场的定位十分准确。重庆建材市场整合已成为发展的必然趋势，随着重庆愈加重要的西部经济中心地位，大川国际建材城建设重庆面向整个西部的建材总部基地，直接辐射西部众多省市乃至全国其他区域，带领重庆建材销售突破千亿产值指日可待。

重庆建材市场的发展受制于物流与交通条件的滞后，严重影响了产业的做大做强。大川国际建材城的建设，是借助于国家对重庆全新战略定位，政府打造西部物流园的战略规划，共享重庆作为国际物流中心功能的大型现代化市场。依托国家铁路第三大编组站和西部最大集装箱中心站，拥有得天独厚的区位优势和综合物流交通资源。同时，项目所处沙坪坝区，位于内环快速线与外环高速路之间的中环枢纽，是重庆市政府实施公、铁、水、空多式联运的核心载体和实施“内客外货”、“市场外迁”的承接基地，距机场30分钟左右，距江北寸滩20分钟左右车程，真正实现无时差快速物流。

大川国际建材城建成后，拥有装饰基材市场、石材交易市场、陶瓷仓储市场、玻璃批发市场四大交易市场，陶瓷洁具城、橱柜城、地板城、门业城、五金灯饰城、布艺饰品城六大主题商城，国际建材展销中心、国际家具展销中心、物流配送中心、客商服务中心四大中心，整合上下游市场千亿市场财富。全面丰富海量的全产业集群，真正的实现行业批发和消费者零售的双向一站式无缝交易。

大川国际建材城，不仅是重庆商家的总部基地，对西部众多的建材经销商来说，也是他们面对更大市场展示形象、进行交易的一个大平台。目前，重庆急需培育类似大川国际建材城这样的现代化、国际化、专业化市场，大川国际建材城的率先启动，为现代化、信息化、国际化水平大型商品交易市场的发展提供了示范。

5. 电子竞拍模式

“电子竞拍”是竞价充分、信息透明、交易公正、结算快捷的全新交易模式，提升公平性和透明度，更提高交易效率，是拓宽农产品流通的渠道。

重庆生猪交易市场，是全国首个批发式电子竞价市场。该市场占地 15.2 万平方米，拥有生猪栏 108 个，交易大楼 1 座，日均交易量可达 15 000 头，并配有电子地磅秤、餐厅、银行、洗车场等相应的服务设施。市场树立了实现立足重庆，面向西南，辐射全国的目标，力求成为集现货交易、远期合约和期货交割三大功能于一体的中西部地区最大生猪批发中心，形成西南地区的生猪价格中心、信息中心、物流中心和检验检疫中心。

重庆生猪交易市场除了用电子竞拍模式开展生猪现货交易，还承担了重庆农畜产品交易所每月到期合约的交割功能。

生猪期货交割场。重庆生猪交易市场是由市农垦集团投资，重庆生猪综合交易市场有限公司建设经营的。2009 年，重庆农畜产品交易所开业，生猪交易市场就被指定为重庆农交所唯一的中心交割仓库。在农交所进行了远期交易的卖家，当合约到期时就需要将生猪送到生猪交易市场，由生猪交易市场负责饲养、检测。在交割前，需要对生猪进行摇号抽检，除了检测体重外，还要使用超声波技术精确量出背膘厚度，检测符合合同规定后，买卖双方进行交割。目前，生猪交易市场还是大连商品交易所拟确定的生猪期货重庆（西南）交割中心。

生猪现货电子拍卖。生猪交易市场借鉴了台湾生猪竞价拍卖方式，开发了生猪电子竞价交易模式。来自全国各地的生猪经预约进入市场后，由市场以集中统一拍卖的方式竞价批发。买方使用市场提供的专用电子报价系统报价，最终由最高应价者胜出。交易完成后由生猪交易市场进行统一的电子结算、自动划转款项，当日到账，并提供物流配送。在拍卖过程中，买卖双方不用见面，买家也不用跑到猪圈中仔细观看，只需要坐在宽敞的交易大厅中，看着视频上播出的当手生猪的监视画面，按下桌下的拍卖按键，就可以完成一次生猪拍卖。拍卖开始后，大屏幕上显示出的价格将 5 分钱一跳，由最高价向下递减。当价格跌至买家觉得合适的时候就可以按下按键竞拍。如果无人竞价就将以第一个买家的价格成交。一旦有第二人继续竞价，价格又会以 5 分钱的价格提高，最终由价最高者获胜。

为了促进市场交易信息化的提升，重庆生猪交易市场还通过与中国移动农信通商贸易合作，及时下发生猪供求短信，让更多的养殖户、需求商了解最新市场咨询，提供真正实惠的便捷服务。

参考文献：

1. 洪涛. 中国商品交易市场 30 年——商品交易市场体系与模式创新［M］. 北京：经济管理出版社，2009.

2. 刘东英，卢燕，史俊仙. 商品交易市场宏观分析［M］. 北京：中国经济出版社，2009.

专题九：浅析商品交易市场信息化建设

商品交易市场信息化就是市场的开办者或管理者利用现代信息技术，通过信息资源的开发和利用，不断提高经营、管理、决策的效率和水平，进而提高经营效益和竞争力的过程，其核心就是降低成本和改善管理水平。亦即通过信息技术的应用，促进商品交易市场的升级和转型，提高市场的现代经营管理水平和竞争能力，更好地发挥商品交易市场在大商贸、大流通中的作用。商品交易市场信息化建设是一个系统工程。其建设内容不仅涵盖信息基础工程，如信息网络的建立，包括内部局域网、区域城域网以及与互联网的连接等，还包括信息技术的应用、信息资源的利用、人才的培养、政策法规和标准规范的制定等方面。

一、商品交易市场信息化的意义

（一）市场信息化是商品交易市场转型升级的必然选择

商品交易市场是我国市场体系的重要组成部分。20 世纪 90 年代中期以后，特别是 2000 年以来，由于产业结构的变迁和企业一体化销售网络的建立以及新的市场业态的冲击，给商品交易市场的发展带来了深远的影响与巨大的挑战。这就需要商品交易市场加快转型升级的步伐，根据现代流通方式的转变，积极推进传统市场功能创新以及市场组织形式、交易方式的创新。近年来，众多商品交易市场，特别是大型商品交易市场的主办者，根据形势的发展，在市场的转型、升级方面进行了积极的探索，如市场商场化、市场超市化、市场中办超市等。但由于这些有益的探索试图从改变市场的业态出发，而不是从创新市场的功能、组织形式和交易方式出发去探索市场的改革，其成效并不很大。实践证明，探索创新市场的功能、组织形式和交易方式的改革，唯有通过市场信息化的途径方可实现。因为，信息化为商品交易市场带来了新的经营理念、管理方式和贸易形式，从而成为传统市场跨越式发展的重要途径。例如浙江余姚中国塑料城在信息化建设中，利用强大的信息流，带动了市场的商流、物流、资金流的大量聚集，一举成为国内最大的塑料原料集散地和东南亚最大的塑料市场。

（二）市场信息化是现代市场条件下商品市场交易的重要手段

信息化为商品交易市场的交易提供了新的手段。一是市场在互联网上建立自己的主页，收集和发布产品品种和价格、市场行情、趋势分析。市场利用自身汇集产销信息的优势，建立起信息采集和发布系统，并在网络上体现出来，弥补了其存在的信息浪费和交易的盲目性，从而可以减少获利的风险系数。二是开展网上交易和电子商务。通过信息化，实现网上信息发布、查询、商务洽谈，网下看样订货、配送、支付。例如，冀东果菜批发市场，通过成立“市场信息中心”，创办了市场网站，实现与国家农业部信息中心、河北省农业信息网、省级以上农业科研单位、12 个涉农网站以及全国 150 多家大型农贸市场的专用光纤联网，通过网络及时向县内外果菜农、运销户、中介商发布信息。同时，将搜集到的有价值的新品种、新技术、外地果菜销售行情等信息，经分析整理后，利用上述有关渠道再进行二次传播，大大方便了县内外果菜生产、销售经营者。

（三）市场信息化是商品交易市场提高竞争力的重要途径

一是通过信息化缩小市场与其他市场业态的差距。通过信息化改变商品交易市场主办者和进场经营者传统的经营方式，如通过建立市场自己的网站，在网上收集国内外市场需求信息，宣传自己的商品和价格，有步骤地推进电子商务，逐步实现网上商务处理，拓展商务活动的广度和深度，吸引潜在客户群，加强客户服务管理，树立市场良好形象，使市场不断发展壮大，并逐步实现有形市场向无形市场的过渡。二是通过信息化加强市场的经营管理。通过信息化充分利用市场内部和外部信息，为市场的经营决策提供有力的保障，实现信息的快捷传递与反馈，准确及时响应内外部环境的变化，统一协调市场的活动，以提高市场的竞争力。三是通过信息化扩大市场的辐射范围。市场无论其规模多大，其辐射范围总要受到地域等条件的限制，而信息化通过互联网可以打破地域等条件的限制，大大地扩展市场的辐射范围。浙江余姚中国塑料城，通过信息化与美国、日本、法国、韩国以及中国台湾、香港地区众多大型企业和石化贸易商建立了贸易关系，这些国家和地区的产品已经占据了该市场的30%至40%的份额，贸易的国际化程度大大提高。

二、我国商品交易市场信息化存在的主要问题

近年来，我国商品交易市场信息化水平虽有所提高，特别是一些大型专业市场在电子信息平台、电子商务系统等现代管理、交易技术的推进方面有了明显改善，但信息化程度不高的整体状况未得到根本转变。其存在的问题主要有以下几个方面：

（一）市场信息化建设的重视程度不够

调查表明，多数商品交易市场对信息化建设的重要性认识

还不够，特别是市场交易额在1亿元以下的商品市场对市场信息化建设的认识普遍不够。交易额在1亿元以上的市场对信息化建设的认识程度也不高。例如，在我国商品交易市场较为发达的江苏省，2008年相关部门的调查显示，在50家亿元商品交易市场中，管理部门对该市场信息服务设施有统一要求与安排的只有20家，所占比重仅为40%。

（二）市场信息化建设的投入明显不足

市场信息化建设过程中，由于缺乏充裕的建设资金，商品交易市场开办单位对信息化投入力度普遍不足。市场信息基础设施建设投入不足，一方面，造成市场信息设施覆盖面窄，很难提升市场品质，不能为市场管理和交易提供更好的服务；另一方面，造成市场信息技术平台的缺失，不能保障提供质量稳定的信息技术服务，促进不了市场管理和交易手段的改进和提升。

（三）市场信息化应用水平不高，应用效果不佳

虽然在我国一些商品交易市场较发达的省市以及一些大型商品交易市场已经具备了管理信息系统、基础网络等硬件建设，但在实际操作中，由于工作人员在电子信息平台的使用与应用上水平不高，导致信息化系统使用效率不高，管理者与经营户、客商之间不能通过网络信息平台有效交流。此外，受人才缺乏、信息化基础薄弱、资金不足、交易安全性差等因素影响，部分商品交易市场虽然已经建立了电子商务系统，但实际应用效果并不明显，主要仍依靠传统方式进行商务交易。

（四）市场信息化建设缺乏统一规划和标准，法律法规不完善

不断提高市场信息化是发展大型贸易市场、构造大流通格局的一个重要方面，改革开放以来，我国商品交易市场发展十分迅速，但在市场信息化的法律法规建设上显得相对滞后。目

前，我国商品交易市场信息化尚无统一规划和标准，市场信息化建设缺乏行业标准，电子商务的有关政策法规尚待出台，对计算机和网络犯罪缺乏有效的法律和技术防范手段。

三、商品交易市场信息化建设的途径

从当前大型市场的发展经验来看，运用信息化技术进行提升改造是必然途径。因此，无论是政府相关部门，还是市场本身，都应加快推进信息化建设步伐，切实转变传统的管理模式和交易方式，不断适应网络时代的发展要求。

（一）进一步提高对商品交易市场信息化建设的重视程度

商品交易市场信息化是提高市场运营、交易效率最有效的手段。对于商品交易市场信息化的建设：一是要营造良好的信息化建设外部环境。商品交易市场的信息化建设除了依靠自身努力外，还需要政府的支持、鼓励和引导，特别是在网络基础设施建设、配套体系建立、网络安全以及法律法规制定等方面，都依赖于政府的规划决策，从而为商品交易市场信息化建设营造一个良好的外部环境。二是要提高信息化建设的重视程度。作为市场的管理者，应充分认识信息化建设的重要性和必要性，不断增强实施企业信息化的紧迫感和责任感，切实把信息化作为解决商品交易市场管理粗放、手段落后、模式陈旧等问题的有效途径，从根本上提高市场管理水平和现代化程度。要把市场信息化建设作为“一把手”工程进行落实，切实摒弃“重建设轻维护”、“重硬件轻软件”、“重技术轻管理”等不正确的思想。三是对信息化建设的难度要有充分估计。信息化建设绝不是买几台机器、建设几个网络那么简单，而是涉及市场经营管理业务的复杂的系统工程，特别是在业务系统建设中对需求的提出和分析，更是做好信息化的至关重要的环节。

(二) 加大信息化基础设施建设的资金投入

商品交易市场资金投入不足是制约市场信息化的首要因素。作为一项投资很大的综合性工程，在进行市场信息化建设时，必须对其进行包括技术、经济、财务等诸多方面的可行性研究，做出详细的投资预算，设立市场信息化建设基金，实施多渠道、全方位的融资，使资金落实到位。除地方政府及相关部门要加大财政资金投入、做好市场信息化建设引导外，还要积极顺应加快信息化发展的宏观形势，努力向上争国家相关部门对市场信息化建设的专门资金支持。此外，行业协会也可考虑在信息化建设中的投入问题，例如建立各类商品交易市场门户网站，整合全国各市场的信息资源，促进市场的发展和为社会公众提供更好的服务。信息化建设资金投入应集中在市场内部办公自动化的投入、局域网建设的投入、网站建设的投入、市场之间互联互通和数据共享的投入，使有限的资金发挥最大的效益。

(三) 加快信息化人才的引进和培养

除了硬件建设外，市场更应重视信息化"软件"配备，尤其是要通过引进招聘和培训交流，建立一支具有一定水平的信息技术人才队伍。目前，大部分商品交易市场信息化人才缺乏，既懂业务又懂技术的管理人才较少，致使已经建成的网络和设施发挥不了应有的作用。因此，只有不断提高市场管理人员的信息知识水平和服务能力，不断提高市场业主信息化知识水平和充分使用信息平台的能力，才能大力推进市场管理和市场交易的信息化。信息化人才的引进和培养，既包含专门的信息化人才的引进与培养，也包含全员的信息化水平的培训。专门的信息化人才包括网络、软件、系统应用及维护等人才；全员培训从范围上应包括市场所有管理人员的培训和进场经营者的培训，从内容上应包括计算机基本知识的培训、单机操作系统的培训和开发的业务应用系统的培训。工商行政管理等政府部门也要结合市场年检和法人登记，组织开展市场主办者的培训。

（四）积极开展信息化的应用

商品交易市场信息化的关键是应用，有了信息化设备和条件，不使用或使用得不好，都达不到信息化建设的目的。信息化应用主要包括信息技术的应用与信息资源的利用。具体来讲，一是在内部经营管理上的应用，即将信息技术应用于市场的经营管理。根据市场经营管理的实际需要，开发适合本市场的如进销存储系统、财务管理系统、人力资源管理系统及其他各类业务处理系统等；二是在管理决策上的应用，即开发决策支持系统，充分利用市场内部和外部信息，包括市场内部各部门之间、不同市场之间、行业内部、上游供应商和下游经销商、市场与客户之间等信息，对市场的高层决策提供技术和数据支撑；三是对外服务和业务应用。信息资源利用的关键是信息资源的共享，利用已经建成的信息化设施和互联网及时汇总信息，积极开展电子商务。有条件的市场要积极通过网站建设网上虚拟市场，以产品目录查询、在线洽谈为基础，逐步开展网上支付和结算、网上配送和调度等商务活动，并及时提供商情分析、行业动态等信息服务。

（五）完善商品交易市场信息化建设的有关法律法规与制度

信息化政策法规和标准规范的制定，包括国家和行业组织就市场信息化方面制定的规定。一是国家和行业协会要加快制定有关法律法规和技术标准，为商品交易市场的信息化建设奠定制度基础。当前，特别急需的是尽快研究制定商品交易市场数据共享标准和管理办法，为全国的数据共享和互联互通创造条件。二是市场内部要制定信息化管理办法，包括计算机和网络设备维护管理办法、数据采集使用管理办法、网上交易管理办法等。

（六）扎实做好信息资源的基础管理工作

商品交易市场信息化系统的实施需要大量基础数据支撑，这要求市场管理者或经营者强化基础工作，加强财务、仓库、质量、计量等方面基础管理，确保基础数据准确、完备、客观和及时，从而为市场信息化建设创造必要的条件。

四、商品交易市场信息化体系建设的内容

一般而言，商品交易市场信息化系统主要包括市场业务运行平台、信息采集发布平台、信息基础平台三个部分。

（一）市场业务运行平台

市场业务运行平台是对市场综合业务的管理，包括电子结算系统、综合管理系统、电子监控系统。大宗商品交易市场，特别是大型农产品批发市场还包括电子商务交易系统或物流配送系统。特大型市场可以根据自身的交易规模及实际需要，增加电子商务、物流配送、电子拍卖、网上招标等系统。

1. 电子结算系统

电子结算系统是市场业务运行平台的核心，掌握市场中的全部市场交易和供求信息，便于为商户提供服务；建立科学、严谨的结算和交易方式，满足交易管理、资金结算及市场各项费用的收缴。同时电子结算系统的建立，为信息发布提供准确及时的交易信息和供求信息。电子结算系统以本地集成电路卡（IC 卡）交易为主，异地网上交易为辅。同时系统还要适应对手交易的结算，最大限度地提高交易效率。电子结算系统主要包括：

（1）账户管理（IC 卡管理）

账户管理主要包括：开户、损失、销户、密码管理。

开户：会员注册及制作新卡，非会员发放临时 IC 卡。

挂失：会员丢失 IC 卡，作挂失操作。

销户：会员 IC 卡停用。

密码管理：用户密码忘记后，重新分配新密码。

(2) 账户信息处理

账户信息处理主要提供持卡企业查询交易情况、资金余额、自动缴纳管理费等功能。

(3) 交易管理

交易管理系统记录市场中每笔交易的买卖双方信息、交易额、单价、交易数量、计量单位、产地等信息。

(4) 交易结算

交易结算系统管理市场中各交易厅结算中心收银员的工作交接、结算厅收银员与总结算中心（财务部门）收银员的工作交接，并管理供货方与结算中心资金的结算。

(5) 费用管理

费用管理系统提供商户缴费信息维护、费用收缴、费用查询。

(6) 使用者管理

使用者管理系统负责管理操作员、交易员、领导等人员的身份和权限管理。

(7) 综合统计查询

综合统计查询系统提供对当日及以往交易情况、营业数据查询，可以按交易员查询，按排行名次查询，货品平均价查询等方式；提供按品种分类、成交品种、成交时段、日期、供货商、承销商等信息项目形成不同的组合统计报表，满足市场及各级管理机构数据统计、汇总的需要；提供强大的查询和报表统计功能，自动生成每日、每周、每月、每季、每年报表，提供各种图形分析功能。

(8) 票据打印

电子结算系统中各种票据要求既可以套打又可以直接打印，

票据格式可以自己设计和修改，操作简单，维护方便。

（9）品种管理

品种管理系统调用数据交换系统的数据导入插件的客户端，自动更新品种信息。

（10）结算方式与配套设备清单

各商品交易市场根据自身的结算方式（IC 卡中央结算方式、开票交款方式、进场收费方式、出场收费方式等）明确所需自采设备（电子地磅、电子台秤、非接触 IC 卡读写器、非接触 IC 卡等）的数量及规格。

2. 市场综合管理系统

市场综合管理系统可实现市场的人、财、物集成化管理，降低管理成本，提高市场经营效益，完成市场管理的信息系统。综合管理子系统主要包括：办公自动化管理、财务管理、档位管理、市场基本信息管理（各商品交易市场根据自身的实际需要增加或减少子系统）。

（1）办公自动化管理

办公自动化管理系统主要包括：个人办公、行政办公、日常办公、资产管理、公共信息、基础资料。

人事管理：应包括员工档案资料、培训管理、奖惩管理和绩效管理、请假管理、合理化建议等功能。

个人办公：待办事宜、电子邮件、日程安排、更改密码。

行政办公：档案管理、督办管理。

日常办公：会议管理、通讯录、名片夹、费用报销、办公用品管理。

资产管理：固定资产、车辆管理、图书管理。

公共信息：规章制度、网上论坛、公告牌、学习园地。

基础资料：用户管理、权限管理、部门资料维护、职位资料维护、岗位资料维护。

（2）财务管理

财务管理包括应收款管理、应付款管理、总账管理，系统提供财务管理软件接口，与市面上优秀、成熟的财务管理软件达到无缝对接。

（3）档位管理

档位管理包括待租档位信息查询、档位租赁合同管理、档位合同续租管理、合同中止处理、到期档位查询、档位月底结转、银行托收费用收费单、托收数据报盘、托收数据回盘、现金交款收费单、收费月底结转、档位基本资料、市场收费项目维护、客户资料管理、档位参数设置等功能。

（4）市场基本信息管理

市场基本信息管理系统主要用于记录部门、员工、商户、摊位、仓库等基础信息。

3. 电子监控系统

根据商品交易市场的网络环境，建成一套完整、先进的全数字化网络视频监控系统，以便全面监控商品交易市场日常运行，及时掌握并迅速处理相关事宜，确保市场安全高效运作。

电子监控系统采用数字化网络监控系统，在市场现有的局域网络的任何一个接入点，都可以通过电脑监控全部的摄像机视频通道，通过对前端的云台摄像机控制，安装一定数量的摄像机，实现市场的全场监控。

电子监控软件主要包括以下功能：显示和浏览功能、控制功能、报警功能、存储功能、设备管理和测试功能、用户及其权限管理等。

监控系统主要构件包括：彩色或黑白摄像机、云台、变焦镜头、监控专用计算机及控制系统、其他配套设备。

4. 电子商务系统

电子商务系统通过信息手段，对商品交易市场涉及的主要交易模式和业务进行管理。包括：网上竞价（拍卖）交易系统、网上协商交易系统、网上招投标交易系统、支付与结算系统、交易分析与监控系统、会员管理与认证系统。

电子商务系统在设计上要做到安全、完善、灵活、高效，在交易过程中通过电子证书（CA 证书）保证信息安全传输。

5. 物流配送系统

物流配送系统以信息为载体，实现农产品物流和商流的分离，满足供需双方用户交易的需要。物流配送系统是涵盖整个供应链范围成熟的平台，从供应、采购到销售、服务，其中包含了库存控制、仓库管理和分销管理。它能够和后台财务系统实现无缝连接，是涵盖企业物流和分销过程全部需求的物流配送平台。

主要包括以下功能：订单管理、采购、配送、仓库管理、基本设置、客户关系管理、财务结算、统计报表、系统管理。

6. 电子拍卖系统

商品交易市场的拍卖系统分为两大类：固定座位席式拍卖和移动式拍卖。拍卖方式可由拍卖师确定为英式拍卖、荷兰式拍卖或混合式拍卖。拍卖信息由发光二极管（LED）显示屏和商品交易市场网站平台发布。具体功能包括：客户管理模块、供货商进场与理货、检验、定价、承销商进场管理、拍卖、结算模块、出货管理模块、交易现场信息发布和查询、统计与分析、系统维护管理模块。

（二）信息采集发布平台

信息采集发布平台是对市场内外用户的信息发布管理，包括数据交换系统、LED 显示屏与触摸屏信息发布系统、市场门户网站信息采集发布系统。

1. 数据交换系统

数据交换系统是通过统一采用国家发展改革委价格监测中

心下发的数据传输客户端实现的，其中数据采集插件、数据导入插件由集成商开发。

2. LED 显示屏与触摸屏信息采集发布系统

LED 显示屏与触摸屏信息采集发布系统能够及时地将各种信息发布给市场相关的商户、涉农企业、农产品生产者，方便不同层次的用户了解市场信息。系统提供标准信息接口，可方便发布市场各信息平台的相关信息。包括：行情信息发布管理、供求信息发布管理、重要通知发布管理、交易公告发布管理、市场介绍发布管理、气象预报发布管理、法律法规发布管理。

3. 市场门户网站信息采集发布系统

市场门户网站信息采集发布系统是整个市场信息系统的基础工程，能够将市场的动态新闻、供求信息、产品展销等栏目信息，通过互联网方式发布。主要功能模块有：

（1）网站功能模块

网站功能模块包括网站公告、新闻中心、供求信息、产品展示、市场行情、会展信息、招商信息、广告服务，友情链接、在线投票、局域网互联功能、会员管理。

（2）管理员功能模块

管理员功能模块包括用户管理模块、新闻信息管理模块、经营户信息管理模块、产品信息管理模块、价格行情管理模块、供求信息管理模块、企业信息管理模块。

（三）信息基础平台

信息基础平台是整个商品交易市场信息系统的基础工程，承担着整个网络架构，整体信息系统的安全及网络基础设施的建设。主要由网络基础设施、机房（网络中心）、硬件设备、网络管理及安全、系统运行平台构成。

信息基础平台是商品交易市场在信息系统建设完成后，开展各项业务的基础。商品交易市场的日常办公、交易、交割结算等主要的业务都通过该信息基础平台进行。商品交易市场的所有计算机、服务器、打印机、触摸屏与 LED 显示屏，都通过该信息基础平台连接成为一个整体。

通过建立统一的信息基础平台，提高商品交易市场的办公效率和管理水平，为市场管理者及交易用户提供更好、更便捷的服务。网络平台在整个网络系统中占有举足轻重的地位，它是整个网络的基础。市场综合管理平台、信息采集发布平台等数据传输、信息发布、资源共享、国际互联网（Internet）接口的数据交换都在这个网络上运行。因此，主干网的好坏直接影响到以后网络系统的运行效率。

参考文献：

1. 徐晓东．摊位制商品交易市场信息化建设的几个问题［J］．中国工商管理研究，2005（12）．

2. 洪涛．商品交易市场：调整与升级［J］．中国市场，2007（23）．

3. 张瑾．武汉市商品交易市场的现状问题及措施［J］．武汉商界，2007（02）．

专题十：加强商品交易市场建设提高城乡统筹发展水平

“坚持以人为本，树立全面、协调、可持续的发展观，促进经济社会和人的全面发展。”这是中国共产党在中共十六届三中全会上，以邓小平理论和“三个代表”重要思想为指导，从新世纪新阶段党和国家事业发展全局出发提出的一种全新的科学发展观。科学发展观内涵丰富，归纳起来就是“一个本质”、“三个基本点”、“五个基本要求”：以人为本是科学发展观的本质；“全面、协调、可持续发展”是科学发展观的三个基本点；统筹城乡发展、统筹区域发展、统筹经济社会发展、统筹人和自然和谐发展、统筹国内发展与对外开放，是科学发展观的五个基本要求。在科学发展观指导下，商品交易市场的城乡统筹发展是商品交易市场发展研究的重要主题。本文基于城乡商贸关系理论审视我国商品交易市场发展存在的现实问题和未来发展趋势。

一、城乡商贸关系的形成过程及其启示：关于商品交易市场向专业化和大型化发展的条件问题

人类最初是没有城市的，在部落与部落之间不断地思想交流和商品交换的过程中，形成了大大小小的交易市场。当农业

逐渐占据了生产中的主导地位时，最早的城市便产生了。城市是社会生产力发展到一定阶段的产物。而在其中，农业发展是城市化的初始动力，它为城市经济提供资金、劳动力、生产原料、市场。而在工业革命之后，工业化是城市化的根本动力，工业化使城市成为区域经济的中心。

从城市的起源看，商品交换的发展和集市的出现是城市出现的一个有力推动因素。商品交换和商业的出现，集市的形成和发展，对城市的产生起着至关重要的作用。人类社会早期的商品交换一般只是在不同的劳动者之间进行，因而交换的空间范围、时间范围、物品种类和数量都受到极大的限制。随着农业和手工业的发展，社会剩余产品的增多，于是专门从事交换的商人和商业也就产生了，在一些重要的集散点和临时性的集市，开始出现商店，从而使集市逐渐固定化和物质化，从而推动了城市的形成进程①。也就是说，商品交换的发展刺激了集市的繁荣，推动了商业从其他劳动部门分离出来成为独立的经济部门。

简而言之，从城市的起源看，城市满足了农业社会对商品和劳务贸易的需求，贸易中心在城市。城乡商贸关系是城乡关系的基础，也是城乡关系的直接表现，而这时的城乡商贸关系基本上是一元结构的状态。

从总体上讲，产业革命以前，城市与乡村的一体化性质并未彻底改变。只是机器大工业的产生，撕裂了农业和工场手工业的原始的家庭纽带，才出现严重的城乡二元分化。从历史上看，各国在发展初期都经历了城乡关系失衡的非良性互动状态。不过，在发达国家，由于城市化过程在较长时间内消化了一部

---

① 刘涛，王光宇. 城市的起源及本质［J］. 湖南城市学院学报，2006（6）：69－72.

分流入城市的农村人口，使得城市乡对立的矛盾得到缓解。然而，在广大发展中国家，城乡之间的二元结构十分突出。

亚当·斯密（1776）[①] 认为城乡之间是一种基于产业分工而形成的互为市场的互利关系：设使人为制度不扰乱事物的自然倾向，那就无论在什么政治社会里，城镇财富的增长与规模的扩大，都是乡村耕作及改良事业发展的结果，而且按照乡村耕作及改良事业发展的比例而增长扩大。这就是亚当·斯密的自然顺序论。对于城镇发展对乡村的贡献，斯密提出了三种途径：首先，通过为与城镇通商的农村提供市场而改良其相关产业；其次，通过城镇购买土地（尤其是未开垦的土地）对农村的带动；最后，工商业发达形成的社会秩序、政府服务、个人安全和自由使农民摆脱了以邻为壑和对上司的依附状态。

同时，亚当·斯密认识到地理、贸易、文化等因素可能会打破城乡关系演变的自然顺序。这对于我们深入认识商品交易市场的经济腹地，进而商品交易市场城乡统筹发展具有重要的启示意义。

目前，在我国商品交易市场结构调整过程中，出现了一些大型商品交易市场，越来越大，越来越专业，这是一个发展方向[②]。同时，城市市场充分发挥其区域经济增长极的作用，显示其市场的极点作用，其辐射面较广，功能较多。农村在结构调整过程中，一部分市场越来越大，另一部分市场越来越小，甚至退出或者转换其业态结构，变成农产品超市等。

我国商品交易市场的发展趋势表明，根据城乡商贸关系理

---

① Adam Smith. An inquiry into the nature and causes of the wealth of nations [M]. NewYork：RandomHouse，1985.

② 洪涛. 回顾与展望：商品交易市场改革开放 30 年 [J]. 中国市场，2008 (34)：14 - 23.

论的演变，亚当·斯密所认识到的“地理、贸易、文化等因素可能会打破城乡关系演变的自然顺序”，这一规律正在我国商品交易市场的发展过程中发挥着显著作用。也就是说，原先我们惯常所认为的，一个地区的商品交易市场由城市为其农村提供农业发展所需的工业消费品和农业生产资料，而农村则为城市提供农产品和工业原材料，一个地区的城市和农村互为经济腹地，并且依据这种严格的依存关系该地区形成了一个相对独立的完整的经济综合体。这种认识存在严重的偏差。正如现实情况所反映的，一个地区的工业结构并不依附于本地的原材料供应，外购原材料的情况更为常见；同时，一个地区的农产品并不完全是为了满足当地的消费需求，特别是在农业产业化程度较高的情况下，农产品外销往往占有更大的比重。总之，一个地区的城市和农村不再是严格意义上互为经济腹地的关系，这是商品交易市场向专业化和大型化发展存在可能的重要基础条件。

二、农村物流条件的改善：关于商品交易市场主体功能发挥的问题

发展农村物流对建设社会主义新农村具有重要意义。供应物流有利于降低生产资料的采购成本，有利于抑制农业生产资料的不合理涨价，有利于保证农业生产资料的质量。物流信息可以用以指导农产品的生产和流通，减少农业生产和流通的盲目性。物流运作有利于形成合理的专业分工，提高农产品生产水平和销售水平，打造农业生产组织及流通组织的核心竞争力，形成农产品生产及销售的专业优势，品牌优势。发展农村物流有利于科学技术在农业生产和流通方面的利用与推广。

但是，与工业品相比，农产品的自然属性对其运输、包装、加工等提出了更高的要求。同时，我国农业生产仍基本是以农

户为单位，生产规模小，分工不细，收入有限，对物流需求不足且分散。另外，农村道路状况差，缺少物流公共信息平台、冷藏设施设备以及先进的加工工艺和技术。这些都对当前农村物流发展形成了巨大的制约。而城乡商品交易市场主体功能的发挥将有力改善农村物流的条件，有助于建立以商品交易市场为载体的城乡统筹发展。

第一，商品交易市场是一个空间概念，是交换的场所，是人们彼此发生交换活动和经济联系的场所。第二，市场是交换关系。在市场上物的交换背后，反映的是人们相互的利益关系，即市场是各种经济主体发生利益关系的综合发映。第三，市场是调节机制。市场交换所涉及的经济利益的变化必然会对各种经济主体的经济行为产生调节作用。

商品交易市场存在两方面的功能。一方面，是它的聚集功能，即市场把各种商品、各种资源以及商品和资源的需求者都集中到市场上来；另一方面，是它的扩散功能，即在交换的基础上，把生产者和需求者通过交换而得到的各种资源扩散到各自的经济活动中去。具体而言，还可以细化到调节供求、实现交换、价格发现、市场信息等功能。从城乡商贸统筹的角度看，商品交易市场主体功能的发挥切实有利于农村物流条件的改善。

目前，在我国商品交易市场发展存在的问题中，突出表现的两个方面也表现出对通过发挥城乡商品交易市场主体功能改善农村物流条件的需求的紧迫性。这两方面的问题是：

1. 商品交易市场的规划与布局不尽合理

我国商品交易市场结构问题仍然相当严重，随着西部经济的开发，交通条件的改善，西部地区市场仍有较大的发展潜力。批发市场总量过剩是由于其平均利润相对较高的缘故，随着竞争的激烈，许多业态的平均利润率下降，甚至超市、仓储商店、便民店等新兴业态实际上利润也十分微薄，而批发市场相对利润率较高，市场竞争风险较少，因此这一领域自然会吸引大量的投资，甚至前几年许多大商场转业态变为批发市场，而缺乏规划和管制的直接后果是出现了商品交易市场趋同建设、重复投资。

2. 物流配送体系建设滞后

一些批发市场的物流配送的发展严重滞后，其物质技术含量较低，且主要局限于批发和零售环节，其他如生产性配送较为薄弱，配送的社会化服务程度也十分落后，批发市场的配送与其他零售业态和连锁经营方式的结合程度较低。同时，在物流配送的基础设施建设方面还存在投入不足、配套不完善等问题。

三、政策建议

根据以上基本认识，政府需要在城市和农村两个方面入手，引导和加强商品交易市场的建设，不断提高商品交易市场的城乡统筹发展水平。

（一）大力推进以商品交易市场为载体的城市对农村反哺

对城市而言，主要是着眼于农业技术进步，以商品交易市场为载体，实现城市对农村的反哺。农业现代化对农业技术进步的巨大需求和农业自身技术进步的薄弱基础是一个现实矛盾，要求我们按照统筹城乡发展的思路，积极寻求工业的反哺和城市的支持。其缘由在于：

一方面，必须看到工业化和城市化能够提供农业现代化所需的先进设备和要素，可以成为现代农业的物质技术基础。工业化对农业技术进步具有多方面的影响：由于工业专业化和分工的进一步发展，使工业部门生产的现代农业投入，如化肥、化学品、机械的成本降低，新知识的应用带来效益提高；非农产业的发展不仅为农业部门提供了现代投入要素，而且增加了对农产品的需求，提高了非农部门对农业劳动力的需求；不断发展的工业经济还通过提高支持农业研究的能力，扶持农村普通教育和生产技能教育的能力，支持发展更有效的交通和通信系统的能力，进一步加强农村服务和社会基础建设的其他方面的能力，从而对农业技术进步速度和农业发展作出贡献。总体上，农业机械化和化学化是现代工业的产物，也是区别于传统农业与现代化农业的重要标志。

同时，城市作为区域创新活动的枢纽，具有极强的创新外溢性和辐射性，城市相对农村是经济区域中经济发达、功能完善的增长极，并能够渗透和带动农村经济的发展。城市较完善的技术创新体系、较强大的科技队伍、日益增强的创新能力以及农业科技工作的较大成就，通过扩散技术、传播知识、生产协作来带动农村的发展，形成点、线、面的网络化技术创新体系，成为推动农村经济发展的巨大动力。

另一面，我们也应该认识到，工业化和城市化不能完全依靠市场机制就能够推动农业技术进步，当前我国农业技术进步的制约因素本质上源于物质基础的薄弱，农业自身发展无法提供改造传统农业的物质基础，需要利用公共财政手段将工业化和城市化所积累的物质财富用于支持农业现代化。因此，在统筹城乡发展的背景下，工业反哺和城市支持应该着力于农业技术进步，重视科学技术的反哺，有效推动农业现代化发展，加速我国统筹城乡发展进程。

（二）高度重视农村商品交易市场的基础网络建设

对农村而言，主要依托商品交易市场，从以下三个方面加强建设①：

---

① 2009年度重庆市重大决策咨询研究课题：重庆市农村商业网络建设研究。主持人：曾庆均教授。

1. 构建日用品销售网络

通过构建日用品下乡销售网络，以保障农村居民日用品消费安全。

以大中型日用连锁流通企业为依托，以连锁经营、物流配送、电子商务等现代流通方式为手段，按照标准要求改造或新建农村商业网点，形成以区县配送中心为龙头、乡镇连锁经营超市为骨干、村级便民放心商店为基础，两级配送、三级销售、双向流通的连点成线、结线成网、连网成片的农村日用消费品网络体系。

培育日用消费品连锁企业，发挥龙头骨干企业在日用消费品网络建设中的带动作用，构建以城区连锁店、乡镇连锁经营超市、村级便民放心商店为载体的县（区）、乡（镇）、村三级销售的平台，建立覆盖城乡、规范运营的日用品经营网络。

加快日用品配送中心建设，龙头企业要加快区域配送中心建设，县（区）级骨干企业要加快县级配送中心建设，形成从县（区）到乡（镇）、从乡（镇）到村的两级物流配送体系，特别要完善“家电下乡”、“汽摩下乡”配送体系，提升整体物流配送能力。

村级便民放心商店（村级综合服务社）等零售终端应与连锁企业和配送中心对接，连点成线、结线成网、连网成片，提高商品配送比例，改善农村居民消费环境。村级便民店（村级综合服务社）应着力推行“一店多柜”的经营方式，如在村级便民店里设立农资专柜、食盐专柜、图书专柜、烟爆专柜、烟草专柜等，开展多种经营，更好地为农服务。

2. 完善农业生产资料供应网络

通过改造完善农业生产资料供应网络，确保农资质量，稳定市场价格，维护农民利益。

大力发展农业生产资料连锁经营和物流配送，形成市级龙头企业、县（区）级骨干企业、乡（镇）及村级连锁门店的农资流通网络体系。依托并充分利用供销社系统传统网络优势，加大整合改造力度，大力培育跨区域、集多功能服务于一体的大型农资龙头企业。

发挥大型农资龙头企业的龙头带动作用，发挥县级农资配送中心的骨干作用和村级农资店（或村级综合服务社）的终端作用，建立以集中采购、统一配送为核心的县（区）、乡（镇）、村三级连锁营销体系。

农资龙头企业应将农资销售与服务紧密结合，开展配送、加工、采购及农机具租赁、维修等多样化服务，为农民提供产前、产中、产后技术服务。

各级农资企业之间应联合合作，通过新建、兼并、联合等方式扩大经营规模，提高经营服务能力，发挥农资流通主渠道作用。

鼓励各类投资主体进入农业生产资料流通领域，形成多种所有制并存、多种方式并举（如品牌特许、采购配送、经营指导等）、覆盖面广的农业生产资料供应网络。如，有条件的县（区）通过整合邮政现有的网络资源和社会资源，建立乡镇物流农资配送中心和村级“三农服务站”，开展化肥、种子、农药、农膜等农资产品的配送服务。

3. 构建农产品购销网络

创新农产品购销模式，构建农产品进城购销网络，促进农产品销售，增加农民收入。

发挥流通对农业生产的带动作用，构建以农产品批发市场为集散平台的“批发商 + 农户”销售模式。

通过专业合作社连接企业和农户，形成以专业合作社为纽带，以连锁超市和农贸市场为终端的“龙头企业 + 合作社 + 农户”的销售模式。

通过“农超对接”模式建立农产品直销网络，把农产品直接配送到超市、社区菜市场、便利店，将农产品营销网络延伸到城市社区。

组织引导超市、餐饮、食品加工、农产品批发市场、规模化屠宰厂等企业到农产品产地实行产地直采，建设无公害、标准化、规模化农产品生产基地，通过基地连接企业和农户，形成龙头“企业+基地+农户”的销售模式。

通过召开农产品产销对接洽谈会、农商对接区域协作会，利用网络信息资源优势，探索网上销售等电子商务模式，搭建多种形式的农产品购销平台，促进农产品产销无缝对接，降低流通成本，扩大辐射范围，增加农民收入。

第三部分　市场风采篇

重庆观农贸农产品批发市场

重庆观农贸农产品批发市场是西南最大的综合农产品批发市场，现由渝惠食品集团控股子公司重庆观音桥市场有限公司经营。市场于1987年5月建成投用，经过20多年的发展，已经在重庆江北盘溪地区形成集蔬菜、副食、粮油、水产、水果、茶叶、肉类和冷冻制品八大专业批发市场群为一体的现代农产品物流中心。市场占地约41.3万平方米，经营面积21.63万平方米，场内客商5 000余户，经营各类农产品10 000余种，全国各省市农副产品产区均在市场设有办事处、联络站或经销点。市场承担并调节重庆及其周边地区85%的农产品供应，特别是辣椒、花椒销量占国内市场交易份额的三分之一。2010年，市场总交易额210亿元，总交易量34亿千克。

观农贸农产品批发市场是重庆市人民政府实施“菜篮子工程”重点项目，先后被国家农业部、商务部确定为定点市场、重点联系市场，连续多年被评为“全国十大农产品综合交易市场”。2006年被商务部确定为“双百市场工程”重点项目；2007年被评为国家级绿色市场；2008年分别被农业部、发改委、财政部、商务部等八部委联合审定为农业产业化国家重点龙头企业，被中国商业联合会授予“中国品牌市场”称号，并跻身中国商品交易市场最具创新力市场之列。

为确保重庆市场农产品供应和食品质量安全，工商、卫生、农业等部门在市场建立了质量安全检测点和“无公害蔬菜检测中心”，制定实施了《无公害蔬菜准入制的规定》。运用现代信息技术建立了观农贸网站、内部局域网、LED 大屏幕显示系统、农产品质量可追溯系统、信息中心、结算中心、60T/80T 大型电子衡、治安监控系统、消防安全监控系统；成立了市场公安派出所，组建了治安协勤队伍。在市场客商中建立了流动党员支部、工会和行业协会，广泛开展的“诚信守约红岩党员先锋岗”和“诚信承诺经营户”活动，受到上级部门和社会各界肯定。

未来五年，观农贸的发展总体上将围绕“夯实中心，合纵两翼，连横西部，领先全国”的发展战略，依托重庆市的区位优势和观农贸的品牌优势，努力搭建国内外农产品市场合作与进出口交易平台，利用业已形成的庞大物流资源，实现各类农副产品的生产、检测、加工、保鲜与冷藏、配送、销售等增值服务，实现增长方式的根本转变，努力实现观农贸全面、协调、可持续的发展，取得社会效益与经济效益的最大化。

重庆朝天门综合交易市场

重庆朝天门市场坐落于长江、嘉陵江交汇处“金三角”地区，历来是商贾云集之地，自古就有“左右夹两江，上下十三邦”的美誉。

重庆朝天门市场始建于1988年，秉承“建设品牌市场、引进品牌商家、销售品牌商品、提供品牌服务、满足品牌消费”的“五品”战略思想，实现了从无到有，从小到大迅猛发展，业主由原来单一的一家国有企业发展为国有、集体、民营、外资、军队等多元化产权形式。市场拥有业主单位25家，经营面积近50万平方米，商铺15 000余个，经营户1.3万余名，直接从业人员近3万人，间接带动就业50余万人。全国各地6 000多个知名品牌和知名企业入驻朝天门市场，日均客流量达30万人次。商品辐射国内200多个市、县，形成了服装、纺织面料、小商品、鞋帽、日化、文体用品、皮革制品、塑料制品、床上用品、小食品等20大类数万种商品独具特色的大型专业批发市场。市场经过20余年的发展已成为西南地区重要的商品、物资集散地。2009年市场成交额173.36亿元，2010年突破210亿元大关。建市以来，多次被国家各部委授予全国50强工业品市场、100家商品交易市场、全国十大工业品交易市场、中国纺织服装十大品牌市场、全国十强文明市场、公众信赖百佳著名市场等诸多殊荣。

近年来，朝天门市场抓住重庆设立统筹城乡综合配套改革试验区和发展服务经济为战略重点的良好机遇，实施市场的良性调整和改造，不断加大对市场软硬件的投入，促进了市场的有序扩张和整体素质的稳步提升。市场购物环境和经营环境得到极大改善，实现了由粗放型市场向现代商贸业的良性转轨，提高了市场的综合竞争力，取得了显著的经济效益和社会效益。通过定位调整，预计到2020年，朝天门市场将转型为商流、信息流和资金流集中的长江上游最大的标志性港口国内国际贸易和展示平台，朝天门市场将最终成为老百姓的购物中心、全国商业的“大橱窗”、全球的“万博会”。

重庆汽博中心

重庆汽博中心总占地40万平方米，营运面积44万平方米，总投资30亿元，是全国十大汽车交易市场、重庆市十大专业批发市场群、重庆市商品交易市场二十强、星级文明市场和北部新区“十里汽车城”标志性项目。园区按照“国际接轨、国内一流、西部第一”的标准建设，秉持“以汽车为主题、以文化为纽带”的经营理念，集汽车博览、汽车销售、汽车服务、汽车物流、汽车文化等多功能于一体，全力营建消费者的购车乐园和爱车人的休闲乐园。

目前，汽博中心已建成标准4S店、名车广场、二手车交易市场、汽车用品和配件市场、车管所、汽车检测站、汽车驾校、汽车电影院、一站式服务中心等十大功能区。中心拥有国内外汽车品牌80余个，车型400余种，是西南地区最具规模，品牌最集中，销售量最大，服务体系最完善的专业汽车市场。2010年，实现销售收入150亿元，年销售量占重庆新车销售市场份额的35%。

4S名车大道总占地约13.3万平方米，目前已拥有奔驰、宝马等26个4S店。2012年，4S店数量将达到30个。

名车广场总建筑面积1.3万平方米，被称为“永不落幕的车展”。它能容纳50余个品牌130多款车型，并设有商务中心等配套设施，是重庆首家大型多功能、现代化、休闲式品牌汽车超市。广场现入驻商家达到48户，入驻率高达100%，是消费者购车首选之地。

二手车交易市场总占地13.3万平方米，目前已有50余家二手车经销企业及经纪公司入驻，展停车辆400余台，是重庆首家功能齐备、设施完善的大型二手车交易市场。2010年，市场交易车辆18 000台，占据整个重庆二手车交易市场份额的三分之一。

汽车配件市场总占地4.6万平方米，营运面积10万平方米，是重庆乃至全国首家大型微车配件专业市场，集交易、维修、仓储、配送、信息、商务等多功能于一体。目前，入驻商户210家，入驻率达100%，年交易额达30亿元。

汽博大厦总建筑面积5万平方米，集商务、居住、金融、餐饮、娱乐、休闲等多功能于一体，是重庆北部新区首座地标性商务建筑。

汽车检测站拥有1 000平方米的检测车间，月检车量1 000余台，将建设成为重庆首个“全车型、全功能”汽车检测站。汽车电影院占地6 700平方米，可容纳200多台车，一站式娱乐于一体，平均每场次接待车辆30余台，高峰时座无虚席，已成为重庆有车一族的休闲乐园。

客户服务中心总建筑面积1万平方米，设有工商、税务、车管、联交所、综合治安、银行、保险等服务窗口及餐厅、便利店、车友俱乐部、移动代理店等服务设施，为消费者提供新车上牌、二手车过户、汽车按揭、车辆保险、车辆年审、餐饮、娱乐、休闲、购物等全方位服务，是重庆首个汽车有形市场综合性服务中心。

重庆汽博中心填补了重庆汽车有形市场的多项空白，推动了西部汽车流通现代化的发展，成为重庆北部新区的经济标杆，其完善的市场功能、先进的经营模式和超前的服务理念，提升了重庆在全国汽车流通领域的形象与地位，逐渐成为重庆车市的风向标和广大车商的经营乐土，并真正成为中国西部最具魅力的大型汽车流通及文化中心。

重庆恒冠钢材市场

重庆恒冠钢材市场前身为重庆隆鑫钢材市场，创建于1998年，是重庆市创建最早的钢材交易专业市场。2007年1月，市场投资主体变更为“重庆润通动力有限公司”。为做专做强，润通动力投入注册资金7 374万元，使重庆恒冠物流有限公司成为润通动力的全资子公司，目前公司总资产为3亿元人民币。“恒冠物流”以特有的营销理念升级重组了市场运营团队，并于2008年6月，将市场更名为“恒冠钢材市场”，开始倾力打造恒冠品牌，立志“创世界品牌，立百年名企”。多年来，在租金单价均高于同行业水平情况下，市场门面、货场等资源综合出租率始终保持100%。

重庆恒冠钢材市场位于重庆高新技术开发区九龙园区，紧邻成渝高速路重庆起点，又与华龙大道、华福大道、重庆西站、渝西交通枢纽、九龙坡货运码头紧密相连，交通十分便利。市场占地面积近20万平方米，设有综合办公楼，点式、联排式，加工区等35栋立体建筑，近5万平方米的交通道路，4个大门出口，可从东、南、西、北不同方向进入市场，为物流集散提供了快捷的通道。市场配套标准门面630间，建筑面积4.7万平方米，经营面积7万平方米，入驻商户500余家，从业人员3 500余人，入驻了全国20多个省、市各大钢厂的经销商和办事处，经营型材、板材、管材、建材、彩钢、有色金属、合金钢等上万个品种，具有钢材批发、零售、加工、仓储、中转配送及信息服务等综合配套服务功能及强大的物流配送体系，辐射云、贵、川、陕、湘、鄂等广大地区。市场的兴旺与繁荣，带动了九龙坡区九龙园区、大渡口区钢材市场的兴起和发展，在九龙园区形成了以恒冠钢材市场为代表的专业钢材市场群，对重庆市钢铁物流行业的发展做出了巨大贡献，并为区域内的钢材交易提供了一个专业强大的平台。

历经 12 年的艰苦磨砺，恒冠钢材市场已发展成为重庆市最著名的规模最大、品种最齐全、管理最规范、服务最贴近的钢材批发、零售专业市场，主导着重庆钢材零售业，被喻为“重庆钢材市场的沃尔玛”，市场内钢材行情的变化，已成为重庆钢材价格走势的“晴雨表”，并与全国钢铁物流行业权威旗舰媒体《现代物流报》达成了战略合作伙伴关系在市场内成立了“现代物流报重庆通联站”。

市场成立至今荣获了众多荣誉。2007 年度被评为“重庆市商品交易市场二十强”、“重庆市首届四星级文明市场”、“重庆市商贸流通企业 100 强”；2008 年荣获了“中国市场优秀管理机构”、“重庆市守合同重信用单位”、“重庆市商品流通企业 100 强”等多项荣誉；2008 至 2009 年被九龙园区评为“十佳优秀企业”；2009 年被重庆市工商局高新区分局评为“免检企业”；被九龙坡区和高新区分别确定为“十一五”发展规划的八大重点扶持市场和三大重点扶持市场之一。市场以其实力在业界乃至全国流通行业中，享有较高的认知度和影响力，并带动了周边区域的发展。2010 年，市场钢材成交量为 271.64 万吨，钢材成交额为 126.85 亿元，被市商委评为重庆市“百亿市场”。

“恒冠物流”始终坚持“创新、专业、差异”的经营理念，秉承“以市场为导向，以客户为中心”的服务理念，坚持“提升服务、规范管理、挖潜创新、和谐共赢”的经营方针。市场倡导“沟通、共识、合力、提升”，一直以市场商户经营为关注焦点，全面周到为商户服务，想商户所想，不断地为商户排忧解难，为此得到了商户的理解、肯定和支持，整个市场力求形成“认同、责任、和谐、共赢”的局面。未来几年，恒冠物流将以专业市场为载体、以现代流通为导向、以信息技术为支撑、以产业联动为特色、以政府导向为指南，打造西南一流、国内著名的钢材物流综合基地，做专做强，成为国内一流现代物流企业，促进重庆发挥“西部增长极”的辐射、带动作用。

重庆绿云石都建材交易城

重庆绿云石都建材交易城有限公司系重庆平氏集团公司于2001年投资2.2亿元兴建的大型钢材、石材专业市场，是重庆市九龙坡区委、区政府的重点招商引资项目。市场地处重庆高新技术产业园区九龙园区火炬大道8号，占地约33.3万平方米，总建筑面积22万平方米，经营面积约19.1万平方米，总体绿化率达20%，市场紧邻成渝高速公路起点，与重庆西站、渝西交通枢纽杨家坪和九龙坡货运码头、大件路紧密相连，十余路公交车从市场门前经过，道路交通四通八达。市场内交通十分便利，大型集装箱货车可抵达市场的每一个商铺。

绿云石都市场分为A、B、C三个交易区，其中A区由40栋经营门面与加工厂房及物流配送仓储库房组成，主要经营各类钢材、管件，包括攀钢、首钢、宝钢、达钢、水钢、昆钢、唐钢、重钢等全国知名品牌在内的500余户钢材商入驻市场，是西南地区规模最大、品种最全的现代钢材流通基地。B、C区共有经营门面与厂房40幢，主要作为石材销售和加工地、不锈钢专业市场，经营各种国产、进口大理石、花岗石、文化石等石材。市场出租率达97%，入驻商户700多家，自开业以来，已创造就业机会12 000多个。

绿云石都市场自2003年开业至今，已累计实现交易额600

多亿元人民币，2009 年，绿云石都实现年交易额超 100 亿元目标，成为重庆市六个超百亿市场之一。自创建以来先后获得：重庆市重点联系市场、重庆市再就业工程重点企业、重庆市商品交易市场 20 强、中国十大石材交易市场、全国 100 强商品交易市场、全国文明诚信市场、全国商品交易市场（五星级市场）、消费者满意单位、重庆市重合同守信用企业、中国三十大金属材料交易市场、重庆市商贸流通 100 强、九龙坡区商贸企业 10 强等荣誉称号。2004 年经九龙坡区委批准成立中共绿云石都党委以来，先后获得：重庆市先进基层党组织、“五好”示范党组织、“重庆市‘两新’组织党建工作示范党组织”等荣誉称号。开业至今，绿云石都市场先后接待全国同类市场以及政府、院校、企业考察参观、访问团体共 200 余批，1 500 人次。

“致力于和商家、顾客建立互利及发展的共同体。强调人与自然的和谐统一，以真诚、前瞻的态度创建一流的花园式建材市场”是绿云石都发展市场的基本理念，本着“精诚所至，金石为开”的经营理念，以“主动、热情、周到、高效”的服务宗旨服务于顾客。

重庆绿云石都建材交易城有限公司未来发展将紧紧围绕创建西部一流市场为目标，进一步加强市场软、硬件的建设，强化市场功能，建立物流中心，建立电子商务交易平台，结合相关通信技术与电子商务相配套的运输、保险等延伸服务，建立信息流、金融流、商品流相结合的市场。绿云石都市场在经营发展中不断完善机制，严抓效益管理，创立以“机制、人力、制度、服务、效益”为核心的五环管理模式，努力将市场打造为结构优化、布局合理、环境整洁、管理规范的西部地区有影响力有规模能力的现代化专业市场知名品牌，力争为“五个重庆”的建设和全市经济社会发展做出更大贡献。

重庆大足龙水五金市场

大足龙水五金市场创建于1984年，经过20多年的培育发展，已成为西部地区规模最大、最具地方特色的五金产品专业市场，一直名列全国同类专业市场前茅，是中国五金制品协会五金专业市场委员会副会长单位，曾连续四届被评为“全国文明市场”，连续三届被评为市级“文明市场”，连续两届被评为“重庆市商品交易市场20强”。市场现有龙水五金市场群经营面积达25.22万平方米，经营户3 300余户，从业人员2万余人。2010年市场群交易额达105.68亿元，实现利税3.40亿元，正式迈入重庆市“百亿市场”行业。

龙水五金历史悠久，拥有12 000余户五金生产企业和个体产业群，从业人员10万余人，2010年五金产业总产值达160亿元。近年来，龙水五金已由传统的刀、剪、农用工具，发展到“日用五金、工具五金、建筑五金、农用机械、船用五金、铁路配件、汽摩配件、矿山机械、医疗器械、电力金具、有色金属、民族乐器”等12个大门类、400多个品种、近10 000样花色的产品体系，产品辐射全国各地及世界20多个国家和地区。市场日进场交易客商上万余人次，日货流量5 000余吨。

市场交通、通信、电力等基础设施完善。目前已经开工建设的成渝高速复线，拟建的成渝高铁、武泸高速路规划建设均通过龙水，良好的区位优势对五金市场群发展具有强大的支撑作用。

目前，新规划的市场群建设规模扩展到 3 平方千米，建设总用地 186.6 万平方米，其中市场建设用地不低于 66.6 万平方米。项目建设预计总投资 20 亿元。新建成的中国大足五金国际会展中心，是大足龙水五金市场群开发建设项目一期重点工程，总投资 2.4 亿元，总占地 23.3 万平方米，展场建筑面积 8 万平方米，会展广场 3 万平方米，并配套建设 12 万平方米的生态公园。该会展中心已被列为重庆市三大会展基地之一，成为以举办大型国际博览会、专业博览会为主，兼有商务服务、办公、物流运输、广告宣传、文艺演出、技术交流、会议、住宿、餐饮、娱乐、休闲等配套功能的国际性、综合性、现代化的会展场所。

规划区域内，还将建设再生资源市场、汽摩配件市场、农机配件市场、综合批发市场、物流配送中心和其他配套公建服务区等。整个市场群项目建设分三期实施，建设完成后，市场群将具备交易、仓储、物流配送、电子商务、五金博览、会展、旅游观光、教育培训、居住、综合服务等功能，成为中国西部功能最全的五金市场群。

龙水五金市场的发展引起了市领导和有关部门的高度重视。政府搭建了五金创新服务中心、检测中心、热处理中心和电子商务中心等公共服务平台，以此负责研发专用材料、制定行业标准、革新包装工艺、创新营造模式、提高管理水平等，为大足五金插上了腾飞的羽翼，技术、品牌、市场三大体系的日趋完善，奏响了与世界接轨的交响曲，大足五金正以崭新的姿态，阔步走向世界五金大舞台。

重庆龙文钢材市场

重庆龙文钢材市场，由重庆龙文实业（集团）有限公司投资兴建，是一家集数字仓储、材料加工、电子商务、金融服务、运输配套等为一体的现代物流综合市场。作为重庆现代物流领域的标志型企业，龙文钢材市场依托其“西部领先、全国一流”的电子商务平台及规范化的数字仓库信息化管理，市场交易额突破了100亿元，成为重庆最具影响力的钢材交易市场之一。

龙文钢材市场地处重庆主城大渡口区内环高速公路出入口，占地面积约27万平方米，其中仓储区面积9.3万平方米，静态库存量可达30万吨，年吞吐量可达450万吨，内置铁路装卸线，能一次性接纳20个车皮，年加工能力可达到80万吨。

龙文钢材市场配备先进的仓储管理系统，采用自主研发的“数字化仓库管理系统”进行仓储管理，全方位对仓库运作中的入库、出库、盘点、不良品处理、库存实时查询等实施过程管理，实现了对货品的批次进行精确地跟踪、提供完善的单据报表、严格的权限控制等功能，从而保证了仓库运作的严格、有序、高效，并可与银行等部门实现链接，方便其监督和管理。

龙文钢材市场拥有先进的金属材料电子商务信息平台，该平台不但能与许多管理软件进行无缝链接，还可快速有效地整合现有物流仓储资源，提高物流仓储设施利用率，并运用电子商务技术实现面向全国的金属材料现货电子交易，实现网上交收、结算，提供钢材市场信息咨询、中介、代购、代销和代办储运等配套服务。

龙文钢材市场具备强大的信息发布优势，“龙文钢材网”已成为西南地区最具权威性，影响力最大的专业性网站，注册会员和电子交易会员已达到5 000家。市场除提供了与金属材料电子商务信息平台共享的多家加盟仓库的真实仓储数据外，还采集了各大金属材料市场的行情走势及价格信息，每天两次实时更新，成为重庆和外地许多钢材经销商和用钢企业的结算参考依据，是国家发改委指定的“全国价格检测定点单位”，负责向国家发改委和重庆物价局独家提供重庆地区的钢材价格。

多年来，龙文钢材市场始终秉承“自加压力、居安思危、励精图治、广益社会”的企业精神，利用自身数字化及信息化的优势，以积累的丰富经验努力整合行业资源。钢材市场先后被评为“重庆市钢材营销企业五十强”、“重庆市守合同重信用企业”、“重庆市四星级文明市场”、“重庆市商品交易市场二十强”、“重庆市商贸流通企业三十强”等，是国家工业和信息化部“两化融合”示范企业。

重庆铠恩国际家居名都

铠恩国际家居名都（以下简称铠恩国际），位于重庆巴南区渝南大道19号（巴南八公里），是重庆市人民政府重点建设项目，由重庆铠恩国际实业（集团）有限公司投资兴建。项目占地约46.6万平方米，建设总规模为80万平方米，总投资15亿元，现已投资6亿元，建成40万平方米，是目前国内一个业主投资建设规模最大、档次最高业态整合最好、功能最全的专业家具卖场。公司拥有项目土地及物业的完整产权。自2001年建成投入使用以来，市场累计提供就业岗位上万个，累计交易额超过400亿元，累计上缴税费近3亿元；2010年销售额达91亿元，上缴税费6 000余万元，已连续九年被评为“纳税大户”。预计今年市场成交额将达到95亿元。铠恩国际已经成为国内外家具品牌进入重庆乃至中国西部市场的首选市场，在行业内具有相当大的影响力。

环境与配备

整个卖场依据国内星级市场标准建造，拥有优良、先进的硬件设施、人性化的规划布置和高标准的消防安全系统。按照绿色、环保、休闲的购物理念，市场内增设了较为人性化的设备设施，每个楼层都分别设立了环境雅致的休闲区，使广大消费者在购物和观赏琳琅满目的现代化居家产品的同时，充分享受现代都市卖场的购物环境和乐趣。

管理风貌

一是家博会助推。铠恩国际是重庆市重点培育的百亿级专业市场，也是中国西部国际家具博览会（简称家博会）的协办单位与展出场地，一直致力于行业合作与发展。家博会已成功举办了11届，累计参展商16 000余家，实现交易额近200亿元，有力促进了西部家具行业的发展。今年的马来西亚进口家具，新增了其国际化元素，进一步提升了铠恩国际和重庆家具产业在国内外家居行业的知名度和地位。

二是体系化管理。一是不断加强质量、环境、职业健康安全管理体系的实施力度，确保市场产品与服务的质量。二是不断加强市场经营秩序管理，制定了《商户手册》、《行业自律公约》等数十个市场经营管理制度，建立了商家产品准入制度、先行赔付制度、产品质量“三包”承诺服务制度和售后服务回访、调查、分析制度，着力提高市场现代管理服务水平。

三是精细化运营。多年来，铠恩国际始终坚持“大市场、大流通、大整合”的功能模式、以“规模化、国际化、细分化”进行市场运作。目前已形成集家具、灯饰、布艺、居家饰品、酒店用品等上万种居家产品，聚集全国、全球中高档品牌1 000余个，不同产品种类特点及多样营销模式，满足了各类消费者的需求，真正实现了一站式购物的五星级家居卖场。

发展目标

铠恩国际在今后3至5年时间内，重点实施下列计划：

一是启动三期工程，建设铠恩国际馆。

三期工程是提升项目国际化形象的重要举措，占地26.6万平方米，预计投资 9 亿元，主要建设内容有国际家具家居馆、配套的商住娱乐休闲设施等，将着力打造出一个以家为主题的国际化品牌购物休闲中心，为国际知名品牌落户重庆提供平台。

二是实施连锁战略，销售突破 200 亿。

将在成渝经济带开设 30 家连锁店，经营面积超过 100 万平方米。届时，经营面积将超过 150 万平方米，销售额将超过 200 亿元。

三是承办好家博会，搭建国际化合作平台。

在国内众多一线品牌参展的基础上，将逐步重点突显家博会的国际化元素，为家具家居产品贸易国际化搭建合作平台。

过去，铠恩国际用行业标杆的尺度，为重庆刻画出一幅家居行业的蓬勃发展史，今天，铠恩国际在努力创造着！展望未来，铠恩国际将秉承不畏艰险、勇于创新的企业精神，创新整合，大胆探索、实现产业发展的新途径。承载着光荣与梦想，立足于雄厚的根基之上，铸就中国西南地区家居第一市、超五星级家居主题购物中心、航母级家居旗舰卖场是铠恩人奋斗的目标！

重庆红星美凯龙世博家居生活广场

红星美凯龙自1986年创业以来，始终以建设温馨、和谐的家园，提升消费者的居家生活品味为己任，至2010年5月，红星美凯龙已在北京、上海等42个城市开办了66家商场。2009年销售总额突破313亿元，成为真正意义上的中国家居流通业第一品牌。中国2010年上海世博会家居业唯一参展企业。

红星美凯龙连续6年跻身中国民营企业500强前50位，名列2002年度中国民营企业市场竞争力第一名。不断发展的红星美凯龙先后获得了“中国家居行业核心竞争力第一品牌”、“中国家具连锁最具影响力品牌”、“国内影响力品牌领袖大奖”、“中国十大自主创新品牌”、“中国家居行业唯一标志性品牌”、“中国企业管理特殊贡献奖”、“中国经济十大诚信示范单位”、“中国绿色生态家居示范商场”、“中国网民喜爱的十大名牌”、“改革开放风云企业”等众多荣誉。2007年3月，央视举行的“2006 CCTV年度雇主调查”发布会上，红星美凯龙入围十佳雇主，成为中国家居业唯一入围品牌。

重庆红星美凯龙世博家居生活广场位于北部新区新南路，是重庆市重点引资项目。重庆红星美凯龙世博家居生活广场总经营面积达12万平方米，是集家装、建材、家具、家饰于一体的体验式购物中心，聚焦家居行业中高端市场，核心定位为“时尚·精品·文化·体验”，以“高端兼具品位”的睿智精英阶层为主要目标群体。

重庆红星美凯龙世博家居生活广场是目前重庆市硬件设施最好，服务体系最为完善，档次最高的家居建材卖场。红星美凯龙在重庆家居业率先实行“所有售出商品由红星美凯龙负全责”的诚信创举，保证在消费者遇到质量、服务问题时，直接由商场包退包换。红星美凯龙在经营管理上摸索出一套在售前、售中和售后 3 个阶段全面把关的质量控制法。红星美凯龙实行“全球名牌捆绑式经营”，筛选品牌、质量和服务均让顾客满意的厂商进驻，追求厂商品牌与红星美凯龙一同提升。红星美凯龙在售前实行商品准入制和销售商品建档制，售中实行商品质量和服务质量预警制，并同时推行统一收银、统一送货和统一售后服务。

重庆陈家坪机电市场

陈家坪机电市场是经重庆市经委立项，高新区管委会批准成立，由绅帝富达集团投资1.05亿元修建的重庆第一家大型室内机电产品批发市场，该市场的建立使陈家坪地区成为重庆物资交易集散地之一。目前，陈家坪机电市场已成为重庆市乃至中国西部具有竞争力，管理规范的机电产品批发市场之一，“买放心机电产品，到陈家坪机电市场”已成行业首选。

陈家坪机电市场集中于绅帝大厦和帝豪名都商业区域，由样品实物展示区、商务办公区、配套服务区组成，总计约70 000平方米，现有商家约700余户，机电产品及相关服务年销售总额约25亿元，从业人员约3 000人。

市场商家主要来自于江苏、浙江、福建、河北、四川、重庆等地区，多数为厂家在重庆的销售公司、办事处或者总经销、总代理商，经营方式主要以批发为主，批零兼营。主要经营机电综合类、五金电动工具类、食品包装机械类、工业电器电子元件类、工业仪器仪表类、量具衡器类、电线电缆类、泵阀管件类等八大类产品，11.9万个品种。商品流通主要辐射重庆、四川、贵州、湖北、广西等地区。

市场秉承“以多赢为目标，服务市场商家，规范市场管理，营造市场氛围，打造市场品牌”的经营理念，始终坚持“商管一体，信誉保证，同创品牌，共享繁荣”的管理理念，和“诚实、守信、细致、周到”的服务理念服务市场商家和顾客。多年来得到了社会各界的一致肯定并收获诸多殊荣：2000 年被重庆市经委确定为“实施西部大开发重点培育发展市场”；2001 年市场多个商家被重庆市质量技术监督局确定为“信得过质量示范店”；2002 年荣获 ISO 9001：2000 版国际质量体系认证证书；2003 年被重庆市工商行政管理局评为“文明市场”；2004 年被商务部国家市场指导委员会评为“全国 100 家最大商品交易市场”、被媒体评为“成渝两地最具人气、具有影响力市场”；2005 年再次获评市级“文明市场”；2006 年获得“中国五星级商品交易市场（2006—2008）”；2007 年获得“年度重庆市商品交易市场二十强”；2008 年荣获年度“年检免检企业荣誉称号”、“重庆市守合同重信用企业”；2008 年、2009 年荣获“重庆市商业信用企业”；2010 年荣获“重庆市商贸流通 100 强企业”并再次荣获“重庆市守合同重信用企业”。

陈家坪机电市场将遵循以“创造性改善经营服务管理”为主导的发展思路，展开市场金融配套仓储物流和网络建设，切实拓宽市场资金流、信息流、物流。确立市场新的经营管理模式，形成机电市场新的核心竞争力，切实提高机电市场服务、经营、管理整体品质，着力打造重庆乃至西部一流的五金机电专业市场。

重庆聚信国际建材城

聚信国际建材城位于中国重庆渝北区红石路150号，是原龙溪建材批发市场的改造重建项目，由重庆华都营建有限公司投资5亿元人民币倾力打造并于2007年4月开业，项目总建设规模8余万平方米，其中：商场营业面积5万余平方米，与卖场配套的商务大楼、酒店、停车库等各类基础设施3万余平方米。聚信国际建材城规划超前、布局合理、设施先进、设备齐全、功能完善，是重庆目前规模最大档次最高的装饰卖场之一，也是渝北区政府商贸流通的重点项目。

聚信国际建材城产品涵盖地板、陶瓷、洁具、五金、橱柜、整体家居、布艺墙纸、灯具、油漆涂料等品种，产品聚集了国内国外建材行业的众多顶尖品牌，并汇集了多家品牌旗舰店。同时，由重庆市建委批准的重庆市首个“家装标准工艺基地”也落户于此。市场现有经营商家248户，从业人员1 500余人，年交易额近10亿元。

本着“建材好产品 + 诚信好服务 = 品味好生活”的经营宗旨。在管理上，聚信国际建材城引入了高端百货业的管理模式，在做好卖场环境，抓好营运管理的同时，通过设置进场门槛，实行商品进场检验，场内抽检等措施，保证产品质量。为了保证客户利益，提高商场诚信度，商场还建立并实行了产品质量保证书，售后回访，质量、服务纠纷调解及先行代赔偿等制度。在服务方面，商场还提供售前咨询、装修专家讲座、设计咨询、施工监理、室内空气质量检测、免费直通车、免费停车等多方位的人性化服务。

在未来的发展中，聚信国际建材城将整合商家、行业协会、媒体及社会各界资源，全面履行企业社会责任，共同将聚信国际建材城打造成为重庆商贸流通领域的一颗亮丽明珠，为区域经济和重庆经济的发展作出贡献。

重庆泰兴电脑市场

泰兴电脑城石桥铺总店地处重庆 IT 数码商圈核心区，毗邻成渝高速公路起点，30 余路公交车换乘站汇聚于此。

泰兴电脑城石桥铺总店于 1999 年 4 月开业，是重庆开设的首家设施先进、布局合理、产品齐全的通信电脑卖场，经营面积 37 000 余平方米，经营品牌电脑、兼容电脑、消费类数码产品、办公设备、电脑配件、耗材、电脑软件等品种，并设有 IT 数码品牌售后维修中心，是重庆标志性的 IT 数码专业卖场之一。

经过十年来不断探索、开拓创新，泰兴电脑城石桥铺总店于 2003 年通过 ISO 9001 国际质量认证体系，目前市场入驻率常年达 100%，入驻经营商家 600 余家，平均日人流量达 100 000 人次，是本土最具规模、最具活力和影响力的 IT 专业市场之一。

泰兴电脑城石桥铺总店以强大资金实力给商家极大的信心和凝聚力，在营销策划上不断求变创新，每年均投入百万余元市场推广费用，基本上做到月月有大活动，周周有小活动，促进了市场商品的流通。市场举办的“假日促销活动”在消费者中有口皆碑；市场一年一度举办的周年庆典、重庆市唯一的“通信电脑节”更是盛况空前，是全市规模最大、覆盖面最广、参与商家最多的唯一的行业盛会，为国内外 IT 商家提供了全新的展示平台，为推动行业发展起到了巨大的作用。

在激烈的市场竞争面前，泰兴电脑城石桥铺总店以“泰兴会员卡”为突破点，推行免费上门修电脑、购物免费停车、刷卡消费、网上商城、购物送打的费等举措，同时辅以全国第一的太平洋电脑网重庆站作为消费咨询平台，成为重庆 IT 专业市场升级的开拓者。

为了充分发挥高新区石桥铺总店的辐射带动功能，泰兴分别在渝中区、江北区、涪陵区、万州区、黔江区、合川区等地开设了泰兴电脑城分店，依托本土第一 IT 卖场的品牌优势、七个连锁市场的经营优势以及与厂商家的良好合作关系，在营业额、销售利润、行业关注度、社会地位等方面均取得了突破性发展，泰兴连锁的七大市场总经营面积近 10 万平方米，入驻商家达 2 000 余家。

作为重庆最具规模、最具活力和影响力的 IT 产品专业市场，泰兴电脑城石桥铺总店得到了社会各界以及广大商家和消费者的肯定，获得了全国 IT 卖场 20 佳、全国十佳经营创新卖场、中国电子专业市场西部优秀 IT 市场、重庆市商品交易市场二十强、重庆市消费者信得过企业、重庆市四星级文明市场、重庆市商贸流通 100 强等殊荣；2003 年，泰兴电脑城石桥铺总店更作为西部地区的唯一一家专业卖场，同时也是首批成员单位加入了中国电子市场联盟。

泰兴始终坚持以“领科技时尚，做百年老店”为经营理念，塑造“商家是业主，购物有保障”的品牌形象。展望未来，泰兴电脑城石桥铺总店将遵循 IT 终端产品发展的规律，从企业文化、经营管理、市场策略、诚信服务方面去迎合市场，不断提升卖场的核心竞争力，以超卓的业绩填补重庆 IT 专业市场有山无峰的历史，以此推动整个行业的发展。

中国西部鞋都交易城

中国西部鞋都交易城由鞋材交易和成品交易两大部分组成。目前，鞋材交易市场一期5.6万平方米已建成使用，来自全国20多个省市和地区的500余户经营商入驻市场，年交易额约30亿元，为西部鞋都的发展起到了重要的推进作用，同时也对壁山周边区县发挥了较好的辐射作用。为了进一步调整市场品种结构，更好地为鞋业发展提供原料支撑，公司已于3月中旬启动建设鞋材交易市场（2.5万平方米）暨商务中心二期工程，2011年将投入使用。

中国西部鞋都交易城的建设得到了市委市政府领导的高度重视，黄奇帆市长曾指示，西部鞋都在建设工业园区的同时，要建“鞋玛特”。为此，奥康置业公司进一步规划建设了中国西部皮革城，一期工程3.3万平方米，主体工程已经竣工，将启动皮革城的环境建设和内部装修工程。皮革城初步规划定位为“集皮具、箱包、皮鞋、皮装等批发零售于一体的西部大型皮制品专业市场”。西部鞋都交易城鞋材二期工程和成品市场完善后，交易城将达到100亿元左右的交易规模，并极大地带动和促进相关产业的发展。

朝天门市场“恒升商场”

朝天门综合交易市场“恒升商场”，是渝惠食品集团有限公司旗下重庆恒升资产经营管理有限公司经营的资产之一。重庆恒升资产经营管理有限公司是一家专业从事资产经营管理、市场经营管理、物业管理的国有法人独资企业，具有三级物业管理资质。公司拥有高、中级专业技术人员 26 人，各类专业管理人员 400 余人，经营管理资产建筑面积达 20 万平方米，仅朝天门综合交易市场“恒升商场”的经营面积就近 10 万平方米。

恒升公司的前身重庆市商业储运公司是一家从事商业仓储、运输经营 50 余年的国有企业，也是朝天门综合交易市场的发起者和首家办场单位，具有丰富的市场经营管理经验。目前，公司经营管理的朝天门“恒升商场”拥有 6 个交易区，35 个交易厅，5 000 多经营户，并成为各类高、中、低档服装、布匹面料、针纺织品、窗帘制品、鞋帽小商品等物资的重要集散地，年交易额 30 亿元以上。其中：第一交易区经营面积 21 000 平方米，拥有 1 500 余个交易摊位，主要经营布匹、面料、服饰辅料等，是重庆市最大的布匹面料专业市场；第二交易区经营面积 5 346 平方米，拥有 1 376 个交易摊位，主要经营品牌服装、针织品等，是朝天门市场专业的牛仔服饰批发厅；第三交易区经营面积 8 446 平方米，拥有 1 354 个交易摊位，主要经营各类服装、鞋类等，是朝天门市场专业的鞋类批发厅；第四交易区经营面积4 700平方米，拥有600余个交易摊位，主要经营服装、箱包、针织品、小商品、床上用品、塑料制品等，是朝天门市场的小商品批发厅；第五交易区经营面积14 000平方米，主要经营窗帘制品、窗帘配件等，是重庆市最大的专业窗帘城；第六交易区为圣帝星童装城，主要经营各类儿童服饰、缝纫设备、服装道具等，市场内的“缝纫设备专业市场”和“服装道具市场”均为重庆市唯一的专业市场。

公司自2002年起，连续9年被重庆市工商行政管理局授予“重庆市守合同重信用企业”，2004年被重庆市商业委员会、重庆市工商行政管理局、渝中区政府评为“朝天门市场十佳诚信商场”。鉴于恒升公司为朝天门综合交易市场的创办、繁荣和发展作出的杰出贡献，2010年被重庆市工商行政管理局、渝中区商品交易协会授予“1999—2009市场十年贡献奖”。

恒升公司在未来的发展过程中，将秉承“合作守信、开拓进取”的传统，一如既往与社会各界交流合作，共谋发展，并积极探索市场经营管理的新模式、新方法，致力于规范化、精细化管理，以实现市场经营管理效益的最大化。公司在大力发展经济的同时注重企业文化建设，培育“守德、奉献、进取、和谐”为宗旨的企业精神，以实现企业的可持续发展。

重庆外滩摩配市场

重庆外滩摩配市场于1998年成立，是一座大型摩配综合交易市场，市场位于重庆渝中区菜园坝，交通十分便利。市场自成立以来吸引了重庆本地及全国各地的摩托车配件资源，入场的厂家和商户近800余户，产品辐射全国各地及东南亚、非洲、欧洲、美洲等数十个国家，2010年销售额达63亿元，是重庆市唯一一家以本地产品辐射全国乃至走出国门的产地型大型批发市场。外滩摩配市场以品牌建设、诚信经营为市场发展核心，致力打造品牌产品、品牌市场，现在市场拥有近600个驻场品牌，涵盖商品数千种，着力将“重庆外滩摩配”这一商业核心品牌推向全国乃至世界。

在重庆外滩摩配实体市场稳定、健康、快速发展的基础上，市场于2009年5月成立了外滩摩配电子交易所。这种以传统交易和电子交易相结合的交易方式，以信用保障体系为核心，以国家质量检验机构为保证，以覆盖全国的仓储物流体系为支撑，凭借国家银行缜密快捷的第三方监管结算体系，为参与的企业和投资者提供安全、高效、规范和热情周到的服务。交易所依托重庆的产业优势，通过电子交易平台，为广大商家开辟了一条全新的购销渠道。

“外滩摩配网”（网址：www. wtmp. cn）于2002年正式上

线，依托国内最大的摩托车配件产地型批发市场，该平台迅速扩展，从最初简单信息介绍发展到如今拥有近6 000家入场商户进行实际交易。目前，该平台已是国内行业内交易信息量最大、产品最丰富、入场实体商户最多的大型综合服务平台。

重庆外滩摩配市场立足重庆，面向全国，走向世界。市场将充分发挥重庆整体优势，充分体现现代化批发市场的功能，将传统交易和电子交易相结合的交易方式迅速推广，向结构优化、布局合理、技术密集、资源节约、环境整洁、管理规范、高度开放的方向发展，成为全国一流、有影响力、有规模的现代化市场，为发展中国摩配产业，繁荣重庆，造福人民献出绵薄之力！

重庆花木世界

重庆花木世界地处重庆市南大门——巴南区，位于巴南区百里生态农业经济长廊的界石镇武新村，由重庆赛英思实业有限公司投资开发。项目占地面积约333.3万平方米，总投资12亿元。是集花木交易展示、物流、电子商务、重庆旅游、休闲观光等于一体的综合性专业花木商业旗舰。

重庆花木世界分为花木综合交易展示、花木仓储基地、物流配送中心、特色商业街、电子商务中心、郊野休闲公园以及综合配套区等八大功能区。同时，重庆赛英思实业有限公司将通过实施"123"战略。即：打造百亿级专业市场集群；形成千亩核心市场、引进千家商户（800家经营户，200家总部企业）；建成万亩基地，实现10万农户万元增收。充分发挥项目"花木会展经济"、"农业迪斯尼"、和"西部主题花卉小镇"等主要引擎的拉动效应，将重庆花木世界打造成"中国的阿斯米尔"。

作为西部地区最大的花木交易市场，重庆花木世界将实现花木产业发展"五大突破"：

一是通过在全国首创的"前店后院"新型模式，采用前店后院与生产基地相结合，突破花木产业单一生产经营模式。

二是有形市场（花木批零市场）与无形市场（电子商务与远期合约交易）相结合，突破花木产业传统交易模式。

三是花木产业建设与新农村建设、城乡统筹相结合，突破花木产业独立发展模式。

四是花木市场经营与城市旅游相结合模式，突破花木产业单向发展模式。

五是花木产业发展与小城镇发展相结合，突破花木产业封闭发展模式。

重庆恒胜钢材市场

重庆恒胜钢材市场位于重庆市九龙坡区九龙园区火炬大道（原大件路）12号，于2009年4月2日开业。市场地处重庆市九龙园区钢材、机电产品交易集散基地，毗邻绿云钢材市场、恒冠（隆鑫）钢材市场、金科五金机电城、光华五金机电城，西邻成渝高速公路出口和重庆铁路货运站，东邻重庆九龙集装箱货运码头，是集品牌展示、规范仓储、封闭加工、钢铁物流与现代商务办公为一体的高规格、多功能品牌钢材交易中心，立足打造成为中国西部（重庆）工业钢材现货贸易总部基地、中国西部（重庆）钢材电子交易商务平台总部基地、中国西部（重庆）钢材期货交易总部基地。

市场占地面积50 000平方米，可从事交易面积42 000平方米。其中：门面15 000平方米，钢材超市及加工区16 000平方米，商务宾馆5 000平方米，钢材电子交易（网络销售）及钢材期货交易场地用房6 000平方米，合计42 000平方米。

市场设立有钢材期货培训部；配有80吨数字式地磅一台；24小时全天候保安摄像监控系统；市场内用于钢材吊装的行车18台；用于钢材剪裁、切割、冲压的机械设备180台套。目前已入驻钢材贸易商户218余家。大批钢材贸易领航企业，如江南、中兵、二轻、华南物资、鹏程、银都、成森、渝科、月强等重庆钢材贸易巨头，已入驻恒胜钢材市场钢材从事钢材贸易活动，与恒胜共建钢材交易总部基地。2010 年市场实现营业额 60 亿元。

重庆菜园坝水果市场

重庆菜园坝水果市场位于重庆市交通枢纽（铁、公、水路的交汇处）——菜园坝，地理位置优越，道路交通快捷，历来是商贸云集、物流聚散之地。市场由重庆公路运输（集团）有限公司投资兴建，于1996年11月吉庆开市，目前经营面积7.5万平方米。经过地方政府的不断培育、扶持和企业集团的投资改造，市场设有水果交易区、停车场等市场交易必备条件；另建有大型冻库、信息检验检测系统、车辆配送调度中心和果品质量检测室等商贸配套设施、设备，实行24小时全天候服务。市场内汇集国内外果中精品，经营品种200余种，是重庆市大型的国有专业水果批发市场，年交易量达40万吨，其交易范围覆盖重庆、辐射西南，素有重庆市民“过日子的果盘子”的美誉。市场遵循“诚信经营、优质服务”的经营理念，倡导“绿色、健康、时尚”的消费观念，建立有规范的交易管理制度，对果品进场交易严格把好质量关，备有专门的检验检测设备，对果品残农进行检验，确保市民购买放心果。按照“汇聚全国果品、构建西部果盘、丰富市场需要，诚信服务客商”的经营宗旨，在市、区两级政府和工商、商委职能部门的关心和支持下，坚持“三规”即规划好、规模好、规范好，“两效益”即经济效益、社会效益的建场方针，把水果市场做大做强，把重庆“果盘子”做好做优，尽早实现把重庆菜园坝水果市场打造成“中国西部果品商贸平台”的发展目标。

重庆菜园坝水果市场在企业取得经济效益的同时，也取得了良好的社会效益，荣获了“全国果品批发二十强市场”、“重庆市市级龙头企业”、“重庆市文明市场”、“重庆是商品交易二十强企业”、“重庆市守合同重信用单位”等殊荣。

重庆杭渝陶瓷市场

重庆杭渝陶瓷市场（简称：重陶市场）是杭州陶瓷品市场于1998年投资1.45亿元在重庆市大渡口区创办的大型专业建材市场，注册资金1 000万元，总资产1.36亿元人民币。市场坐落于主城区大渡口商业中心，占地约15.3万平方米，建筑面积约15万平方米，其中含楼高8层的多功能营业大楼、商住写字楼以及大型停车场。

市场拥有完善的配套服务设施，自动扶梯、客货电梯、银行、电信、工商、税务、商务中心、货运代理、消协、安全保卫等服务机构一应俱全。有来自全国各地的厂商近500家入驻经营，年交易额近20亿元。

市场购物环境优越、配套设施完善、管理服务规范，曾先后荣获“重庆市四星级文明市场”、“重庆商品交易市场二十强”、“重庆市守合同重信用企业”、“重庆市商品和服务明码标价示范单位”、“重庆市消费者信得过企业”、“大渡口区重点保护企业”等荣誉。市场所在的大渡口区有6个火车站，公路210国道纵贯辖区，成渝、川黔铁路在此交汇，并有长江水岸线30多千米，重陶市场广聚影响力和辐射力，区位优势、交通优势、仓储配送优势、管理规范配套服务等优势已日益显露，成为各地来渝发展厂商的首选，受到广大消费者的青睐。

随着重庆第六大商圈的日益成熟与完善，重陶市场已由原有的大型专业建材市场提升为集陶瓷建材、装饰材料、窗帘布艺、家具家居为一体的一站式大型卖场。市场本着“安全、稳健、理性”的经营理念，“以质量赢得尊重，以品牌求得发展”，为大渡口区带来了巨大的物流、资金流、信息流效应，有力推动了大渡口区商圈商贸流通业的发展，充分体现了大渡口区的核心价值，为打造重庆第六大商圈做出巨大贡献。

重庆新浪通信市场

大坪通信批发市场、新浪通信批发市场的投资营运商是重庆大坪百货有限责任公司。公司成立至今将近50余年，一路走来都是以经营商贸百货业为主，对商品流通领域积累了丰富的营运经验。特别是在20世纪90年代初，公司经由国有转民营改制后，对企业进行了全方位的改革，建立了适应新市场环境的科学管理模式，使公司获得高速的发展，资产从1千多万增值到近5亿，为公司日后的持续发展提供了坚实的保障。

为进入重庆，乃至四川、贵州、湖北等周边省市大市场的品牌手机及通信关联产品生产厂商，提供一个全方位的产品流通、信息交流的服务平台。以此全方位服务于广大通信产品生产厂商、渠道经销商、终端消费者。

市场经营范围可以用“全而专”概括。专注于通信产品（手机）及其内外配件批零；售后维修服务支持；电信营运商业务办理及新业务体验推广（如3G体验）；关联的通信产品（如平板电脑、上网笔记本等）交易等。

市场营业面积达35 000平方米，共分A、B区，A区为新浪通信批发市场，主营国产手机及手机相关内外配件与手机维修；B区为大坪通信批发市场，主营国际、国内品牌手机及手机相关内外配件与手机维修。两大市场现入驻实力厂商600余家，入驻率达95%，经营品牌上100个，品种近10 000种，直接从业人员5 000余人，年商品交易额超15亿元，年利税超1 500万元。其综合规模位居重庆同类市场之首、西南市场第二，是政府打造西南大市场重点扶持的商品交易市场之一。

大坪是重庆主城区的交通圆心点，是重庆各区县通往市中心的一个交通枢纽中心。该区域公交线路四通八达、交通往来极为方便，大坪通信批发市场、新浪通信批发市场及重庆现有的通信产品商贸服务流通集散地就位于其中，形成了重庆通信产品批发交易集散中心。

“交易市场＋写字楼＋仓储物流＋停车库＋附属服务（如银行、酒店等）”的模式，配套设施齐备完善，足不出市就能完成商品的展示推广——业务洽谈——商品交易——物流接发，一气呵成，简捷高效。

大坪与新浪两大市场借助批发商所具有的上游产品资源优势，再借以与市场中小户商进行资源整合合作。中小户商家凭借大批发商的产品资源优势，进行产品分销而实现低成本经营的市场模式，推动市场批发兼零售的快速业务发展，加快推动了市场的繁荣与发展，为大坪商圈的打造添砖加瓦！

手机已经从前期的高档奢侈耐用品，演变为现在的普通消费品。截止到2011年5月，中国手机用户达9亿，手机普及率接近64%，离发达国家98%的高普及率差距极大。这种差距正好说明了国内手机市场及该行业还有极大的市场发展空间和广阔的市场发展前景。

后 记

2010年2月，重庆市商业委员会、重庆市商品交易市场协会曾委托重庆工商大学编制《重庆市商品交易市场蓝皮书》。而《重庆市商品交易市场发展研究》就是以《重庆市商品交易市场蓝皮书》为基础形成的研究成果。在该书编制过程中，自始至终得到重庆市商业委员会、重庆市商品交易市场协会在调研渠道、资料统计、研究方向和研究重点等多方面的具体指导和支持。在此，谨向市商委、协会领导致以衷心感谢！

重庆工商大学的专家学者们在教学任务十分繁重的情况下，全力投入该书的研究和编撰，确保了该书的顺利完成。在调查研究基础上，课题组经过充分讨论，确定了编写大纲、基本思路和主要内容，并明确了各部分的执笔人：序言，曾庆均；第一章，曾庆均、王晓琪；第二、三、五章，张永鹏；第四章，朱吉华、王晓琪；专题一、二，敬震海；专题三，王晓琪；专题四、九，孙金洲；专题五、六，李录青；专题七、十，丁谦；专题八，孙畅；第三部分，孙畅、朱吉华。在书稿完成后，大家统一讨论，提出各部分修改方向和内容。六移其稿，完成了《重庆市商品交易市场发展研究》书稿的写作。最后由曾庆均、丁谦、朱吉华统稿定稿。在此，谨向同事们致以崇高敬意！

《重庆市商品交易市场发展研究》是政府、协会、学校参与的市场基础理论研究的一次探索与尝试，该研究成果填补了重庆市商品交易市场发展实践和理论研究的空白。作为发展研究，本课题暂告一个段落。但学无止境，重庆市商品交易市场发展，需作更进一步、更深层次的思考和研究，本书仅仅是重庆市商品交易市场发展研究的开始。由于水平有限，研究中尚存不足与不尽如人意之处，热诚欢迎学界前辈、同仁的批评指正。